A SURVIVOR'S WARNING

親歷文革的華裔母親發出沉痛警告！

毛氏美國

MAO'S AMERICA

Xi Van Fleet

程西

——著——

目錄

推薦序

華盛頓的國家有福了，毛澤東的國家有禍了

余杰

一九四五年年中，太平洋戰爭接近尾聲，中國在美國的幫助下即將迎來勝利，但更大的風暴正在孕育之中——共產黨已利用中日戰爭坐大，國共內戰一觸即發。

七月一日，傅斯年等國民參議會成員訪問延安，希望調解國共矛盾。當時，傅斯年身為中央研究院總幹事、北京大學校長，在學術界地位崇高。五四運動前後，在北大求學的傅斯年與在北大圖書館打工的毛澤東有幾面之緣，算是半個故人，兩人便有了一場徹夜長談，天上地下都說開了。

後來，傅斯年告訴北大同學、中央大學校長羅家倫，這趟延安之行讓他看透了毛和中共的本質，延安的作風純粹是專制愚民，也就是反自由、反民主。他發現毛澤東對於坊間的各種小說，連低級的趣味小說內容都相當熟稔，毛澤東正是通過這些材料去研究民眾心理，加以利用。他認為，毛澤東不過是「宋江」之流（用余英時的話來說就是「打天下的光棍」），

必將對中國社會造成巨大禍害。

傅斯年晚年在台灣指出，中共利用挑動八種仇恨來奪權：（一）中國人恨西方人；（二）窮人恨富人；（三）尋常人恨地位超過自己的人；（四）低能者恨高能力同事；（五）低薪雇員恨高薪雇員；（六）無名者恨知名者；（七）農村人恨城市人；（八）子女恨父母。「階級鬥爭」不過是中共掩蓋自己無止境權欲的託詞而已。

傅斯年看得很準確，鬥爭哲學和戰爭思維，貫穿毛一生，無論是奪權時期，還是掌權時期，毛與天鬥、與地鬥、與人鬥，其樂無窮。毛澤東（及其繼承人）掌權的國家有禍了——據《共產主義黑皮書》等資料顯示，在共產黨統治中國期間，數千萬中國人遭到奴役和屠殺，更有數千萬中國嬰孩尚未出生就被計畫生育政策所消滅。

一生以反共和反極權為志業的古典自由主義知識分子殷海光說過，共黨之禍是二十世紀初葉以來世界的一個巨大的激變。早在一九五二年，殷海光即指出：「共黨問題已經演變成為一個世界性的問題。今後反共事業的成敗所關係者，不只是一個國家或一個黨派或一個個人，而是整個自由世界。」他呼籲說：「你要做個人嗎？你要做個人，必須反共。而反共之最實質的理由，就是反極權政治。」

在共產中國，人民沒有投票權，熱愛自由的人便用腳投票——RUN出「毛澤東的國家」，投奔「華盛頓的國家」。

什麼是「毛澤東的國家」？如《聖經》所說，「盜賊來，不過是要偷竊、殺害、毀壞」；如殷海光所說，共產黨在「主義」的美名之下，利用最現代化的統治技術和工具，逼使大家回返到蜂群、蟻群、羊群的生活狀態，以滿足少數狂執分子之原始野蠻的權力慾。

什麼是「華盛頓的國家」？就是遵循保守主義七原則的國家——個人自由、有限政府、法治、實力促進和平、財政責任、自由市場和人性尊嚴。雷根和川普都讚美說：「美國是山上之城，璀璨閃亮的城！」

程西是成千上萬RUN出「毛澤東的國家」的「前中國人」之一：一九八〇年代中國剛打開國門，她就赴美留學，之後在美國工作、結婚、生子並歸化為美國公民。她通過勤奮工作，躋身中產階級，實現了第一代移民的美國夢。她以為從此便可高枕無憂，享受「華盛頓的國家」的民主、自由和秩序，將「毛澤東的國家」的獨裁、專制、暴虐拋棄在太平洋彼岸——浩瀚的太平洋，難道還不能阻隔極權病毒嗎？

然而，正如位於華府市中心的韓戰紀念碑之碑文所寫，自由不是免費的（Freedom is not free.），換言之，自由是需要自由人去捍衛的——一場不期而至的中國武漢肺炎病毒，席捲美國和全球，拜登政府不僅沒有去追究中共的罪責，反倒試圖學習中共的封控政策。多年來，一邊做職業女性、一邊相夫教子，過著歲月靜好生活的程西突然發現，「華盛頓的國家」正在被「毛澤東的國家」取而代之，一場靜悄悄的共產革命在美國方興未艾，而大部分美國人完全沒有意識到美國正迎來其建國以來最危險的時刻。

一九四〇年代進入美國、一九六〇年代在大學發酵的西方馬克思主義（文化馬克思主義），在歐巴馬時代登堂入室、主導白宮，主流文化由漸變轉為劇變，羅素·柯克頌讚的「美國秩序的根基」搖搖欲墜。同時，崛起的中共對毫無「民主防禦機制」的美國社會展開「白蟻戰術」，蠶食鯨吞、橫柴入灶，美國菁英階層淪為中國的代言人。

冷戰勝利之後，美國民眾享受了三十多年的承平歲月，真的相信福山所說的「歷史的終結」。美國人天真且傲慢地認為，他們可以將「非典型的共產主義」的中國當做規訓對象，引導中國走向民主自由，卻沒有想到，由此上演了一出農夫與蛇的悲劇。美國沒有實現對中國的和平演變、不戰而勝，反而淪為「中馬」與「西馬」夾擊之下手腳無措的「北美病夫」。

長期以來，作為少數族裔的華裔美國人和亞裔美國人，超過七成以上都投票給民主黨——因為民主黨的移民政策寬鬆，又傾向福利國家，所以這部分投票屬於利益投票而非價值投票。直到有一天，華裔美國人和亞裔美國人才赫然發覺，自己因貪圖小利而成了民主黨

「反向種族歧視」政策的無辜犧牲品。

當美國民眾對正在演進中的「覺醒革命」安之若素之際，程西卻從中嗅到了「毛氏文革」的那種「陰溝中的味道」——這是捷克反共知識分子哈維爾、克里瑪等人對共產黨文化精準而具象的概括。

華裔美國人早已習慣了在美國的政治場域中鴉雀無聲、沉默是金。程西卻意識到，不能繼續保持沉默，「不在沉默中爆發，就是沉默中滅亡」，必須叫醒昏睡中的美國民眾。她一步步克服猶豫和恐懼，投身保衛美國的保守主義運動——如果美國成為毛主義的犧牲品，她與家人將無處可逃。這一處境，如同多年前一部描述臺灣政治黑幕的電影《黑金》中主人公的感嘆：「我愛這塊土地，我不能看見他們被那些亂七八糟的人弄得烏煙瘴氣，當年，他們把大陸搞垮了，我們還可以退到臺灣，但是如果今天，他們把臺灣也搞垮了，我們還可以退到哪裡去？再退一步就是大海了！」也如同英國牧師約翰．多恩在大瘟疫中的那句禱詞：「沒有人是孤島，每個人都是整片大陸的一部分，沒有人是完全的自己，而總是社會全體的一部分。當喪鐘為他人響起，你不要問喪鐘為誰而鳴，喪鐘是為你而鳴。」

於是，在維吉尼亞州勞登郡學區召開的一次會議上，程西代表憤怒的學生家長作了一分鐘的發言，痛斥批判性種族理論。她的鏗鏘有力的發言一炮走紅，很快她便成為亞裔美國人捍衛美國價值、對抗極左派「政治正確」的代言人。

進而，在朋友們的鼓勵下，程西奮筆疾書，完成了第一本書《毛氏美國》。該書剛一出版，便得到伊隆·馬斯克和塔克·卡森等人高度評價，雄踞亞馬遜暢銷書排行榜前列。

在這本書中，程西以自己在文革中的親身經歷告訴美國同胞：所謂「覺醒革命」就是美國版的「文革」——

兩場革命都使用分裂、洗腦、欺騙、脅迫、取消、顛覆和暴力等馬克思主義手段；

兩場革命的目的都是摧毀傳統文化的基礎，並用馬克思主義思想取而代之；

兩場革命都把年輕人作為工具，利用他們實現自己的目的；

兩場革命的共同目標都是以人民的自由為代價，讓少數菁英獲取絕對的權力；

兩場革命都導致相同的結局：自由的喪失和極權統治的建立。

毫無疑問，「毛澤東的國家」（以及「習近平的國家」）與「華盛頓的國家」（以及「川普的國家」）決不可能「井水不犯河水」。川普是雷根之後對共產主義的邪惡認識最清晰的美國總統，他在二〇二四年的大選造勢活動中多次宣稱，「歸根結柢，不是中共消滅美國，就是美國消滅中共」、「有人希望我不要說中共是美國的敵人，但中共就是美國的敵人」。

程西在《毛氏美國》中指出，已經被激進左派全盤改造的美國民主黨的所作所為，儼然就是喊打喊殺的毛的紅衛兵。毛的一生「好話說盡，壞事做絕」，美國極左派也是如此：他們滿口都是消除貧困、促進平等、保障多元的「大話」和「新語」，實際上是要創建一個「所有動物都平等，但某些動物比另一些動物更平等」的「動物農莊」。換言之，在他們所規畫的「美麗新世界」，你確實享有百分之百的言論自由——只是你的言論必須是左派言論；你確實可以得到最溫柔的包容——只是你必須站在左派一邊。

最具代表性的「大話」和「新語」，就是獲得哈佛師生雷鳴般掌聲的中國龍袍女孩的畢業演講。一年前協助中共地下黨驅趕臺灣、西藏學生，一年後代表哈佛畢業生發表愛與包容的演講，龍袍女孩毫無違和感，在座的一群哈佛名教授也懵懂無知。哈佛校長曾揚言，教育的目的是讓學生明辨什麼是胡說八道，如今，哈佛卻特意安排共產黨官二代在臺上頤指氣使地胡說八道。作為四百年前清教徒創建的以追求真理為目標的大學，如今哈佛卻淪為共產黨的海外黨校，哈佛的淪陷就是美國的淪陷的縮影。

由山田鐘人原作的漫畫動畫《葬送的芙莉蓮》中，芙莉蓮教導修塔爾克及費倫魔族的特徵。魔族雖然能說人類的語言，但這並非為了溝通，而是作為欺騙的工具。她說：「魔族只會模仿人類的聲音，實際上卻是無法溝通的猛獸。你有沒有想過他們為什麼會使用跟人類相同的語言？對他們而言，語言只是拿來欺騙人類的工具。」共產黨的「大話」和「新語」是需要翻譯的，翻譯過來的意思就是：「大家都是人，都有相同器官，你的器官移植到我體內，咱就是命運共同體。」

在此意義上，程西的《毛氏美國》就是戳穿左派及共產黨騙術的「教戰手冊」。

我與程西都來自中國西部的成都，我雖比她年輕半代，但對她描述的早年在成都的生活頗能感同身受。我與程西一樣也逃離了「毛澤東的國家」而來到「華盛頓的國家」，我們從黑暗入光明，就再也不能眼睜睜地看著光明被黑暗吞噬。

我與程西擁有相同的價值觀：不僅反共，而且反左。我們堅信，美國必須對內反左、對外反共，左與共本來就是一體兩面。像我們這樣親歷過極權專制之害、之苦的新移民，比很多世世代代生活在「糖罐」中、以為美利堅秩序是理所當然的「在地美國人」更愛美國，更為美國的危機憂心忡忡，更願意戮力反抗「毛澤東的國家」及捍衛「華盛頓的國家」。

與評論人韋恩一樣，我們因為對毛氏統治有切膚之痛，便洞悉了美國民主黨和極左派的終極目標：他們不惜一切要掌握教育、媒體、司法、財政與科技產業，因為這些都是塑造

「未來人」的核心工具。他們並不滿足於管理社會，而是要重塑人性。

韋恩的這段論述，應當就是程西毅然辭掉工作，全職寫作，四處演說，成為「讓美國再次偉大」（MAGA）的戰士的緣由：

歷史無數次證明，烏托邦從來不是理想的終點，而是掌權的起點。一旦政權將自己定位為「未來的塑造者」，那麼在現實中的一切失敗與災難，都將被視為「必須承受的過程」；一切反對意見，都將被視為「歷史的敵人」。於是，一個號稱包容與愛的政黨，可以正當地取消你的言論、奪取你的孩子、拆解你的信仰、沒收你的財產，因為這是「為了人類的未來」。

在這個意義上，烏托邦不是目標，而是手段。不是通往天堂的路，而是保住權力的鎖鏈。進步主義政黨之所以永不滿足，是因為他們的理念永不終結。每一個問題被「解決」後，必定出現新的問題，而這些新問題又成為進一步集中權力的理由。正義變成了永遠達不到的彼岸，但為了它，權力必須繼續集中、敵人必須繼續製造、自由必須繼續犧牲。

要看清民主黨不再是一個政黨，而是一套以進步之名行管控之實的信仰機制；不再是為了公共福祉而爭辯的參與者，而是為了控制定義「公共福祉」而不擇手段的壟斷者。他們所尋求的「世界更美好」，不是因為世界真的那麼美，而是因為那將是他們制定規則、無人挑戰的世界。

唯有回歸真實的信仰、有限的政府、自由的社區與有根的文化，我們才能打破這場以愛為名的征服。一個不被人類烏托邦誘惑的國家，才有能力面對真實世界的有限與墮落，並在責任中重建自由的榮光。

《毛氏美國》是程西的「反共三部曲」的第一部。第二部將由我與程西合作完成。程西的戰鬥和我的戰鬥，我們每一個愛自由者的戰鬥，才剛剛開始。

序言

詹姆斯・林賽（James Lindsay）*

二〇二三年三月

夜色深沉，我凝視著客機的窗外。這是一次熟悉的歸程，又一次出差後的返航。距離降落大概還有十五分鐘。我按下手機側邊的按鈕，關掉螢幕的光亮，目光重新看向窗外。幾千英尺下方，街燈、商店的燈光、門廊燈和車燈點點閃爍。我凝視著這片土地，我所熱愛的國家，這片我摯愛的家園，並在心中默念：這種事不能發生在這裡。

正如每次乘坐航班時那樣，我手邊有一本書。這次，我讀的是羅伯特・傑伊・利夫頓（Robert Jay Lifton）的《思想改造與極權主義心理學：中國「洗腦」研究》。這本書出版於二十世紀六〇年代初，探討了毛澤東時代中國共產黨運作的洗腦監獄中，實施「思想改造」對

* 美國保守主義評論家，《左膠是如何煉成的》作者之一。

個體心理的影響。就像每一次閱讀極權主義如何衝擊個體的深刻案例那樣，這次的體驗也讓我不寒而慄。我心中反覆念著，這種事不能發生在這裡，我再次安慰自己。

然而，當我低頭俯視著下方遍布白色、橙色、藍色和黃色燈光的美國某地夜景時，一種沉重的意識猛然襲來：這種事已經在這裡發生了。這種認知是瞬間的，隨即而來的是深深的悲痛和恐慌。這種事已經在這裡發生了。這種事，體現在工作場所的多樣性、公平性和包容性（DEI）培訓中，體現在學校的社會情感學習課程中。這種事，已經在這裡發生了。

毛澤東曾自豪地宣稱，他的革命是「具有中國特色的馬克思列寧主義」，而當我閱讀利夫頓的書時，我突然意識到，我對過去十年、尤其是自二〇二〇年以來在美國發生的事情，直覺竟是正確的：這是一次美國文化革命，一場帶有「美國特色」的毛主義文化革命。這種事不應該發生在這裡。這場革命，必須被阻止。

美國的文化大革命已經拉開帷幕，並且朝著其目標邁出了巨大的一步：透過瓦解內部來摧毀美國，將其改造成一種基於馬克思主義理論新變種的體系。二〇二〇年初，在喬治・佛洛伊德（George Floyd）* 這個名字幾乎無人知曉之前，我曾向幾位高級官員發出警告：在我看來，美國將在六個月內爆發一場以批判種族理論為基礎的「中式文化大革命」。然而，當時這種說法聽起來過於離奇，幾乎無人相信。在那一年中，我多次警告即將到來的「反種族主義文化革命」，並用這個詞來形容佛洛伊德之死引發的混亂——幾乎是立刻爆發的。我希望有人能在這場革命全面展開之前找到方法將其遏制。

我為什麼會知道這些？講述這個故事並不是為了自我標榜，也不是為了顯得我有多聰明或特別。答案其實非常簡單，這也是一個好消息，因為這意味著任何人都可以做到。從某種意義上說，我只是恰巧有些運氣罷了。歸根結柢，原因非常直白：在此之前的一年裡，我投入了大量時間深入研究批判種族理論，以試圖理解過去十年，尤其是自二〇一五年以來，我在美國所觀察到的種種現象。

在隨後的兩年半裡，我深入研究了毛澤東的許多策略、戰術和理論公式，發現它們的印記無處不在美國的文化革命中。我也有幸結識了一些來自美國華裔社區中的勇敢聲音，他們站出來發聲，講述自己的故事並發出警告：「這種事正在這裡發生，我們知道這是什麼！這就是毛主義！」

在這些聲音中，我遇到了程西（Xi Van Fleet），她透過這本令人欽佩的書稿，講述了她

* 非裔美國人，有犯罪前科，於二〇二〇年五月，因吸毒、使用偽鈔遭警方逮補，由於警方執法過程中動用暴力而死亡，並引發「黑人的命也是命」（BLM）運動。

在兩場文化大革命——一場是中國的，一場是美國的——中的親身經歷，並揭示了它們之間的深刻聯繫。這些證據無可辯駁：無論是理論、實踐，還是策略、工具，甚至結果，都如出一轍。美國的文化大革命是一場具有「美國特色」的毛式文化大革命。

在本書的篇章中以及她的演講和訪談中，程西將這一事實闡述得淋漓盡致。她也生動地傳達了我那晚在飛機上深切體會到的感受：「這種事情不能發生在這裡。」

美國是一個獨特的國家，它曾是像程西這樣的人的避風港，在他們的自由與尊嚴被共產黨或其他獨裁者剝奪時，美國為他們提供了容身之地，以及其他國家無法提供的自由和機會。如今，美國正面臨前所未有的威脅，然而，正因為曾在關鍵時刻堅守作為世界上自由的燈塔和希望，它因此得到這份慷慨的歷史的回報，或許將挽救美國免於自我毀滅。

像程西和無數其他人一樣，他們在人生最黑暗的時刻來到這個國家，並帶來了他們的故事：事情是如何發生的？哪裡出了問題？如果我們不及時醒悟並阻止這一切，未來將會變成什麼樣？他們的故事正在成為我們的故事，而這是一份我們應當珍視的禮物。

能夠受邀為這部非凡的著作撰寫序言，我深感榮幸。這本書敲響了世界上最重要的警鐘之一。希望您在閱讀這本書時，能像我一樣，從中獲得啟發與鼓舞。

前言

二〇二〇年是美國歷史上的一個分水嶺。一場從中國傳播到美國的疫情爆發和喬治・佛洛伊德之死，形成了一場完美風暴。這場風暴重創了美國，其嚴重程度使得美國似乎已經發生了永久性的改變。

很多曾經專注於工作、家庭的美國人突然發現，他們幾乎不認識自己的國家了。一夜之間，似乎有一套全新的現實強加在他們身上，挑戰他們曾經認為真實的一切。進步主義者提出了要求：要想重塑美國，必須澈底否定其所有制度、傳統價值觀以及根基。拒絕這樣做的人，會在社群媒體、學校、職場甚至家庭中被排斥和妖魔化。誰要是抵制，立即就會被貼上種族主義者的標籤，甚至可能會失去自己的生計。

很多人一夜醒來後發現，僅僅因為出生為白人，他們就成了壓迫者；而另一些人則發現，因為他們生來不是白人，而必須接受自己註定是無助的受壓迫者。令許多人感到困惑的是，現實和常識似乎不再重要。在二〇二〇年夏天的騷亂中，觀眾看到背景有建築物在燃燒，但卻被告知他們看到的「基本上是和平的抗議活動」。突然之間，沒人能確定如何定義女性，而所有人都必須相信男人也可以生孩子。透過Zoom課堂，家長們首次親眼目睹自己的孩子在公立學校裡被教導什麼——「美國是一個無可救藥的種族主義國家」，這令家長們目瞪口呆。

在疫情期間，美國民眾發現自己和家人愈來愈失去自己做選擇的自由。從學區董事會到聯邦政府，各級政府都要求人們服從那些看似荒謬且充滿政治色彩的專制的命令。如果家長們在學區董事會會議上發言，甚至可能被美國司法部貼上「國內恐怖分子」的標籤。美國人現在被迫接受一個新的現實，在這個現實中，警察已經成為維護公共安全的惡棍，而罪犯卻成了受害者，他們可以在我們的城市和社區中自由流竄，威脅普通民眾的安全。

那些勤奮工作的納稅人，發現自己彷彿成了自己國家的陌生人。究竟發生了什麼？為什麼會這樣？又是為了什麼目的？

但對我來說，這一切都是舊戲重演。

像大多數美國人一樣，我感覺自己也被這場風暴擊中了。但是與大多數美國人不同的是，這場風暴曾經在五十多年前就曾在中國擊中過我，當時我只有七歲，剛剛開始上學。

這場風暴是毛澤東——這位從一九四九年至一九七六年統治中國的共產獨裁者，發起的無產階級文化大革命，它持續了整整十年，貫穿了我整個學生時代。

在我的記憶中，這一切彷彿也是瞬間發生的，就像二〇二〇年的美國一樣！當時在一夜之間，我們被告知自己生活的國家資本主義即將復辟，危機四伏，必須澈底推翻。我們的任務不是尋找種族主義者，而是揪出「反革命分子」——這個詞的定義就像現在的「種族主義者」一樣，始終模糊且不斷變化。這頂「反革命」的帽子適合戴在任何毛澤東不喜歡的人頭上，或者是用來對付我們認為毛澤東可能不喜歡的人，那些質疑毛澤東的人，以及任何沒有熱情參與文化大革命的人。所有人都瘋狂地加入了革命者的行列，游離在外意味著是毛澤東的敵人而會成為革命的對象。

為了揪出「敵人」，捍衛毛澤東，人們互相攻擊。朋友彼此反目、鄰居互相揭發、同事彼此構陷、甚至家庭成員之間也反目成仇。作為孩子，我們被教導要舉報反動家庭成員，包括自己的父母。

隨之而來的是中國版的取消文化運動（Cancel culture），在這股風暴的席捲下，任何不夠純粹的「毛主義」——包括我們的中華遺產，都被澈底摧毀。雕像被憤怒的革命群眾推倒，書籍和藝術品被燒毀。在文化大革命期間，三千年中華文明的文物、符號、傳統和習俗都被從我們的日常生活中清除殆盡。

毛澤東在一九七六年去世，他的革命造成多達兩千萬人喪失了生命，而中國也在這場革命的烈焰中化為灰燼，成為我們再也認不出的樣子。

回到二〇二〇年的美國，這場風暴不僅讓我震驚，更讓我憤怒。但我沒有選擇坐在沙發上哭泣，而是採取了行動。因為我深知，如果我們不阻止這場風暴，美國，這個我深愛的第二故鄉，也會像當年的中國一樣，陷入毀滅。

憤怒和強烈的採取行動的念頭，讓我放下了父母和中國傳統文化一直灌輸給我的「智慧」的告誡——「槍打出頭鳥」；我決定挺身而出，接受挑戰。美國已經成為我的家園超過三十年了，在這裡，我享受到由幾代美國人爭取和捍衛來的自由和繁榮，現在輪到我來捍衛這個國家了。第一次，為了我們的孩子、為了捍衛美國，我邁出這關鍵的一步——站出來發聲。我和上百位憂心忡忡的家長一起參加了維吉尼亞州勞登郡（Loudoun County）的一場學區董事會會議，並做了一分鐘的發言。在短短的六十秒內，我將批判性種族理論（Critical Race Theory，簡稱CRT）和中國文化大革命進行了對比，並警告聽眾，CRT就是馬克思主義。

勞登郡現在聞名全國，因為家長們反抗批判性種族理論和學校防疫隔離的專制命令。而我，發現自己置身在這場新革命的中心。

我發言的影片迅速傳播開來。首次在福斯新聞上亮相後，各種採訪和演講邀請接踵而至。

透過在政治活動、教育活動中演講，以及接受媒體採訪後收到的線上回饋，我意識到大多數美國人對中國文化大革命、共產主義中國、共產主義或文化馬克思主義知之甚少，甚至一無所知。這也解釋了為什麼很少有人意識到今天美國「覺醒革命」（woke revolution）的根源和最終目標是馬克思主義和共產主義。

許多人鼓勵我寫一本書，這樣我的訊息才可以傳達給更多的美國人。儘管有各種媒體報導和演講機會，我仍然無法像一本書那樣完整講述整個故事。在目前這個亟需了解這些內容的時刻，這類書籍少之又少。在與前眾議院議長紐特·金瑞契（Newt Gingrich）的一次播客採訪中，他強烈建議我寫一本書，於是我決定接受這個挑戰。

在這本書中，我講述了兩場文化革命的故事：一場是由毛澤東和中國共產黨發動的文化大革命，另一個則是在今天的美國進行的「覺醒革命」。透過我的個人經歷和廣泛的歷史研究，本書展示了這兩場革命驚人的相似性。讀者將看到：

- 兩場革命都使用分裂、洗腦、欺騙、脅迫、取消、顛覆和暴力等馬克思主義手段。
- 兩場革命的目的都是摧毀傳統文化的基礎，並用馬克思主義思想取而代之。

• 兩場革命都把年輕人作為工具，利用他們實現自己的目的。
• 兩場革命的共同目標都是以人民的自由為代價，獲取絕對的權力。
• 兩場革命都導致了相同的結局：自由的喪失和極權統治的建立。

本書中回顧的那些令人震驚的歷史事件和故事，將讓讀者深刻地意識到，歷史正在今天的美國重演。

這本書同時也講述了我的個人經歷——作為一個在共產主義統治下成長的孩子，作為一個理解並相信美國例外論*的移民，以及作為一個決定對抗日益上升的威權主義的自豪公民——以及我如何克服恐懼和猶豫，投身保衛美國的保守主義運動。

---

* 該理論認為美國因其獨特的建國理念、歷史背景與政治制度，才使得美國獨立而強大。

第一章・離開廚房的餐桌

我從未預料到這一切，也完全無法提前準備。二〇二一年六月的那個下午，我懷揣著一絲不安，走向學校董事會的會議室。我報名那天發言，心中有一件重要的事不吐不快，但我只有短短兩分鐘的時間。箭在弦上，到了該我發言的時候了。

是什麼促使我，一個一向沉默的亞裔美國人站出來，並最終站在全美關注的聚光燈下？這一切都是因為我所在的維吉尼亞州勞登郡的學校課堂上，在推廣和實踐「批判種族理論」，也就是CRT。這種情況在美國許多地區的學校裡也已經持續了好幾年，而我再也無法袖手旁觀。

CRT是一種建立在謊言和虛假敘述基礎上的馬克思主義意識形態。它宣揚的教義由受馬克思主義主導的組織和力量所推動，比如「黑人的命也是命」（Black Lives Matter，BLM）運動和「取消文化」。這些力量正在合力推進，將美國變成一個馬克思主義國家。這一切發生在光天化日之下，很多人視而不見，我卻看得清清楚楚——怎麼可能看不到呢？在中國長大的我，親眼目睹了共產主義的暴政和暴力，那發生在毛澤東領導的文化大革命（一九六六—一九七六）期間。那場革命席捲了整個中國，澈底摧毀了中國的社會和傳統文明。我從沒想過，這樣的場景會在美國重演，但如今我們正朝著這個方向前進——包括我現在居住的維吉尼亞州勞登郡。

美國已經成為我的家將近四十年了。自從我在二十六歲時離開中國來到這裡，我就深深愛上了這個國家。親身經歷過共產主義枷鎖和共產政權下的種種暴行後，看到這些獨裁主義的跡象，甚至正在現實中上演的極權統治，我感到無比心痛和恐懼。

我意識到，CRT的意識形態是一種工具，目的是把美國從個人自由引向一種我非常熟悉的黑暗而險惡的生活方式。正是在這種背景下，我明白我的生活將要發生改變。二〇二一年六月八日，在維吉尼亞州勞登郡學校董事會公眾發言環節中，我下定決心站出來，公開反對在我們學校用來灌輸孩子，並在美國播下共產主義種子的CRT信條。在此之前的一整年裡，學校董事會與家長之間的分歧不斷加深，董事會變得不再透明，甚至對家長公開表現出敵意。但這一切都沒有阻止許多家長每週如約而至，為他們的孩子和國家而戰。

那天下午，當我到達學校董事會舉行例會的行政辦公室時，我驚訝地得知，學校董事會主席布蘭達·雪爾頓竟然將發言時間從原來的兩分鐘縮減到僅僅一分鐘！

我精心寫下了發言稿並反覆練習，計時確保能在兩分鐘內講完；但現在，我不得不倉促地將發言內容減半。我匆忙進入了那間很大的會議室，在演講臺後面的第三排座位上坐下，周圍是數百位同樣前來發言或旁聽的家長和社區成員。我急忙坐下，焦急地刪減準備好的發言稿，因為有人告訴我，雪爾頓女士似乎很享受在計時器從六十秒倒數到零時，猛拍下響亮的蜂鳴器，毫不客氣地關掉你的麥克風，並要求你「讓出話筒」。

對大多數人來說，要將演講縮短一半還得保持它原本的意思，是很困難的，對我來說更是艱難無比。英語不是我的母語，且這是我第一次公開演講，話題對我來說在情感上也極具挑戰，更何況還要面對麥克風。有關文化大革命的回憶與當今美國的現狀在我腦海中紛亂交織，我必須再次理清思緒，並將內容壓縮到一分鐘以內。「緊張」已經不足以形容我的感受……更糟的是，我連枝筆都沒有。幸好周圍支持我的家長們遞給我一枝筆，還給我鼓勵。這些家長很快就成為了我在這場鬥爭中的朋友和夥伴。我繼續緊張地修改著準備好的發言稿，直到雪爾頓女士在學校董事會的講臺上喊出了我的名字。

終於輪到我走到麥克風前發言時，我深吸了一口氣，用不到一分鐘的時間講完了剛剛修改好的演講，並且全程戴著符合當地防疫規定的口罩。奇怪的是，我居然很感謝那個口罩，它讓我感到了一絲安全感。

我在時間還剩幾秒鐘的時候完成了發言：

我對學校裡正在發生的一切深感不安。你們現在教導和訓練我們的學生成為所謂的社會正義戰士，並讓他們憎恨我們的國家和歷史。作為一個在毛澤東時代的中國長大的人，這些事情對我並不陌生。共產黨政權也是用同樣的批判理論分裂民眾。唯一不同的是他們利用的是階級，而不是種族。在文化大革命期間，我親眼看到了學生和老師的相互敵對。我們為了政治正確改了學校的名字。我們被教導要否定自己的傳統。紅衛兵摧毀了所有不屬於共產主義的東西——無論是舊雕像還是書籍，凡是與之牴觸的都難逃厄運。我們還被鼓勵互相舉報，就像勞登郡學校推出的學生公平大使計畫和偏見舉報系統一樣。這簡直就是中國文化大革命的美國翻版。批判種族理論源於文化馬克思主義，根本不應該出現在我們的學校裡。

結束發言後，我回到座位上坐了一會兒，然後走出會議室離開了大樓。我得趕緊回去上班，彌補因開會耽誤的時間。勞登郡公立學校的家長伊恩・普賴爾是支持我發言的家長和社區成員之一。他後來告訴福斯新聞，我的簡短發言「應該作為一個嚴重的警告」，並補充道：「我認為，教育體系確實已經在我們眼皮底下推行這些東西，而我們卻毫不知情。」[1] 包括我在內的大多數家長曾經盲目地將孩子交給這個體系，以為我們的學校是在教育孩子，而不是在洗腦。

走出會議室，我對自己的表現很滿意。雖然在幾個地方略有結巴，但重要的是我清晰地表達了我的知識和信念。我沒有緊張，並且說了所有想說的內容，沒有漏掉任何關鍵點。

我當時並沒意識到的是，我的嚴厲警告對會議中的許多人，乃至全美各地後來聽到我故事的人產生了持續的影響。這是第一次，有人將批判種族理論與親歷過毛澤東文化大革命的經歷相提並論。這場討論被賦予了新的意義，並為反對美國馬克思主義提供了新的武器。

* * *

在學校董事會發言並不是一個衝動的決定。我不是在學校董事會會議前一週的某個早晨醒來後，突然決定要向董事會成員表達對CRT的看法。無論話題是什麼，或者觀眾的人數和場合構成如何，鼓起勇氣在公眾面前講話對我來說都是一次巨大的挑戰和突破。現在回想起來，我意識到這一切幾乎是在一年前開始的，當時正值二〇二〇年五月二十五日，喬治·佛洛伊德，這位黑人男子在明尼蘇達州的明尼亞波利斯被一名白人警察殺害後，引發了全國性抗議浪潮。

佛洛伊德去世後不久，我從一個低調的政治觀察者變成了一個積極發聲的政治活動家。佛洛伊德不幸死亡的幾天內，儘管據說他有著長期的犯罪紀錄，包括多次遭逮捕和多項重罪判決，他仍被尊譽為「烈士」（martyr）和英雄。很快，人們開始以英雄的身分紀念他。

美國各地的抗議者聚集起來，透過譴責種族不公正和警察暴行來紀念佛洛伊德，並呼籲削減警察經費。然而，這場所謂的抗議「運動」迅速演變為一系列暴力且精心策畫的騷亂——儘管多數媒體仍將其美化為「和平抗議」。事件波及多個大城市：警車遭到砸毀焚燒、商店被洗劫一空、執法人員遭槍擊或受傷、企業遭縱火焚毀；甚至在西雅圖等城市的整個街區被武裝暴徒占領，自封為「抗議自治區」。

看到電視上日復一日的混亂與暴力，我不禁想起了自己在學生時代親眼目睹的中國文化大革命的混亂、暴力與恐怖場景。

真正令人害怕的是，中國文化大革命與現在美國發生的、以及正在繼續發生的事情之間，有著驚人的相似之處。我明白這一切的本質，因為我在兩個地方都親眼目睹了：極左勢力使用CRT、覺醒主義（woke-ism）、「黑人的命也是命」和取消文化運動等手段，試圖清除保守派和任何抵抗力量。如果我們發聲，可能會被孤立，失去社會地位。現在只有聲音最大的進步左派能享有言論自由。我們的第一修正案權利（言論自由）正受到攻擊；我們的第二修正案權利（持槍權）正受到攻擊；我們的自由正受到攻擊；我們的國家正受到攻擊。

二〇二〇年的佛洛伊德事件引發的暴動與中國文化大革命的相似之處讓我猛然驚醒。夠了，我感到自己有必要以某種方式參與政治，盡我所能保護美國不至於走向毀滅。這也讓其他有學齡子女的華裔家長感到切身的危機。他們被自己的孩子蔑視，孩子們表現出的對抗和不尊重，遠遠超過普通青少年的叛逆行為。這要歸因於學校推廣的CRT教育，旨在破壞家庭的神聖性，取代父母的價值觀。很多學生開始質疑父母對種族和壓迫問題的看法，甚至指責他們是種族主義者。

我對二〇二〇年發生的事以及多年前的回憶依然記憶猶新，以至於我決心不讓人們輕易地否認這些現象的存在，或將其視為不真實。這簡直就是一場澈底的美國式馬克思主義革命。此外，我還在中國社群媒體微信上看到，很多中國人在嘲笑美國的現狀，稱其為「美國文化大革命」。那些嘲笑我們的人希望看到美國垮臺。

* * *

在CRT迅速傳播和二〇二〇年騷亂發生之前，我對政治的興趣一直只在私領域表達——主要是在下班後與志同道合的朋友，在廚房餐桌旁或電話裡聊聊。但有一天晚上，我在看福斯新聞時，節目中播出了丹．邦吉諾（Dan Bongino）的一段言論。這位著名的電視新聞評論員、政治意見領袖以及電臺和播客主持人，談及了從地方層面開始參與政治的重要性，鼓勵觀眾用自己的聲音來改變現狀。在美國這個多數人仍珍視言論自由的國家，這是有可能做到的。我感覺他在直接對我說，要我行動起來。然而，走到「公共廣場」並積極參與政治，對我來說意味著巨大的變化。對於大多數人來說，這本來就是件令人畏懼的事，但對我而言更是如此。這意味著我不僅要在個人層面走出自己的舒適區，還要在政治上表明自己的立場。受到邦吉諾的激勵，我從廚房餐桌旁走出來，放下手機，投身於實際行動中。我加入了勞登郡共和黨委員會（London County Republic Committee，LCRC）。

加入LCRC後，我主要關注選舉公正性和遏制共產主義意識形態在美國的傳播，CRT只是其中的一部分。不久，我被任命為選區隊長。這個職位很適合我，因為我對選舉公正性十分關切。現在，我擔任了一個分發選票範例的角色，這讓我有機會說明，使選民了解資訊並鼓勵他們投票給保守派候選人。

為了要更積極行動，我又加入了勞登郡共和黨女性社團，並迅速與成員打成一片。她們很熱情，鼓勵我分享我在毛澤東時代中國的經歷。她們建議我在當地學校董事會會議上表達我的想法和意見，還說我的觀點很重要，需要讓學校董事會認真聽取。

「但我已經沒有還在上學的孩子了。」我說。

她們告訴我這無關緊要，作為納稅人，我仍然有權利甚至有義務發聲。在這樣的支持下，我看到了成長的機會，讓我在堅持自己的信仰和捍衛國家時變得更加勇敢——這已經不再僅僅關乎我個人了。

「我該說什麼？」我問。

「妳想說什麼都可以。」她們回答。

就這樣，我選擇從揭露勞登郡學校中的CRT問題開始，快速進入狀態。

在我決定這樣做之前，已經有很多保守派和溫和的民主黨人聯合起來，透過參加學校董事會會議表達他們的擔憂和反對，試圖阻止這些專制的學校董事會政策和洗腦行為。進步派則對此反應強烈。

在二〇二一年初，一個名為「勞登郡反種族主義家長」的祕密臉書群組成立了，成員包括九名董事會成員中的六名，以及六百多名教師和家長。正如一位群組成員所說，他們的目標是「打擊反對CRT理論的人和網站……『收集』這些批評者的資訊，『滲透』到他們的團體，並尋找『駭客』關閉他們的網站或將其重新導向。」[2]這個激進的群組列出了一些高調的家長名單，意圖讓他們閉嘴。這些家長因為挑戰學校董事會而被貼上「種族主義者」的標籤。名單上的一位家長是兩個女孩的母親潔西卡·門德斯。她告訴我，這個組織的一名成員還給她的雇主寄了信，檢舉她是種族主義者。

讓進步派失望的是，這些勇敢的家長並沒有因此退縮。相反，他們在伊恩·普賴爾的領導下發起了一場名為「為學校而戰」的運動，旨在反擊並罷免這些激進的學校董事會成員。這場運動引起了大量的媒體關注。因此，我在學校董事會的發言成為這一大型運動的一部分而廣受關注。

我們在對抗極左派滲透公立學校的激進主義中發揮了顯著的作用，並且已經在整個州、全美乃至整個西方世界引起了共鳴。這一運動對於維吉尼亞州轉變為紅州，以及推動共和黨人格倫·楊金（Glenn Youngkin）在二〇二一年維吉尼亞州州長選舉獲勝等，也扮演了關鍵的角色。這對民主黨來說是一個重大打擊，並向全國各地的家長傳達了一個訊息：勇敢、堅強並積極參與，因為他們的聲音很重要。

* * *

在我出席學校董事會的第二天早上，我接到了一位福斯新聞記者的電話。他聽到了我的公開評論，並希望對我進行採訪。一開始，我並不確定是否要接受採訪。我擔心可能會說出一些在政治上容易引發爭議的話，甚至可能會傷害到我或我的家人。我也擔心曝光，害怕走到全國性媒體的聚光燈下。要知道，這距離我人生中第一次公開發言還不到二十四小時，而且那次會議面對的是數百名本地人，而不是擁有數百萬讀者的福斯新聞。接受採訪意味著我要走出私人生活的安全舒適區。

我真的準備好了嗎？

顯然我是準備好了，因為我同意了採訪，儘管我意識到，一旦話語從我嘴裡說出來，就再也無法收回了。俗話說：覆水難收，當我告訴福斯新聞的記者：「我真的無法隨意表達我的意思，雖然對方卻可以隨便說。」這時候，你可以聽出我語氣中的猶豫，我的意思是：極左翼可以毫不顧忌後果地發表言論，但對表達保守觀點的人來說，並非總是如此。

然後我繼續告訴記者：「對我來說，對許多華裔美國人來說，這令人心碎。我們逃離了共產主義，但在這裡又再經歷了一次。我只是想讓美國人知道，能夠生活在美國就是他們的最大特權。我認為很多人不了解，他們認為他們在做正確的事情，『反對種族主義』聽起來很好。但他們實際上是在破壞這個反對種族主義的體系。」[3]

福斯新聞的這個採訪成為了熱門關鍵字。人們對此密切關注，對我的經歷產生興趣，想聽聽我的看法。

文章發表的第二天，我又收到了來自福斯新聞的簡訊，這次是一位製作人，他替福斯新聞的肖恩．漢尼提（Sean Hannity）節目工作。他邀請我當晚接受漢尼提的採訪！又是做決定的時刻，這將比之前的採訪更進一步。我不敢相信這是正在發生的事情，正如人們常說：一切來得太快。

那天下午晚些時候，我坐在一輛派遣到我家的移動電視轉播車裡。耳機穩穩地放在我的耳朵裡，正在進行音訊檢查，距離我與肖恩．漢尼提衛星直播連線只剩幾分鐘了。我意識到自己即將面對數百萬觀眾。我盯著攝影機鏡頭的黑洞，螢幕是一片黑暗的虛空，我把目光集中在鏡頭旁邊的亮點上。我現在清楚地意識到整個美國都在關注……我準備好了。

真的準備好了嗎？我再次緊張，害怕在採訪中會突然反應不過來。我在心裡跟自己展開一場對話。漢尼提隨時會開始跟我交談。如果我當著全國觀眾的面出糗怎麼辦？電視觀眾會在幾秒鐘內切入直播：他們會不會疑惑，為什麼有一個沒沒無聞的華裔女人，突然站到全美的聚光燈下，而且還是個完全的新手？我心想：我看起來緊張嗎？我表現得好嗎？我該微笑嗎？如果他問的問題我答不上來怎麼辦？

隨後，我聽到那個熟悉的聲音在為觀眾介紹我們的訪談。然後，我聽到他開始跟我說話了！漢尼提先問我在中國發生了什麼事。他提到，文化大革命開始時我才六歲，接著請我解釋我的所見所聞和經歷。就像在六月八日的學校董事會上一樣，我明白自己只有很短的時間來傳達我的關鍵觀點。我立刻切入主題，解釋為什麼一個沒有經驗的華裔女人會在這裡討論學校和CRT，並擴充了我在學校董事會上的發言。漢尼提非常友好地讓我詳細闡述。

我的段落結束後，前美國國會議員傑森．查菲茲（Jason Chaffetz）也加入了討論。我對自己所說的內容和表現感到滿意，感覺像是上帝的旨意。雖然我不是宗教信徒，但我相信有某種比我更偉大的力量在引導我。後來回看自己在節目中的表現時，我的反應是：「哦，我的天啊！」要看著電視上的自己實在很困難，人總會成為自己最嚴厲的批評者。但總體來說，一旦克服了最初那種看到自己的反應，我對自己的表現還算滿意。最重要的是，我相信觀眾應該可以如我所預期的方式領會我的關鍵觀點。

當我在漢尼提節目中的採訪被上傳到YouTube後，我看了一遍又一遍，所有擔憂都消失了。觀眾們留下超過六千條評論，絕大多數都是正面的。讓我特別高興的是，看到來自中國、越南、古巴、波蘭、羅馬尼亞、俄羅斯和塞爾維亞等共產主義國家的網友反應，他們分享了自己和家人的故事，以及他們的所見所聞，表示我將自己在共產主義中國的成長經歷與美國的現狀聯繫起來非常正確。這對我來說意義重大，因為它驗證了我的故事，並且證明我所做的事不僅正確，而且非常重要。

我在漢尼提節目亮相，帶來了一系列新的演講和採訪機會。很快，不僅其他媒體機構找我，各種組織和政治行動委員會也紛紛邀請我分享我的故事和政治觀點。我下一個受邀參加的大型活動，是二〇二一年在達拉斯舉辦的保守政治行動會議（Conservative Political Action Conference），年會的主題是反取消文化運動。那是現場活動，有數千名保守派人士參加，我與三位律師同臺討論，其中兩位曾在第一任的川普政府工作，另一位曾在小布希總統手下任職。活動結束後，我擔心自己表現得不夠好，畢竟我缺乏在如此大規模人群前發言的經驗。不過，我說出了最重要的內容：共產主義在美國的滲透已經無處不在。我還提到我們正在進行一場攸關國家生死的戰爭，獲得全場觀眾的起立鼓掌，那一刻非常感人。我一定打動了許多人，因為在我發言後，很多人甚至來擁抱我，這進一步增強了我的信心。

接下來是在二〇二一年十一月於佛羅里達州奧蘭多舉行的「傳統行動哨兵」（Heritage Action Sentinels）會議。我演講後，人們說他們聽得熱淚盈眶。這基本上是我在其他地方也談過的主題，關於共產主義如何在美國生根發芽。大約在那段時間，我還接受了葛蘭·貝克（Glenn Beck）和紐特·金瑞契等人的採訪。在與前議長紐特·金瑞契的採訪中，他對我說：

「妳必須寫一本書。當妳寫完那本書，我們還要再做一次採訪。」我記住了他的話。

在其他採訪和露面中，也有類似的迴響，其中包括與《美國思想領袖》（American Thought Leaders）的楊傑凱（Jan Jekielek）進行的深入採訪。這是《大紀元時報》製作的節目。此外，我還與「美國母親協會」（Moms for America）在全國學校董事會協會（National School Board Association）面前演講，以及在國會大廈前在與「獨立女性論壇」（Independent Women's Forum）一起發聲，對政府介入親職（co-parenting with the government）表達反對。我還在本・卡森博士（Dr. Ben Carson）於勞登郡舉行的對抗CRT政治集會上參與了小組討論。此外，我還在福斯新聞和極限新聞（Newsmax）上接受了許多採訪，並得到保守派電臺主持人、暢銷書作家馬克・列文（Mark Levin）的認可；他在他的廣播節目中播放了我在學校董事會上的演講片段。

接下來的戰場是推特*。

據說最快速的幾種傳播資訊方法之一是口耳相傳。我開始增加在社群媒體上的活動，以繼續分享我的故事，警告共產主義的危害並鼓勵人們參與這場鬥爭。我把戰場轉移到推特，

---

* 現已改名為X。原文如此，下文同。

在那裡，我能夠與來自兩方的人進行交流。

成為一名活動家之前，我的社群媒體足跡僅限於Instagram，我在那裡分享自己的照片。（許多人不知道我是一名業餘卻認真的攝影師。可即使在Instagram上分享照片，我也從未成為網紅。）在政治領域提升我的社群媒體影響力是一個很有趣的經歷，我還在摸索怎樣才能最好地展示自己和傳遞資訊。這對我來說有如坐雲霄飛車。當一條推文有大約兩百萬次流覽時，我非常驚訝。有時我也感覺像是在高空走鋼絲，看回覆時會緊張到屏住呼吸。當看到自己的推文引起使用者共鳴，我會非常興奮，充滿希望，相信我們可以共同拯救我們的國家。

我開始踏入推特後，有一次的互動令人難忘。這是與一名女性的對話，她也住在勞登郡，顯然是一名自由主義者。我發了一條關於美國效忠誓詞的推文，她回覆道，人們「被迫宣誓效忠美國國旗」。

你真認為這是壓迫嗎？

我回覆道：「我不知道妳怎樣，但我曾生活在共產主義下，那才是真正的壓迫。我不懂妳為什麼這麼憎恨美國，但我們會教我們的孩子熱愛這個國家，因為這是世界上最好的國家。」

她沒有回應。

沒想到，我後來竟然與妮可・漢娜瓊斯（Nikole Hannah-Jones）在推特上激烈交鋒；她是惡名昭彰的「一六一九計畫」（1619 Project）*的作者。二〇二三年二月二十六日，我回覆了漢娜瓊斯一條譴責美國例外論的推文。我在推特上回覆道：「妳和我——一個三十多年前揣著借來的兩百美元從中國移民來美國的人——都是美國例外論的證明。」她要求我具體說明。我回覆道：「天賦人權是美國獨有的。正因為如此，我們得以廢除奴隸制、吉姆・克勞法**、排華法案……使個人能夠成功。奴隸制並非美國獨有，它至今仍然存在。在中國有大批人權鬥士被中共監禁。」許多推特用戶加入討論，那真是一個奇妙的景象。推特這個平臺讓我能直接挑戰漢娜瓊斯，而左派控制的主流媒體只會為她喝采。讓我感到驚訝的是，保守派媒體次日廣泛報導了這個故事。之後還有更多的電視和廣播採訪，我想表達的訊息真的傳開了。我很高興。

許多在社群媒體上與我互動的人給了我很大的鼓勵。在一個只依靠思想和語言的環境

* 該計畫主張美國歷史的起點為一六一九年，而非美國宣布獨立的一七七六年，因為一六一九年第一批非洲奴隸抵達維吉尼亞州。該計畫試圖顛覆並重塑美國歷史。

** 該法規強制執行種族隔離和歧視。

裡，這正是我所需要的支援；而在其他環境中，人們可能會動用拳頭、劍或槍。有一位友好的推友曾對我說了一段非常感人的話。他寫道：「請繼續大聲呼喊，妳需要用妳的經歷告訴我們，美國到底發生了什麼。」

這種支持讓我意識到，我的聲音已經在反對美國馬克思主義者的鬥爭中產生了強大的影響力。我現在完全投入到這一使命中，你們一定會在公共論壇上聽到更多我的聲音。

每當我回想起這段旅程的起點和我所取得的成就，都感到非常震撼。如果當初沒有把握機會，勇敢邁出這一步，這些成就我連想都不敢想。我希望人們在讀到我的故事時，能夠受到鼓舞，相信自己，然後勇敢發聲，為美國而戰。

但首先，讓我帶大家回到二十世紀六〇年代和七〇年代的中國，分享我作為一名學生，在那個動盪的十年，也就是文化大革命期間，所看到和經歷的事情。在這段回憶之旅中，我將指出當時發生的事情和如今發生在美國的事情之間，詭異的相似之處。

第二章・長在紅旗下

每當我看到共產主義旗幟上的鐮刀時，總會想到我那可憐的手指頭。十歲那年，我剛上五年級，當時正值文化大革命期間。我們被送到農村，與農民同住一個月，幫助完成所謂的「雙搶」，即搶收早稻、搶種晚稻。這可不是簡單的郊遊，而是實實在在的勞動。這是毛澤東主席的指示。

我最開始用鐮刀割稻稈時，跟很多同學一樣，割傷了手指很多次。記得有一個同學甚至差點把她的小指割斷了。

讓我講講過去。我在中國的童年生活分為兩個截然不同的階段：文化大革命之前的生活和文化大革命之後的生活。這種變化就像是白晝與黑夜的對比，在風平浪靜之後竟迎來徹底的混沌。

一九六六年文化大革命爆發時，我才六歲多快要七歲。對於我這個不滿七歲的孩子來說，事情發生得太突然了。我不太記得文化大革命前的日子，只記得那段時間很平淡而寧靜，正像孩子應該擁有的生活。文化大革命是由當時中國最高領導人毛澤東發起的一場政治運動，目的是清除中國共產黨內和各級政府中的資本主義和資產階級成分，以防中國社會主義偏離軌道。這是一場顛覆中國的大規模運動，勝過以往所有的政治運動。

我出生在一個革命幹部家庭，父母都是中共幹部，類似於美國的公務員。兩人都是在年輕時懷著進步和理想主義的心態，才加入了共產主義革命，追隨中共描繪的願景——「解放被壓迫的勞苦大眾」。我和家人住在四川成都。由於父母是幹部，我們被視為特權階級。我們享有與另外四戶人家共用一個廁所的「特權」，許多人家則不得不與整棟樓的居民共用一個公共廁所；我們五口之家享有合住一間半房間的「特權」，而許多其他家庭則被迫幾代人擠在同一個房間裡。大家共用著一個小房間大小的廚房，裡面擺著一個煤爐和一張小桌子。在我十六歲之前，這就是我的家。後來我被送到農村，在鄉下當農民。

我成長過程中最幸運的是，我沒有像很多同胞那樣經歷挨餓。儘管我們家只有最基本的食物，但在當時已經被認為是吃得不錯了。小時候，我總是渴望吃甜食。有一天，我在廚房架子上看到一個像是裝著白糖的罐子，簡直不敢相信自己的眼睛！趁周圍沒人時，我搬來一把椅子爬上去，把罐子拿下來，迫不及待地舀了一大勺放進嘴裡。可以想像，當我發現那其實是鹽而不是糖時，有多麼錯愕！這件小事在我看來象徵著共產主義的本質——充滿了剝奪和欺騙，現在很多年輕的美國人無法理解這種感受。

由於父母工作的關係，他們常常不在家，所以讓我在學校寄宿，每週有六天都住在學校。做寄宿生的感覺就像住在孤兒院，但我依然覺得自己比很多人幸運。學校裡有一位非常關心我的老師，學生們叫她黃老師。她是我的恩人。她很年輕，是新來的老師，而我們班是她在這所學校教的第一個班。她特別喜歡我，我也非常喜歡她，她像母親一樣照顧我。對於上課內容我記得的不多，但和她在一起的時光我卻記得清清楚楚。

每當週日我父母無法來接我時，

一九六九年四月，於中國，作者（最右）與朋友和鄰居。

黃老師和她的新婚丈夫會帶我去動物園或公園。這些是我在文化大革命風暴前的美好記憶，而這場風暴改變了一切，來得如此迅速且猛烈。

那是一九六六年的春天，我剛上小學一年級的第二個學期，文化大革命爆發了，學校立刻受到了衝擊。我對文化大革命最早、最深刻的記憶之一，就是學校食堂裡突然出現的大幅海報和標語（食堂是唯一一個有足夠高的牆面可以張貼標語的室內空間），這些標語批判老師和學校領導。它們被稱為「大字報」，特點是上面有很大的毛筆字和漫畫，從遠處也能看得清楚。這些海報故意做得很大，以便造成威懾和恐嚇效果。這確實非常有效。那時

作者於一九八六年十一月獲得美國簽證後，攝於天安門廣場。

的「大字報」就好比是當時的「社群媒體」。就像今天的社群媒體，任何人都可以發貼文一樣，大家都可以貼「大字報」——當然，革命的打擊目標除外。

我該如何描述我當時的所見所感？混亂、瘋狂、恐懼和困惑。這究竟是怎麼回事?!

我那時太小，無法完全理解這些大字報的內容，但我能看出它們是在批評學校的老師和管理人員。我記得有一張大字報，上面有醒目的插畫，抨擊一位愛打扮、穿高跟鞋的女老師。她被指責和訓斥為「資產階級」，這正是被毛鄙視和公開貶低的。不久後，攻擊變得更加激烈。有一天，我看到一群高年級學生跟著這位老師，叫她難聽的名字。他們最終把她圍住，向她吐痰。沒多久，她全身都被吐滿了痰。

我還記得學校裡另一位老師和她的丈夫，因為無法生育，收養了一個女兒。為此，她被指控壓迫和剝削一個無助的孤兒。高年級學生們抄了她的家——她家只是在教師宿舍裡的一個小小的單間。他們不放過任何東西——沒有什麼是神聖不可侵犯的，無論是個人財產，還是他們的家。

在那位老師家被抄家後，我記得看到他們收養的女兒在宿舍樓後角的公共廚房裡。那個大約十歲的小女孩蹲在地上，頭埋在雙臂和雙腿之間，抱頭痛哭。她的媽媽被學生帶走進行「批鬥」（公開羞辱）去了。我很困惑，這些學生聲稱要保護這個小女孩免受她父母的壓迫，但事實上卻讓她一個人獨自傷心地哭。在我寄宿學校生活期間，我經常在放學後看到這位老師的女兒，她看起來是一個快樂且被父母寵愛的孩子。到底是怎麼回事？

有一天，我走進教室，看見黑板上寫著：停課三天。這是我老師寫的，她顯然不知道，這三天最終會變成了將近兩年。學校沒有發布任何正式的停課公告，事實上，因為所有學校管理人員都被打倒，學校已經完全癱瘓了。

沒人對此有準備，大家都很震驚。就如我說的，真的是天翻地覆。前一天還在正常上課，轉眼間一切亂了套。我想，我當晚告訴父母學校發生的事情時，他們可能才知道這些情況。我不記得他們的反應了，可能也沒什麼特別的反應，因為他們倆也都在忙著應對自己工作場所裡發生的亂象。後來透過一些大孩子，我才知道學校將無限期關閉。事實上，直到一九六七年末，毛澤東的中央文革小組才下令學校重新開課，並提出「復課鬧革命」*的口號。

學校停課了，父母也無法照看我們，因為他們在工作中也被捲入了文化大革命。這意味著，家長們要學習毛主席或中央文革小組的最新指示，參與自我批評，看看自己是否符合指示，在他們自己的單位裡搞文革，揪出那些走資派加以批鬥，並每天組織批鬥會來整治那些被認為與黨不一致的人。作為孩子，我們得以自由地在外面遊蕩。這讓我能親臨現場，在街頭觀看文革上演的情景。我目睹了很多「批鬥會」，這種公眾審判形式旨在殘忍地羞辱和批鬥被打倒的人們。還有滿載「階級敵人」的卡車遊行。「階級敵人」的罪行寫在他們胸前的大牌子上，頭上戴著高高的紙糊尖帽子。牌子上還寫著他們的名字，並畫了紅叉，彷彿象徵著這些人的存在被抹去了。那時我只知道，他們一定是很壞的人，不然為什麼紅衛兵要在大庭廣眾下點名批鬥他們呢？我會在第六章專門探討紅衛兵這個主題，簡單來說，他們是一群被洗腦並受到動員的青年，發誓要忠實地執行毛主席的命令，不惜使用暴力把「文化大革命」進行到底。

有一天，我和一個朋友在外面看集會時，一隊卡車經過，車後座滿了戴著大標牌和紙錐帽的男人。我萬萬沒想到，卡車上竟有我朋友的父親。他的牌子上寫著他的名字，被畫上叉號，改成了「小爬蟲」——象徵他被視為走資派的追隨者，淪為批鬥的對象。我朋友看到她父親受這樣的羞辱後便開始哭泣。那一刻，我突然意識到，這事情同樣可能發生在我父親身上，因為我父親和她父親一樣，都是低級幹部。我祈禱我父親不要做錯什麼，不要被抓去遊街。

我在成都看到的情景，正在全國各地上演。紅衛兵橫掃整條街，幾乎沒有人能逃過紅衛

＊ 意即要求學生返校，邊上課邊「鬧革命」。

兵的迫害——甚至連四川省第一把手，省委書記李井泉，也未能倖免。我親眼目睹了他被批鬥的一幕。

最終，紅衛兵因為派系爭鬥開始互相武鬥，每個派系都聲稱自己才是真正的毛澤東思想代表。暴力升級，看起來幾乎像是一場內戰。一天，一顆流彈打在我們窗戶下方，當時我們正在吃晚飯。如果那顆子彈再高一點，它就會射進我們家，可能會讓我們當中的一個人受重傷，甚至喪命。就在那段時間，我們開始在街上隨處看到貼滿了據說是被不同紅衛兵派系殺害的死者照片。我特別記得其中一張海報，上面是被挖去眼睛、開膛破肚的屍體照片。我對這些慘狀久不能忘，惡夢連連。

有一天，我們聽到遠處傳來很大聲的哀樂，那是中國的送葬曲，十分陰森可怕。我們所有人都停下手中的事情，朝著那不祥的音樂聲跑去。人群中傳來消息，說這是一次屍體遊行，稱為遊屍。遊屍的目的是透過展示自己陣營的蒙難者，來贏得公眾的同情。就在我快要接近遊行隊伍時，我被恐懼感壓倒，突然停了下來。我意識到，如果繼續前進，我腦海中將永遠無法抹去即將看到的可怕場景。然而，儘管我沒有看到，我的想像力填補了未見的慘狀，這讓我一直被惡夢困擾。那段時間，我的叔叔不幸因癌症在醫院去世。由於紅衛兵在醫院太平間搶屍體用來充數，我母親不得不幫我嬸嬸草草地將他的遺體火化。

那些日子天下大亂，不僅是街頭，家裡也不平靜。由於父母經常不在家，我承擔起照顧小我三歲的妹妹的責任。那時，我成了她的「母親」，大部分時間我要照顧我們兩個人，直到一九六九年之後，情況才逐漸變好。而我的小弟弟則寄放在保母家照看。

當學校終於在一九六七年底重新開學時，我被歸為四年級第一學期的學生，彷彿沒人注意到我們已經缺課將近兩年了。這讓我想起今天美國的孩子們，他們不僅因新冠疫情受影響，更因各州政府在二〇二〇年頒布種種封閉校園政策而遭受教育上的損失，這一點讓我深有感觸。

我回到的學校已不再是文革前我讀的那個學校了。舊的教科書被禁止，新的課本還沒有及時到位。唯一的教材是一部本《毛主席語錄》，人們通常稱之為《小紅書》。所有的學術、學習，都被《小紅書》取代。我們不僅要背誦毛澤東的語錄，還要唱由這些語錄改編的歌曲。

所有學術課程和任何形式的學習都完全被毛澤東的意識形態取代了。我必須承認，我是接受這種思想的學生之一。能有什麼選擇呢？我當然不知道還有更好的選擇。不過，有一句毛澤東的語錄讓我產生了疑問：「凡是敵人反對的，我們就要擁護。凡是敵人擁護的，我們就要反對。」我不禁想：「如果敵人喜歡吃糖果，那我是不是應該討厭糖果呢？」當然，這些疑問只能都留在我腦海中，從不敢向任何人透露。

允許學校重新開放時，毛澤東宣稱復課鬧革命是為了讓我們可以在學校繼續文革，但這次是透過課堂上學習他的語錄書。我幾乎記得大部分的語錄，至今還能唱那些歌，甚至能背誦毛澤東的詩詞。我特別喜歡毛澤東詩裡簡單的一句：「不許放屁。」

在課堂上，我們幾乎每天都在學習和背誦毛澤東的語錄和詩詞，我沒辦法不去記住它們。時間一久，這些東西都深深地植入了我的腦海，怎麼也甩不掉。甚至父母之間也比賽看誰的孩子能背誦更多語錄和詩詞。有一天，我父親回家後說，他同事的女兒比我小，卻能毫無差錯地背誦所有毛澤東的詩。他對我說：「妳得更加努力才行。」

除了學習毛澤東的話語，我們還在課堂上彼此批評和自我批評，這是一種較溫和的批鬥會，學生們會利用從《毛主席語錄》中學到的句子進行互動。這些批評包括指出某個學生言行不符合「正確」。自我批評則是對自己未能按照毛主席的教導去做進行反思。這被稱為「活學活用」。在學期結束時，我不止一次被選為班級的「毛澤東思想積極分子」代表，作為模範學生展示如何認真學習和運用毛澤東思想——毛澤東版的馬克思主義理論。

你可能想知道我從同學和老師那裡受過哪些批評。其中一個經常出現的批評是說我太驕傲、太自信了。這違背了毛澤東教條中的謙虛謹慎原則。自尊在當時被視為一種不好的特性。為了方便起見，我也會用別人對我的批評內容進行自我批評，不然我就得找其他理由來批評自己。久而久之，這種學習變得千篇一律，毫無新意。

後來，我們得到了改進版的數學教科書。這些新教材與《小紅書》並無太大區別。實際上，新教材就是《小紅書》的化身，它的內容滲透到了數學、閱讀等各個學科。這樣的教學毫無疑問只能培養出聽話的、受毛澤東思想薰陶的機器人。

在我十年「求學」期間，我們並沒有學到太多知識。唯一一件毛主席要求我們必須要做的事是，每學期花一個月時間參加「向工農兵學習」的項目。我在田裡收割過稻穀，也在絲綢廠和食品罐頭廠裡幹過活。有一次，我們在工廠裡用錘子粉碎煤渣，回收未燃盡的部分再利用。當然，沒有任何防護裝備。一小片碎屑飛進了我的眼睛裡，疼痛難忍。我好不容易找到了工廠診所，還得等醫生跟他的朋友聊完天才來看我，我一直在疼痛中顫抖。這就是我使用錘子（學習當工人）的經歷，和使用鐮刀（學習當農民）的經歷。

我們還進行過軍事訓練，包括射擊和長途徒步行軍。甚至在校園裡挖戰壕，以防禦可能的蘇聯修正主義帝國主義的入侵。我們的戰壕沿著操場的圍牆延伸。我總是想，如果蘇聯鬼子真的出現在我們的戰壕前面，我們能撤到哪裡去呢？

另外，還有一個重要的活動是「憶苦思甜」。我們採集可食用的野菜，用粗玉米粉做成饅頭，並聽老工人講述他們在「解放前」的苦難生活。吃這些饅頭是為了讓我們「憶苦」，以確保我們對毛主席給予的「幸福生活」心存感激。儘管這些饅頭味道很差，但來自貧苦家庭的學生卻會因為肚子餓而搶著吃。

直到一九七四年，毛主席允許鄧小平重新回到具有影響力的崗位擔任第一副總理，我們才得以恢復真正的學術課程。但這種情況非常短暫。在這段短暫的時間內，一種對於我們來說極其陌生的感覺——希望，開始在我們心中萌芽。我們從未想像過有機會參加大學入學考試，我和朋友們興奮地開始討論起一個我們從未觸及的話題：長大後想做什麼？那時我已經十五歲了。一年後，毛主席認為鄧小平是個「右派」，一個試圖扭轉文化大革命「進程」的人。於是一九七五年鄧小平被免職，他的政策也被否定。那個夏天，我高中畢業了。

隨著鄧小平被整肅，我們的夢想也隨之破滅。在我高中的最後一年，上大學的希望消散了。相反，我們面臨的是「上山下鄉」運動，被發配到農村的可怕命運。

這場運動是在文革開始兩年後發起的。大約有一千六百萬個城市青年被下放到鄉村去，有些人甚至被派到更偏遠的地區，開荒造田，在未開墾的土地上建農場。對於大多數城市青年而言，這遠不止一個月，很可能是終生流放。

這場浩大的運動持續到一九七八年，即毛澤東去世兩年後。我在農村艱難地度過了整整三年（一九七五至一九七八）。我們與農民在田間並肩「學習」的時間，被稱為「再教育」。農村的工作條件非常原始，農活包括把人和動物的糞便與柴草木灰混在一起作肥料，然後用手撒在田裡，沒有任何保護措施來抵擋汙穢和臭味，手套是奢侈品。一天的勞作結束後，無論我怎麼洗手，手上的臭味總是揮之不去。最後我不得不用厚毛巾當「手套」把手包起來，以擋住惡臭，但吃飯時還是覺得噁心。

農村出生的農民生活在那裡一輩子，他們每天從日出到日落都在田間勞作。至少，他們在晚上終於回到家裡時，家裡年長的長輩會準備好飯菜。但對「下鄉」的知識青年（「知青」）而言，一天的辛苦勞作後，做飯是一項額外的負擔。我們經常還得為找不到足夠的樹枝稻草作柴火做飯而發愁。也經常因為沒有足夠的柴火，只能吃半生不熟的飯，也沒什麼調味料，只能灑點鹽做調味。偶爾運氣好，我能在田間抓到一條鱔魚或一隻大青蛙來做晚餐。

每年，我所在的公社都會評選出表現最優秀的「下鄉知青」。有一個朋友曾獲得這項榮譽，我不得不承認我有點嫉妒，覺得自己不是那種能吃苦的人。我們用「吃苦精神」來形容這種個人品質。我在許多方面都很優秀，比如在學校活學活用毛澤東思想就很出色，但為什麼在田間的艱苦工作中不能做到最好呢？我默默責備自己太過於「資產階級」，缺乏朋友所擁有的真正的革命精神。

在父親的一再催促下，我終於提交了入黨申請。雖然我知道成為黨員可能有助於我獲得返回城市的機會，但我卻心存顧慮。因為我明白，唯一能證明自己的辦法就是在我最不擅長的「吃苦耐勞」方面加倍努力。

被吸收為中共黨員被視為一種榮譽和特權。只有被認為有培養前途的申請者才會收到黨領導的回覆，並開始漫長的考驗。這個過程包括解釋入黨動機、提供詳細的個人簡歷和行動計畫。遺憾的是，生產隊的黨支部書記顯然認為我不是一個合格的勞動者，甚至沒有給我任何回應。

我們下鄉知青被分配到不同的生產隊，分散在各個地方，因此「趕集日」*是我們見面和重聚的最好機會。在某次的趕集日，我遇到一些男知青們對我很坦誠地說起了我們這片小小孤立世界之外發生的事情。隨著我們談話愈來愈深入，他們告訴我，他們晚上經常用短波收音機收聽「敵臺」，英國廣播公司和美國之音。這讓我大為震驚，無法接受，因為在文化大革命初期，這可是會被判刑甚至處決的罪行。而當時我可是個忠誠的共產主義信徒！

我嚇得不知所措，根本記不住他們告訴我的任何資訊！當回去安頓好後，我拿出日記憤怒地寫道：這些男孩正走上一條非常危險的路。他們怎麼可以不遵從毛主席和黨的指示？

通常，寫日記是為了保持記憶清晰，並幫助自己度過艱難時期。但我寫日記並不是這個原因。我父親在黨宣傳部門工作，是從事職業宣傳寫作的作家，他建議我每天寫日記以不斷提高我的寫作水準。他回家時會檢查我的寫作，和我一起糾正錯誤。我在一篇日記中，記下了某人說的一句我認為不符合政治正確的言論，並認為這是反革命言論。

讀了這篇日記後，父親臉上露出了我從未見過的表情。他神情嚴肅，深深地看著我的眼睛。他非常直截了當地問我：「你為什麼要寫下這些？你打算舉報他嗎？別再這麼做了。」他警告我。像許多父母一樣，父親從未和我們談論過政治。我對他在這些問題上的立場一無所知。這可能是因為許多孩子被教育要去舉報自己的父母，導致許多父母被關押甚至被處決！父親對我說這些坦率的話令我十分震驚。這是我第一次窺見我父親的政治觀點。我曾以為他是一個忠誠的黨員，但實際上他是持有不同看法的。

除了艱苦的農民生活外，在農村最令人絕望的是，回到城市的希望漸漸消失。我已經放棄了上大學和獲得好職業的夢想。我只希望能夠離開農村那種艱苦的環境，回到我的城市成都，得到一份工作，幹什麼都行。

但我也必須承認，困在農村的一個好處是我們可以接觸到被禁的書籍。在文革期間，書

＊ 週日的集市。

籍被封禁和焚毀，圖書館也關閉了。但有些書倖存了下來。在我讀中學時，紅衛兵的狂熱平息後，經過清洗存留下來的書籍開始在孩子們之間流傳。我從來不知道這些書最初的主人是誰或它們來自何處，但只要能拿得到它們，它們的來源並不重要。能夠從我那灰暗的世界中逃離，進入這些書頁裡蘊藏的另一個世界，令我滿懷感激。我讀了《一千零一夜》、《安徒生童話》、《魯賓遜漂流記》、《格列佛遊記》以及中國古典文學《西遊記》和《三國演義》。每當我讀完一本書，我都會把它傳給另一個孩子，讓他們也有機會汲取知識，放飛想像，或者在書中找到片刻的歡樂和安慰。

幸運的是，一個與我一同下鄉的青年帶來了大量書籍。他的父親曾是圖書館管理員，在圖書館藏書被毀之前帶了很多書回家。從他那裡，我讀到許多法國、英國和俄國的經典小說，還有《第三帝國的興亡》。我記得當時我被納粹的暴行震驚，並感到自己沒有生活在納粹德國是何等幸運，卻一點都沒意識到自己其實也生活在極端的壓迫之中。我已經對有壓迫的生活習以為常，甚至感覺不到壓迫的存在。

儘管面對現實的殘酷，我仍偶爾會夢想將來能有所作為。我夢想有一天能夠作為中國代表團的翻譯去阿爾巴尼亞訪問。為什麼是阿爾巴尼亞？因為在當時中國僅存的三個盟友國家——阿爾巴尼亞、朝鮮和北越——當中，阿爾巴尼亞是最富異域風情的國家。

農村的再教育確實教會了我一些東西。我第一次真正了解到社會主義制度效率極低。在公社裡，土地是「集體」所有，這實際上意味著沒有人真正擁有土地。農民和下鄉知青透過勞動賺取「工分」，以換取收穫時的糧食。賺取工分有兩種方式：一種按時間計算，一種按產量計算。每天早上，我們都會在生產隊大壩集合，領取當天的工作指示。例如，如果任務是收割馬鈴薯，工分是按收割馬鈴薯的重量來計算的。這會激勵大家的競爭心，讓我們盡可能多地收割馬鈴薯。然而，如果當天的任務是除草，工分就以時間計算，沒有人會覺得有競爭或動力去努力工作，我們通常會懶懶散散地閒聊一整天。為什麼會這樣呢？因為沒有激勵措施。不管我們努力工作還是偷懶，得到的工分都是一樣的，如果沒有回報，為什麼要付出額外的努力？於是生產隊長每每看到我們聊天混工分，就要催促我們努力工作。你看，在社會主義社會中，如果你無論做多做少都得到同樣的報酬，那又何必做那個份外努力的人呢？

一九七六年，毛澤東去世，這標誌著文化大革命的結束。當時我真的不知道這對我和我的生活究竟意味著什麼。我不覺得會有任何變化。我們的生活除了毛主席指示給我們的方式之外，不知道還有別種生活方式。我從媒體上聽到的都是：「我們將永遠追隨毛主席為我們指引的方向。」感謝上帝，事實並非如此。一九七七年，鄧小平再次掌權，開放了中國對西方的門戶，部分地否定了文化大革命，並專注於改善中國經濟。僅僅一年之內，所有能夠通過入學考試的人都有機會進入高等院校。這讓我非常興奮。現在，我只需要通過考試就有資格上大學了。我再次相信我的夢想可能會實現，我有了真正的希望。

中國恢復高考是一個歷史性事件，因為它為數百萬在長達十年的文化大革命期間被剝奪大學教育機會的年輕人打開了機會之窗。這也意味著我不僅要與一九七五年這屆的學生競爭，還要與一九六六至一九七七年這些屆的數百萬學生競爭！

在我的「十年學業」中，我幾乎沒學到多少東西。熟記毛的《小紅書》對我沒有任何幫助。此外，由於在鄉下做了那麼多年的農民，我早已忘記了那點有限的學科知識，我第一次參加高考失敗了。儘管我有機會去上一所職業藥劑學校，但我拒絕了。我決定在下次高考時再試一次。

我決心下次一定要通過考試，也就是一九七八年的考試。我必須通過。我的未來取決於此。通過考試將是我擺脫農民生活的唯一途徑。這一年也是共產黨不再強制高中畢業生下鄉的一年。我不想被落下！我鼓起勇氣去找生產隊的黨支書談話。我很高興自己這麼做了，因為黨支書允許我在完成本季所有要求的工時後，回成都準備高考。我非常興奮。那一季我努力地工作，主要是挖灌溉渠，以便在問起我時，黨支書會給我一個好評。

透過我父母一個朋友的關係，我得以在成都一所最好的高中裡獲得一個旁聽生名額，以參加高考預備班。我進入高中預備班時只有十九歲，但其他人都只有十六、七歲。與在那些從未在鄉下幹過一天活的年輕笑臉相比，我顯得格格不入。那時候我已經在田裡工作了整整三年，也損失了整整三年的學習時間。我決心不浪費這個重新啟動人生的機會，於是我連續三個月晝夜不息地學習。

預備班結束了，我已經盡我所能，把能學的內容都學了，是時候回到公社的縣城參加考試了。等待考試結果的幾個月漫長無比，我心裡一直七上八下。終於，我母親在她的工作單位收到了我的錄取通知書，母親馬上跳上她的自行車，顫抖的雙腿盡可能快速地蹬騎著，趕回家來報喜。想起三年前，也就是一九七五年，她也是騎著自行車，雙腿顫抖著，思緒萬千地騎回家。當時是剛把我的戶口從城市改到農村，準備送我下鄉，去經歷那段令我無比痛苦的時光。那次，她的眼睛充滿了淚水，心中滿是絕望；而這一次，她的眼睛閃爍著激動的光芒，心中洋溢著喜悅。

這真的發生了！我即將進入大學學習英語。那些年不斷破滅的希望終於成為過去。在十九歲的年紀，我終於要上大學，並對未來充滿了期待。我完全沒有想到，這會將我引向一個連我最瘋狂的夢想中都沒有設想過的新生活——在美國的新生活。

第三章・自由之國

行李收拾好，道別已說過，我離開成都的家，踏上前往重慶上大學的漫長旅程。去那裡要坐一整夜的火車，我心中充滿了冒險的感覺。我不再是那個被困於無望世界的年輕女孩了。我現在有了夢想和希望，希望我的目的地能給我改變生活的機會。

到達後，迎接我的是一片混亂，原來我們的宿舍還沒準備好。多年文化大革命的破壞以及對教育機構的長期忽視，使得大多數高校都在艱難度日。我們被告知要在教室的地板上睡幾週。但這並沒有影響我的心情——我在比這更糟的地方都睡過。被下放到鄉下的那些年，生活在骯髒而落後的環境裡，已經讓我幾乎適應任何艱苦條件。當其他學生在抱怨時，我卻一直在微笑。我滿心感激眼前的新環境，因為對比過去，我現在的處境好多了。

最終，我們搬進了被改造成宿舍的辦公室，那裡只有簡單擺放了幾張上下鋪床位而已。我和另外三個女孩合住一個房間。房間很小，中間拉了一根晾衣繩供我們晾衣服。我們的教室就在隔壁。整層樓，包括兩個翼樓，共用一個廁所。全校只有一間公共浴室，每週開放一次。回想起來，這種情況相當荒唐，許多今天的中國大學生可能難以置信。

我們接受的教育品質遠低於我預期。我們使用的教材是許國璋教授編寫的標準大學英語教材。這些書並沒有真正教我們英語，而是延續了我在中學時期見過的，經過中共審查的共產主義敘述。中國大多數大學教授也是透過這些教材學英語的。許多教授是一九七〇到一九七六年文革後期，被推薦入學的「工農兵」大學生。他們並不是憑藉學習成績優異被錄取，而是由黨組織推薦，大多數人並不具備真正的學術水準。

在大學學英語意味著從ＡＢＣ開始，真的是從ＡＢＣ開始！我們當中很少有人在中學裡接受過正規的英語教育，教材幾乎是我們唯一的學習資源。學校沒有圖書館，學生無法獲取由英語母語作者寫的英語書籍和閱讀物。暑假期間，我會去成都唯一的涉外酒店*外的「英語角」**。在那裡，我們總能遇到願意和我們用英語交談的外國人。我記得我打招呼時並不是說：「How are you?（你好嗎？）」而是說：「Have you eaten?（你吃過了嗎？）」——那是當時的標準中文問候語，可能因為那時的確每個人都想著要有飯吃。外國人們困惑的表情讓我意識到，我們的英語教材沒有教我們**真正**的英語，而是帶有中國特色的「中式英語」。

幸運的是，情況最終有所好轉。雖然大學仍在宣傳中共的觀念，但他們開始提供一門英文泛讀課。在這門課上，我們閱讀許多英文原著，如《湯姆歷險記》。我非常喜歡這本書，既有趣又引人入勝。此外，我們還可以公開收聽BBC和美國之音的英語學習節目。世界開始向我敞開大門。

愈來愈多從前對我們封禁的事物逐漸開放了。我們終於能接觸到一個藏有許多盜版英文原著書籍的特殊小型圖書館（沒錯，中共早就開始竊取智慧財產權了）。當我們開始有來自英語國家的老師來教英語時，情況變得更好了些。雖然第一批來自加拿大的老師僅為教授和研究生授課，我並未受益，但外國教師的到來讓我們感覺終於與西方世界接軌了。

四年的大學時光飛逝。臨近畢業時，我們終於看到未配音的外國電影了，比如改編自狄更斯原著的《遠大前程》和《孤雛淚》。不過，即使經過了四年的英語學習，《孤雛淚》裡我唯一能聽懂的臺詞也只有「我還要一些（I want some more）。」那時，每週日下午一點有個名叫《動物世界》（Wild Kingdom）的英語電視節目，時長一小時，並配有中文字幕。這節目正符合我的需要，我可以透過它邊聽英語邊看字幕來學習。當時學生們沒有電視機，幸運

---

* 經過政府相關部門批准，可以接待外國人、華僑、港澳臺灣旅客的住宿設施。

** 即English-speaking corner，中國自改革開放以來民眾自發形成的定期英語學習聚會，通常在有外國人出現的公共場所附近，民眾及學生會尋求與外國人對話的機會。

的是，有一對善良的教授夫婦允許我用他們新買的小型黑白電視觀看這個節目。我從未錯過任何一集。

那些電影、電視節目、書籍，以及BBC和美國之音電臺，成為我了解外部世界的視窗，我渴望知道更多。這時我早已把去阿爾巴尼亞的夢想拋到腦後。我現在只想能親眼看看西方世界！

一九八二年，我大學畢業。我們並沒有歡慶的畢業典禮，取而代之的是一次讓人煎熬的「宣判會」，會上大學管理人員依次宣布每個畢業生的工作分配。在我成長的共產主義中國，黨決定我們的所有事情，包括工作。我們無法選擇自己的職業，只能接受被分配的職位。當我得知自己被分配回故鄉成都，在一所師範培訓學院工作時，我激動無比。但並不是所有的畢業生都這麼幸運。有些人的工作分配非常糟糕，以至於他們當場發出咒罵、哭泣。還有一個女生甚至被分配到西藏拉薩工作，對於那個時候的人們來說，這無異於流放。

兩年後，也就是一九八四年，我任教的學院開始接收來自美國的志願教師。他們在夏天來中國教英語，我擔任他們的翻譯，這讓我彷彿進入了一個全新的世界，我不再只是透過電影或電視節目來了解西方。我有機會向這些來訪的教師們詢問關於美國的各種問題，同時，也向他們講述他們想了解關於中國，或關於我自己的任何事情。

我曾和一位從東南亞移民到美國的華裔女教師進行過一次對話，那次對話對我產生了深遠而持久的影響。她告訴我，美國是世界上最好的移民國家，在那裡移民受到歡迎並得到公平對待。另一個我認識的女教師很快成了我的朋友，她叫派特．納芙，來自肯塔基州。我們聊了很多關於美國的生活和教育。她希望能幫助我去肯塔基州攻讀研究所。對我來說，事情開始逐漸明朗，希望也變得更加觸手可及了。

當那些美國老師在夏末離開時，我非常難過。他們已經改變了我對生活的看法。我樂觀相信派特會履行她的承諾，很快地，我就收到了回應。派特信守諾言，寫信告訴我，她已經開始為我爭取大學的助教職位，但也提醒我，這個過程既不簡單也不迅速。她說得沒錯。過程整整持續了一年，包括繁瑣的文書準備工作和漫長的等待。終於有一天，我收到來自西肯塔基大學的錄取通知書。就在此時，我離開中國的計畫正式啟動。目的地：肯塔基州。

在申請的等待期間，我並不只是仰賴派特去完成所有手續。我需要參加托福考試並通過，以符合資格。但這完全不同於我在大學時參加的那些考試，這可是來真格的。準備考試的過程非常艱辛。過程中，我也逐漸意識到自己的英語水準遠沒有想像中那麼好。聽力一直是最具挑戰性的部分，甚至連閱讀也不容易，尤其是理解詞義的深層含義方面，有時我能讀懂每個單詞，卻不能理解整句話的意思。我記得有一個閱讀問題，是要我們判斷作者對於美國遊客在墨西哥購買墨西哥帽子作為紀念品這件事的語氣，是肯定還是否定。我不知道作者僅僅是在描述，還是在嘲諷那些遊客。畢竟，我從未以遊客身分旅行過，也從未見過旅遊紀念品。此外，支付考試費用也不容易。雖然我不記得具體費用，但肯定超過了我每個月五十元人民幣的微薄工資。而且我必須回到重慶參加考試，這又增加了不少交通費。不過，我最終如願赴考，並成功通過了考試。

為了順利獲得中國護照，我必須經歷層層繁瑣的手續，並向我的學院領導承諾，完成學業後我會回國報效祖國。

當派特寄來的所有文件到齊後，我準備申請學生簽證。然而，獲得簽證是一個更加困難的任務。如果簽證沒有批准，派特和我所有的努力都將前功盡棄、化為泡影。

一九八六年春天，我揣著所有文件和滿心的祈禱，來到美國駐成都領事館申請簽證，結果立刻被拒簽了。

簽證官是一位原籍臺灣的女性。輪到我時，我遞出申請，她一邊詢問問題，一邊在我的文件上做記錄。盤問完，她拿著我的申請資料舉在我面前，唰一聲撕成兩半，並用中文告訴我，我的簽證申請被拒絕了，我覺得這是故意羞辱我。

我感覺自己被愚弄了。

但我拒絕讓她扼殺我的夢想。我已經走到這一步，不可能就此放棄！

我決定去北京再試一次簽證申請。十一月，我坐了兩天火車到達北京，希望這次能有好運。我想著，在北京不會有我在成都被拒簽的記錄，所以我可以儘快重新申請。要知道，二〇二三年我們擁有的電腦化、數位化資料庫和網路搜尋工具，在一九八〇年代是不存在的。

那是一九八六年感恩節後的第二天，我來到北京的美國大使館。我到得很早，但門外已經排起了長隊，那天異常寒冷。終於輪到我抵達大門時，我的手已經凍得握不住筆，好不容易才簽上名字，進入了使館。又經過漫長等待才叫到了我的名字。我緊張地走到窗口，一位年輕簽證官微笑著接待了我。他快速掃了一眼我的資料，告訴我七天後回來取我的學生簽證。我簡直不敢相信自己的耳朵，興奮得幾乎是衝出了簽證辦公室，生怕他會叫住我說他搞錯了。直到現在我還是經常想起那位簽證官，感謝他給我發放美國簽證，為我打開了通往美國的大門。

當我將要去美國的消息傳開時，所有的家人和朋友都認為我是這個世界上最幸運的人，就像中了大獎一樣。確實如此，我確實中了一個將永遠改變我人生的樂透。

踏上美國旅程之前，還有一個挑戰在等待著我：湊齊機票錢。我的一個叔叔伸出援手，他聯繫在香港的生意夥伴，請她用美元幫我買了機票。如果沒有叔叔的幫助，我用人民幣是無法支付那筆天價機票費用的。我答應日後一定還錢，也已兌現了諾言。

母親陪我到廣州，為我送行。我永遠不會忘記跨過邊境進入香港的那一刻，把中國拋在身後，感覺像是從沉重的枷鎖中解脫，如同囚犯重獲自由一般輕鬆。

登上美國聯合航空的飛機時，一位空服員微笑迎接我；我從未見過如此燦爛、如此無憂無慮、如此熱情的笑容。那一刻，我知道一切都會好起來的。

* * *

該怎麼描述我的第一印象？我幾乎不知從何說起。一切都是新的，一切都那麼令人興奮，一切都顯得那麼美好。

我印象最深的是美國的空間到處都很開闊，讓我感覺自己彷彿置身於另一個星球。對於一個從小在四處擁擠、人頭攢動的國家長大的人來說，這景象實在令人驚歎。

我很快意識到，在美國幾乎所有事物都有無盡的選擇。我對超市裡琳瑯滿目的食品品牌感到驚訝，對各種商品甚至大學課程的眾多選擇也感到驚訝。「選擇」是我在中國長大時所沒有的東西；現在我得學著做選擇了。很多時候，這種選擇倒讓我感到有些不知所措，甚至偶爾還會感到迷茫。

我也注意到，美國電視上有很多壞消息。在中國，所有的新聞都是好消息，即便與大家看到的現實不符。我已經習慣了這種情況，這和美國的新聞對比鮮明，實在令人驚訝。

大學生活也很不同。學習方式對我來說是全新的。在中國，我們被要求閱讀這個，記住那個。我們記住了誰、什麼、何時、何地以及如何，然後在考試中背誦出來；而現在，學習需要思考，這對我來說很具挑戰性。我得學習思考並形成自己的觀點。在那之前，我的觀點完全是基於黨的立場。

第一個學期對我來說很困難。我選了一門英語文學課，要求我們寫一篇文章，評論一位作家的作品。我選擇了丹尼爾・笛福。在中國，我讀過他的《魯賓遜漂流記》的譯本。所以我琢磨著：「我要找笛福的冷門書籍，這樣應該只需要讀幾篇評論就好了。」然而，我在圖書館找到了大約三十篇相關的評論——遠超出我預期的閱讀量。我實在不明白為什麼對笛福的一部小作品會有如此多樣化的評論和觀點。我不禁想：為什麼美國人會有這麼多不同的意見？

* * *

後來我發現，我最初選的三門課當中的兩門課堂上，我未來的丈夫也在其中。

有一天，我在學校圖書館找一本我需要讀的書，可怎麼也找不到。馬克注意到了我的窘境，於是過來幫我，然後我們開始聊天。之後，他還協助我寫了一篇令我非常頭疼的論文。但當時我們的關係僅此而已，只是兩個剛認識的朋友。

隨著我們不斷了解對方，我認識了一些他的家人，他們大多住在西肯塔基大學所在的鮑林格林（Bowling Green）。我見到的第一個家人是他的祖母，她可能很少、甚至是從未見過外國人。我感到緊張，擔心她會因為我的種族而不喜歡我。馬克叫我別擔心，說他的祖母非常友善。她確實如此，讓我感動的是她沒有用異樣的眼光看我。在中國，人們看到和他們不一樣的人時，常常帶著一種無禮的好奇心，往往會一直盯著看，有時候還會像圍觀動物一樣把這個人圍起來，但在美國我從未經歷過這樣的情況，尤其是在與馬克的家人相處時。後來，我見到了他所有親戚——他有很多表兄妹和叔叔阿姨。在見到馬克的父母之前，我就已經見過他們所有人了，因為他的父母住得比較遠，所以直到後來他們過來探訪時，我們才得以見面。他們對我，就像他的祖母和其他親人一樣，非常友善地接納了我。

在獲得西肯塔基大學的英語碩士學位後，我搬到了佛羅里達州的一所大學，繼續攻讀成人教育的研究生課程。我當時不知道還能做什麼，只能透過繼續學習來保住我的學生簽證。

與此同時，馬克在歐洲教英語。

＊＊＊

雖然已經離開了中共統治的中國，但要擺脫中共思維卻不那麼容易。看到美國有如此多開闊的土地和森林，我一時難以理解土地所有權的問題。記得我問過馬克：「誰擁有這些土地？」他回答說：「我也不知道，是人民（people）吧。」可是，在中國，我們也被告知人民（people）擁有一切、人民是國家的主人。我很快就明白了二者的區別。中共的「人民」指的是國家，而在美國，「人民」指的是個人。看到這廣袤的土地和無盡的森林，我感受到了自由的氣息，彷彿置身其中，盡情地享受這一切。

要完全「清除」中共在我腦中根深柢固的思維，花了很長時間。另一件讓我困惑的事情是，馬克即使在完全沒有其他車的情況下也會在停車標誌前停下來。當我問他原因時，他告訴我這是法律規定，我們都應該遵守。我才開始意識到，在美國，人們規規矩矩地遵守大大小小的法律。我開始欣賞美國人作為真正國家「主人」的身分，這也是為何美國如此強大的原因之一。不幸的是，現在情況不再是這樣了，無法無天似乎正逐漸成為常態。

當時，讓我感到意外的還有美國人隨手為別人開門的簡單禮儀。在中國，中共成功地扼殺了人們的善意和禮貌，每個人都只顧著自己。我成長的環境裡，經常見到的是一群人爭先恐後搶上公共汽車的場景，只有強壯的人才能擠上去，老弱婦孺都被落在後面。在和馬克一起出門時，他看到我沒有為後面的人扶住門，就對我說：「你沒幫後面的人扶著門，相當於用門撞了他們，這樣不禮貌。」

關於這個話題，我可以寫整整一章。

近年來，關於移民同化（immigrant assimilation）以及如何同化的討論很多，有人甚至對此持反對態度。對我來說，同化意味著學習和適應美國的價值觀，正是這些價值觀使美國成為我夢寐以求的地方，我怎麼可能不願意同化呢？這也意味著我必須排除中共灌輸給我的很多觀念。

我和馬克在一九九〇年結婚了，儀式很簡單。我倆都是剛畢業的窮學生，手頭拮据，於是馬克的父母支付了所有費用。我婆婆給我買了一件白色亞麻連衣裙作為結婚禮服。婚禮在他叔叔家的後院舉行，那座房子是我婆婆小時候長大的地方。我們請不起攝影師，但家人拍了很多照片。我從來沒有被教育過自己是個公主，像大多數美國女孩那樣夢想著自己完美的婚禮，但我非常喜歡我們這場簡單的鄉村婚禮，喜歡每一個細節。

婚後，我們在佛羅里達住了一年左右。我們幾乎沒有什麼積蓄。我的儲蓄帳戶裡只有兩千五百美元，每一分錢都是辛苦節省下來的。我曾經刷過大學宿舍的牆、做過保母和清潔工、免費陪伴一位患有阿茲海默症的老婦人以換取免費住宿、在中餐館打雜、當服務生，甚至還做起縫製髮圈的小買賣，賣給我當學生助理的系上員工。

我和馬克租了一個只有一間臥室的公寓，大多數傢俱都是從公寓的大垃圾箱裡撿回來的。聽起來像個笑話，但那確實是我們當時的現實。

一九九一年，我們搬到了北維吉尼亞州，因為我們覺得那裡的工作機會比較多。馬克的父母就住在那裡，我們在他們的地下室住了幾年，直到終於積攢了足夠的錢，得以擁有一間屬於自己的房子。

對我們來說，這段日子過得很艱難，因為我們學歷過高，卻學無所用。我在百貨公司打工，還兼做一些零星工作，而馬克則在不斷申請各種職位，但他的德語碩士學位並不符合他應徵的工作對專業的要求。有時我會想：「真的嗎？這真的是所謂的機遇之國嗎？我找不到任何屬於我的機會。」我一路走到今天，來到這個國家，取得了學位，結了婚，卻在工作方面一無所獲。

我記得每週都會逐行查看《華盛頓郵報》的招聘廣告，尋找任何可能的工作機會，但是我寄出的求職申請很少獲得回應。某次，我的公公從朋友那裡聽說某個承包商有一個助理職缺，我便去面試了。關於這份工作，我唯一知道的是那家公司為聯邦政府提供服務，主要任務是接電話和轉接來電。面試過程中，面試官多次提到「DOD」這個縮寫。終於，我鼓起勇氣問DOD（國防部）究竟是什麼意思。那一刻，我可以清楚地看見她臉上的輕蔑，也許她認為我愚蠢至極，而我也覺得自己像個傻子一樣。這幾乎摧毀了我所剩無幾的脆弱自信。

但我拒絕自怨自艾，決定重新尋找出路。

三十二歲那年，我決定重返校園，攻讀圖書館學，覺得這將有助於我走上職業道路。於是我進入了位於華盛頓特區的美國天主教大學。幸運的是，我獲得了學生助理職位，可以在大學圖書館工作，以此換取免學費的待遇。當時我們住在公婆家裡。每天，我從維吉尼亞的郊區往返華盛頓特區，白天工作，晚上上課。辛苦的付出終有回報。在畢業前夕，我收到了人生第一份專業工作的聘用通知，成為一名圖書館員，為一家大型的新聞雜誌編製出版物索引並管理圖片收藏。我非常高興能走上職業道路，這份工作給了我很大的滿足感。

我得到第一份專業工作的那年，也是我成為美國公民的那年。是的，到現在我已經是美國公民三十多年了。

與此同時，馬克也通過了夜校課程，成為一名軟體工程師。最終，我們都有了穩定的工作，走上通往成功的道路。大家常說美國是一個充滿機會的國度，但很多人忽視了，機會雖在眼前，你仍需付出不懈的努力去追尋。機遇不是政府的施捨。

很快，我們買下了第一間房子。一九九六年，我們的迎來了兒子的誕生。對我來說，這一切標誌著我的美國夢開始成真：我們終於成為了自豪的房主，躋身中產階級。我總是說，美國夢有千百種，而我的夢也許在他人眼中顯得微不足道，但它是我的夢想，我親手實現了它，這讓我倍感自豪。

＊＊＊

或許，這終究是一個不可避免的話題：在美國的日子，我也未能躲過種族歧視的遭遇。這些經歷自我抵達美國不久之後就悄然開始了。在我和馬克還在戀愛時，他就告訴我，有時他會看到有人在我背後用手指向上拉扯自己的眼角，誇張地模仿亞洲人的眼睛。類似的場景有很多，特別是在那些不太國際化的地區尤為常見。

我第一次公開面對的種族歧視，出人意料地來自一位非裔美國人。那是上世紀九〇年代中期，有一天，我與幾位中國朋友走在紐約的唐人街上，這時旁邊突然有一個黑人男子朝我們大喊：「你們這些骯髒的中國人！」這真是相當諷刺——我第一次公開受到的種族歧視，來自一位非裔美國人。

當然，也有來自美國白人的歧視。有一天，我和馬克在賓夕法尼亞州某條公路上開車時，輪胎爆了，我們只好將車停在路邊。因為沒有備胎，馬克撥了道路救援的電話。站在旁邊的我，能聽見電話那頭的語氣非常友善而健談地安慰道：「我們馬上到，放心吧！」

不一會兒，我們就看到救援卡車從對面駛來，車裡還坐著司機的妻子。遠遠地，他們朝向我們熱情地揮手致意，看上去仍然非常友好，並表示很快掉頭過來。但就在他們把車靠近，看清楚我們的樣子後，神情倏然變了，友好的閒聊和微笑也立刻消失。他們一言不發，開始迅速換輪胎，換完後默默地迅速離開。我看向馬克，說：「我想，是因為我，對吧？」

「我也這麼覺得。」他微微點了點頭。

顯然，他們因為看到一個中國女人和一個白人男子在一起而心生不悅。

這樣的事情當然會讓我心中泛起波瀾，但我從不去糾結。馬克曾多次向我提起，在我與他人的互動中，他常能感受到他們對我表現出不易察覺的種族歧視，而我卻渾然不知。然而，這對我來說無關緊要，因為我從不刻意去尋找這種敵意。我本非來自一個溫情的社會環境。在我那二十六年的中國歲月中，我見過太多政府與人民之間、人與人之間的殘酷與無情。小時候，在上學的路上，我曾看到一個死嬰被丟在垃圾堆旁；也曾目睹憤怒的人群將一個年輕的小偷打得奄奄一息。當我還是小女孩的時候，有一次，騎車經過一個小建築工地，不小心從車上摔倒在地，膝蓋上的皮被蹭掉了一大片，腿上流著血，痛得我幾乎站不起來。然而，那些建築工人竟然歡呼起來。這些種種，成為我生命中的參照，讓我在面對後來的一切時，總是更容易放得下，也變得更加寬容。

然而，有兩起涉及種族歧視的事件讓我至今難以忘懷，深深地震撼了我的內心——我的美國身分竟因我的種族而遭到質疑。第一個事件發生在成都的美國領事館，又一個簽證官再次令我不快。當時我陪母親去申請簽證，想把她帶去美國小住。我那次去中國是為了參加父親的葬禮，打算讓母親跟我回美國短暫修養一段時間。這位簽證官是一位中年女性，她不允許我為不懂英語的母親發言。「妳們誰是申請者？」她問。

「是我母親。」我回答。她卻回答說她只和申請人本人對話。就在我試圖解釋情況時，她就猛然關上窗口，對話就這樣被強行中斷了。我實在無法用其他方式解釋剛才發生的事，我無法想像她會這樣對待任何其他明顯可辨認的美國公民——無論是白人、黑人或棕色皮膚的美國人。我深信她之所以認為我不是美國公民，完全是因為我的種族。我被粗暴地差別對待，僅僅因為我的中國面孔。

第二個事件發生在維吉尼亞的一家沃爾瑪超市。那天，我在長長的結帳隊伍中站了許久，手裡只有兩三件商品。時間過得很慢，眼看就要輪到我結帳了，我很著急，因為我丈夫和孩子還在車裡等著我。這時兩位白人女子走近我，她們結伴而來，手裡也只有幾件商品。她們問能不能插隊到我前面，解釋說她們在趕時間。真是不湊巧，我回答她們：「對不起，不行。」我告訴她們，我也只有幾件商品，也很趕時間。

其中一位女子對著她的同伴，話語直指著我說道：「她不是美國人，美國人會讓我們先結帳。」我整個人開始顫抖。愣了半天終於回應：「我是美國人！」

或許我可以因此輕易斷言：作為亞裔的我在美國受到了不公平的對待，所以美國是一個種族主義國家。但我選擇不這樣想。這並非因為我選擇性地忽視了美國存在的種族問題，而是因為，相比於我所經歷的每一次公開或隱晦的歧視，我還接觸過形形色色的美國人，有過成千上萬次的美好經歷。這些美好的互動，來自於各種膚色、各行各業的美國人，遠遠超過了那些不愉快的經歷。他們才是這個國家的心臟和靈魂。

＊＊＊

自從成為美國公民以來，我從未錯過任何一次投票的機會。儘管有很長一段時間，我對政治並沒有多少了解；每當觀看政治辯論時，雙方的觀點聽起來都言之有理，無可辯駁。我也沒有主動去深入了解更多關於政治和候選人的資訊，而是把空閒時間用來追求自己的興趣愛好——藝術、攝影、旅行、園藝和閱讀歷史著作。

然而，這一切在二〇〇八年大選期間的某一天開始發生了變化。那天，我的丈夫正在觀看共和黨總統初選辯論，我則忙著做家務，沒怎麼在意辯論的內容。耳邊是那些候選人們的聲音，但我並沒有認真聽——因為他們說的對我來說沒有什麼不同。

忽然間，有一位候選人的發言抓住了我的注意力。他的發言與其他候選人截然不同，他直截了當地談論問題，言辭真實毫不矯飾；他的話既非精心設計的口號，也非充滿政治辭令的套語。那是我第一次聽到一種不帶政治腔調的發言，帶著幾分真切。他就是當時的國會議員榮・保羅（Ron Paul）。我停下了手邊的事情，目不轉睛地看完了剩下的辯論。從那以後，我開始密切關注他的言論。他說話的方式像是決心要向美國人揭示那些我們不願意聽但卻必須要聽的真相。很快，我買了他的書《終結聯準會》（*End the Fed*）並讀了起來。

雖然我並沒有因此成為一個自由意志主義者（libertarian），但這標誌著我對政治產生了濃厚的興趣，而且這種興趣隨著時間的推移越發強烈。從那以後，我閱讀了很多關於美國政治的書籍，並持續關注許多保守派評論員的言論。到二〇一六年總統大選時，我已經形成了清晰的、屬於自己的保守派政治觀點。

＊＊＊

在大約過去十年以前，我從未認真思考過「自由隨時可能在下一代人手中失去」的這個觀點，也未曾料到馬克思主義會竟能在美國占據如此顯著的位置。

我第一次接觸到所謂「覺醒文化」（woke culture）中的政治正確，可以追溯到一九九〇年，當時我在佛羅里達州修了一門特殊教育課程。教授告訴我們，一項針對身障人的法案（《美國身心障礙者法》）剛剛通過，並強調在談論身障人士時，我們需要謹慎選擇用詞以示尊重。例如，我們不應該說「盲人」，而是改用「視覺障礙者」（vision impaired）；「瘸子、殘廢」這個詞也要摒棄，新的說法是「殘障人士」（handicapped）。如今這個詞又演變成了「身心障礙者」（disabled），現在則變成了「另類能力者」（differently abled）。

當時我天真地想：「哇！美國人真是太善良了，他們真的很尊重他人。」可如今我看得更清楚了，事實並非如此。這背後的真正意圖並非出於尊重，只是一種早期的語言操控形式，目的是控制人們。如果你能操控人們使用的詞語和表達方式，就能控制他們的言論，從而控制他們的思想。

二〇〇二年，參議院少數黨領袖特倫特·洛特（Trent Lott）被迫辭職，這標誌著我在政治正確領域的又一個分水嶺。當時我並不了解所有細節，只知道他稱讚了被認為是種族隔離主義者和種族主義者的參議員史壯·瑟蒙（Strom Thurmond）。我記得自己當時心想，這聽起來像文化大革命，說錯一句話就能毀掉一個人。然而，我並沒有深思，很快就把整件事拋在腦後。

二〇〇〇年，我轉職到一家非營利組織。大約在二〇一二年，我受邀成為公司裡新成立的「多元共融」（Diversity & Inclusion，D&I）委員會的成員。我了解的不多，但還是欣然接受了邀請。委員會成員由不同種族的員工組成，我當時想，如果我能參與一個幫助員工相互欣賞彼此差異並和諧共事的活項目，何樂而不為呢？然而，很快我就發現委員會真正的意圖與我的設想大相逕庭。

事實證明，這個D&I委員會領導的意圖是將批判性種族理論，也就是CRT引入公司，儘管我們當時還不了解這個術語。我所在的公司是一個多種族、多文化的環境，超過一半的員工是女性，包括領導層，而在我加入時，公司的執行長是一位非裔美國人。然而，顯然，這還不夠。委員會的目標是提升員工對系統性種族主義的意識。很快，外部講師被邀請來公司，針對諸如「微暴力」（microaggressions）等主題進行演講。郵件中也開始頻繁轉發來自左傾媒體（如《哈芬登郵報》（*HuffPost*））的種族問題文章。我感覺有一種政治議程正被人暗中推行，於是最終選擇退出了委員會。

在這段時間，我也開始從我正在讀高中的兒子那裡，聽到一些關於種族與權力、跨性別主義以及美國帝國主義之邪惡等等話題。在他上大學後，我了解到更多他在高等教育受教的內容，比如交織性、白人特權、社會正義……等概念。

現在，我能感受到這種思潮無處不在，從我的家庭，到我的職場，宏觀和微觀世界已經融為一體。所謂的「覺醒革命」正在滲透我的生活，甚至正在侵蝕整個美國！

最後的導火線終於出現了。二〇二〇年，隨著喬治．佛洛伊德事件的發生和BLM運動席捲全國，我的公司召開了全體員工會議，支持BLM運動，並譴責存在於整個社會乃至於我們公司裡的系統性歧視。我的公司正在變得「覺醒」。對我來說，這一點毋庸置疑。

從那天起，我工作場所的文化氛圍開始發生變化。

非正式的多元共融（D&I）委員會迅速更名為「多元、平等和包容」（DEI）委員會，它被賦予了更高的地位，以便更好地傳播其理念。許多員工害怕被認為他們不支持這一理念。當我在二〇二一年六月的學校董事會演講並引起全國關注時，相當多的同事，包括一些我不認識的或在公司中擔任高等職位的人，都私下發電子郵件給我表示支持；其他與我共事多年的同事則假裝不知，大多數人只是隨波逐流以求平安。這種順從和恐懼的文化不僅在我的公司成為常態，也在整個國家蔓延。

同時，電子郵件簽名中的性別代詞在整個部門流行起來。部門負責人還專門為我們的部門成立了一個DEI委員會。她在部門會議上為自己的「白人特權」道歉，並表達了她對DEI的堅定承諾。不久，又創建了一個專門用於發布DEI相關內容的部門線上頁面，其中一篇貼文是「反種族主義支持者指南」。該貼文不僅譴責白人至上主義，還聲稱白人──包括自由派白人──在自覺或不自覺地維護白人至上主義，僅僅因為他們是白人！我在這裡工作的二十一年來，員工們第一次開始透過種族的視角看待彼此，而這正是批判性種族理論所要達到的目的。

當第一次DEI委員會討論會議時間排定時，我已經下定決心要發聲，而我確實這麼做了。我在會議上坦言，我在這家公司工作已有二十多年，與所有白人同事都保持著良好的工作關係。但現在這個「反種族主義支持者指南」讓我意識到，原來我竟然一直被「白人至上主義者」包圍著。那麼我現在是不是應該感到很不安呢？這番話很尖銳，但我不得不說，因為這就是事實。部門負責人顯然對我的發言非常不悅。

二〇二二年，我在公司二十一年的工作生涯首次收到了一份壞的考績。不僅如此，很快，我被要求在未來六個月內學習一門程式設計語言，作為我的工作目標之一。如果我不能掌握這門程式設計語言，我將不再具備資格以繼續勝任我被雇用並擔任了二十一年的職位。顯然，我掌握一門程式設計語言從來就不是我的職業範疇、職位描述或工作職責的一部分。顯然，我在這裡已經不再受歡迎了。

我本可以選擇反抗，但我決定辭職。

我有一場更重要的戰鬥要打，還有一個更大的戰場來進行這場鬥爭；不是為了我自己，而是為了美國。於是，我辭掉了工作，全身心投入到為美國而戰的事業中。

我兜了一個大圈子，回到了原點。我千辛萬苦來到美國這片自由之地，以為自己已經逃離了共產主義。如今，我卻發現自己身處戰場中央，為了守護這片土地的自由，而正與共產主義作戰。

第四章・兩場文化大革命

雖然我親身經歷了中國的文化大革命，但當時的我還是個學生，並不真正明白到底發生了什麼、為什麼會發生，或者這場革命的真正目的是什麼。直到我來到美國，接觸到可靠的歷史資料和檔案後，我才真正搞懂了幾十年前在中國發生在我周圍的事情。為了看清我曾經歷卻未弄懂的一切，我不得不遠渡重洋來到美國。當你身處其中時，只能想著如何生存，沒有人會向你解釋發生了什麼。你唯一能做的就是聽從指令。理解自身處境的來龍去脈，那是一種無從談起的奢求。

同樣，直到我來美國很久之後，才了解到，始於一九六〇年代的反主流文化、嬉皮運動，為今天的「覺醒馬克思主義運動」（*woke* Marxist movement）播下了種子。我花了好一段時間才理解自己在美國開始看到的情況。當我把所有的點串聯起來時，清晰的脈絡開始浮現，幫助我們看到更大的圖景。

我認為自己的人生經歷是獨特的，甚至可以說是一種特殊的「榮幸」：在我的一生中經歷了人類歷史上最重要的兩場文化大革命——毛澤東的無產階級文化大革命（一九六六—一九七六）和二〇二〇年代的美國文化大革命（其根源則可以追溯至更早以前）。這兩場革命都是屬於文化馬克思主義（cultural Marxism）革命，本質上等同於共產主義。

歷史已經證明，中國和每個曾經處於共產主義政權統治下的國家，一直是反叛、動亂和暴力的溫床。今天的美國與上世紀六〇年代中期的中國之間的相似之處，讓我不寒而慄。這些相似之處，正是文化馬克思主義的標誌，它們會摧毀我們所熟知的美國，就如同它們曾摧毀了歷史上的每一個國家一樣。如果我們現在不加以制止，可以肯定，美國將無可避免從上到下淪為一個類似共產主義的國家。

我已經分享了很多我的個人經歷。現在，我想更深入地探討這兩場文化革命。但在此之前，我需要澄清我對馬克思主義、社會主義和共產主義這些術語的使用。我經常交替使用它們——一些熟悉這些概念的專家也是如此；我對這些術語的理解是基於我在毛澤東時代的中國接受的共產主義教育。

毛澤東時代中國的每所學校都教導學生，人類社會發展遵循一條固定的進程，按照時間順序經歷依次展開的六個階段：（一）原始社會（狩獵／採集社會），（二）奴隸社會，（三）封建社會，（四）資本主義社會，（五）社會主義社會，（六）共產主義社會。

我們被教導：每個國家都會經歷相同的發展階段，朝著相同的最終目標和理想階段——共產主義前進。當時我們被告知，中國是一個社會主義國家，但我們正在向共產主義穩步邁進。然而，要實現共產主義，我們必須解放全人類，使每一個國家都成為社會主義國家。我們還被教導，幫助其他國家努力成為社會主義是我們的責任。當時我並沒有多想，但現在對我來說很顯而易見的是，共產主義就是全球主義（globalism）！

當我第一次聽到西方人稱中國為共產主義國家時，我會糾正他們，告訴他們中國是一個社會主義國家。儘管新聞媒體、教科書和各種歷史記載說法不同，但沒有一個共產主義國家會自稱為「共產主義國家」。這些社會主義國家體現出共產主義之處，在於它們的執政黨都是共產黨。

我很快就意識到，大多數美國人所提到的社會主義，與我曾經生活在其中的社會主義制度大不相同。這些美國人被誤導，相信這種新興社會主義版本底下的社會比我們實際在中國所經歷的要好得多、公平得多——在這種「理想化」的社會主義版本中，人們會自願且和平地分享財富和資源。許多美國人，特別是那些被蒙蔽雙眼嚮往社會主義的年輕人，常常把北歐國家當作榜樣，認為那是社會主義的光輝典範。然而，北歐國家並非社會主義國家，而是建立在自由市場經濟基礎上的資本主義國家。進步主義者真正推行的，是政府控制所有財富和資源配置的制度——一種類似中國的極權社會主義，只有統治階級受益，而其他人則受苦。對「社會主義」這一術語的誤導宣傳是他們有意為之的。

＊＊＊

據說，在毛澤東離世前不久（一九七六年六月十五日）曾表示自己一生有兩大成就。一是透過戰勝國民黨政府贏得共產主義革命的勝利（一九二一—一九四九）；另一個是發動了無產階級文化大革命（一九六六—一九七六）。[1]

第一次革命是一場透過軍事力量推翻現有政府、奪取政權的血腥革命。中國共產黨和國民黨之間的關係錯綜複雜。他們曾聯手合作對抗共同的敵人——北洋軍閥和後來侵華的日軍，但由於意識形態的巨大差異，雙方最終無法和平共處。一九四五至一九四九年的國共內戰成為雙方的最終較量，以毛澤東宣告勝利、蔣介石領導的國民黨政府被迫撤退到臺灣而告終。國民黨的失敗源於其長期治理不善以及腐敗，而毛澤東領導下的中國共產黨則憑藉著富有吸引力的理念和承諾，以及蘇聯的全力支持，成功獲得了軍事力量和民眾擁護。與此同時，美國也放棄了對國民黨的支持。[2]

毛澤東的第二次革命是文化大革命。諷刺的是，這次革命的目標同樣是要推翻一個執政政府——而這次是他自己的政府。他想要澈底摧毀現有秩序，「焚毀」一切，而後在「廢墟和灰燼」上重建一個全新的世界。（或者用今天美國總統喬．拜登的話說，就是「重建得更好（build back better）」。）*這一次，他沒有使用軍事力量，而是採用了一個更有效的武器——動員包括年輕學生在內的廣大群眾，尤其是那些對現下政治不滿、感到被剝奪了權利的普通民眾。這是一場真正的革命，一場摧毀傳統文化和中共體制的革命。目標是完全按照他個人的意願重塑中國，並在此過程中獲得絕對權力。

毛澤東自述關於他一生兩大成就的言論，聽起來似乎會讓人覺得這就是他的所有作為了——策畫和實施兩場革命。然而，需要指出的是，從一九四九年中華人民共和國成立到一九六六年文化大革命爆發這段時期，絕非風平浪靜。自毛澤東掌權以來，他發動了一系列持續不斷的政治運動。每一次運動都可以被視為一場小型的文化大革命，給無數人帶來災難，或奪走生命，或令人飽受折磨，終身蒙難。

其中特別值得關注的一場運動，是「大躍進」（一九五八—一九六一），因為它成為了文

* 此書最初出版於二〇二三年，時任美國總統仍為拜登。

化大革命的前奏。大躍進是毛澤東仿效史達林在蘇聯的策略，他制定了一個宏偉目標：十年內鋼鐵產量超過英國，十五年內超過美國。為什麼要關注鋼鐵產量？因為鋼鐵是武器生產的必要原料。大躍進與改善中國經濟和人民生活毫無關係，完全是為了增強毛澤東的軍事實力。

這一切簡直瘋狂至極：全國總動員大煉鋼鐵，農民放下農務，轉而用自製土爐煉鋼。隨著煉鋼生產的失敗，農作物也跟著歉收。隨之而來的便是大饑荒（一九五九—一九六一），造成了多達三千萬人死亡[3]，甚至有些估算高達五千萬人。我便是出生於饑荒年間。母親時常講起那時的事。食物配給極其嚴格，供應量也只能勉強果腹，周圍的人個個面部、手腳和腹部都因嚴重缺乏蛋白質而出現浮腫症狀。但比起因饑荒失去生命的人來說，這些人已經算是相當幸運的了。

大躍進運動這場災難，使毛澤東聲望大減。黨內也開始有人質疑他的領導能力，毛於是被迫退居二線。與此同時，他的副手，國家主席劉少奇以及劉的盟友、黨的總書記和國務院副總理鄧小平，開始著手收拾殘局，將重點放在重建中國經濟上。這對毛來說是個問題——掌權的已經不再是他。他渴望重新奪回權力。他清楚這可以透過煽動群眾來實現。他知道自己在中國人民之間，尤其是在那些受過深度政治教育洗腦的年輕人中，依然有著巨大的影響力。

正是在這種歷史背景下，毛澤東於一九六六年發動了偉大的無產階級文化大革命。文化大革命有一個正式的官方啟動日期：一九六六年五月十六日。就在那一天，中共中央發布了一份由毛澤東親自主持起草的文件，即《五．一六通知》。這份文件宣稱，有敵人滲透，這些敵人企圖復辟資本主義，並強調：「全黨必須遵照毛澤東同志的指示，高舉無產階級文化革命的大旗，徹底揭露那批反黨反社會主義的所謂『學術權威』的資產階級反動立場，徹底批判學術界、教育界、新聞界、文藝界、出版界的資產階級反動思想，奪取在這些文化領域中的領導權。」[4] 這份文件明確指出，毛澤東即將發動的運動，旨在徹底摧毀現存的制度和傳統文化。

透過這場文化大革命，毛澤東意圖要清除所有他認為不受其控制的黨內官僚機構——幾乎涵括了從地方到省級再到中央的整個中共領導層——並將他們全部替換為只對他個人忠誠的真正「革命派」。

毛澤東發動文化大革命還有另一個動機。他想確保自己不會步上蘇聯共產主義獨裁者約瑟夫．史達林（Joseph Stalin，一九二二—一九五三年在位）的後塵。史達林去世三年之後，他的繼任者尼基塔．赫魯雪夫（Nikita Khrushchev）曾在蘇共二十大上發表題為《關於個人崇拜及其後果》的演講，公開譴責了史達林的大清洗等暴政。[5]

毛澤東確實在做著同樣的事情，他也一直在打造自己的個人崇拜。毛認為，赫魯雪夫因為修正馬克思列寧主義革命，使共產主義事業偏離了軌道，重新讓資本主義回到了蘇聯。毛澤東決心確保這種情況不會在中國發生。他將劉少奇認定為「中國的赫魯雪夫」，是一個「修正主義者」，並將其貼上中國頭號「走資派」的標籤。「走資派」是一個特殊標籤，專門用來形容那些走資本主義道路、專注於改善經濟而非推動階級鬥爭的人。

毛澤東想要將重點放在階級鬥爭上。在毛統治的前十七年（一九四九－一九六五），中國共產黨消滅了所有私有制，建立起國有和集體主義經濟。儘管如此，毛澤東認為對舊文化的意識形態鬥爭還沒有結束。他決心徹底剷除舊文化的殘餘，並清除中共內部右傾影響，一勞永逸地將中國徹底轉變為共產主義烏托邦。他想要完全按照自己的理念重塑中國，這就是「毛澤東主義」（Maoist）。

到一九七六年，毛澤東去世時已八十二歲，而此時的中國卻滿目瘡夷，瀕臨全面崩潰。社會撕裂，制度瓦解，中華文明的遺跡幾乎蕩然無存，經濟一片荒蕪，民眾在極度貧困中掙扎，數百萬生命慘遭吞噬，唯一的贏家是毛澤東。他不僅攫取了絕對的權力，還在人民心中獲得了如同神一般的地位。

文化大革命奪走了我本應擁有的寶貴成長歲月。那應是充滿幸福、安全感和正常教育的十年光陰。原本的小學和中學階段，本該為我接下來的大學教育鋪路。但物質上的匱乏只是其一，我更是毛澤東社會改造實驗中的一隻不自知的「小白鼠」。那些灌輸到我腦子裡的馬克思主義和共產主義毒素，我花了數十年的時間才得以排除乾淨。

我會繼續講述我的故事，細數毛澤東對中國造成的破壞，他每一次的政治運動，都讓我的故土更加支離破碎。而在這個過程中，你會逐漸發現中國的文化大革命與當前在美國興起的新馬克思主義反文化運動、所謂的「覺醒主義」之間，有著何等清晰而無可辯駁的相似之處。

在來美國之前，我對這個國家的基本歷史已有所了解。自踏上這片土地那一刻起、那過去的近三十年間，我不斷深入學習我所認同的這個國家的歷史和文化。我不僅對美國的歷史充滿濃厚興趣，也對它在世界上的特殊地位充滿好奇。我時常閱讀和聆聽有關美國歷史和開國元動的書籍、有聲書。除了大量的書籍和紀錄片，我還把握每個機會參觀歷史遺址和那些對美國之偉大做出不可替代貢獻的人物故居。我很幸運地生活在維吉尼亞州，這裡的歷史脈絡仍舊清晰可感，多虧了眾多組織對歷史遺址和文物的精心維護。正是透過這些方式，我得以深入了解美國那引人入勝的歷史。然而，在我所閱讀和學習的所有內容中，我卻未能及時意識到，文化馬克思主義早已悄然滲透進美國社會的肌理。也許你也有類似的感受？

二〇二〇年因喬治・佛洛伊德事件引發的暴亂之後，我意識到：是時候深入探究馬克思主義意識形態究竟是如何逐漸占據我們的學校、機構甚至家庭的。一個如此珍視個人權利、財產權、憲法以及生命、自由和追求幸福之權利的國家，怎麼會允許這樣一種危險的意識形態在這裡扎根？無論我們是否意識到，我們目前正面臨著美國式馬克思主義的嚴峻挑戰。

為了弄清這一切的來龍去脈，我追溯到了八十多年前的一九三〇年代。

儘管馬克思主義理論在一九一七年的俄國催生了成功的共產主義革命，隨後又在中國、朝鮮和古巴等國家扎根，但這並不是卡爾・馬克思所預言的革命路徑。他原本預測資本主義將在英國、德國、法國和美國等最發達的工業化國家崩潰，但事實證明這是錯誤的。資本主義不僅沒有走向滅亡，反而讓每一個人，無論貧富，甚至包括美國的新移民，都能夠有機會成功創造財富。班傑明・富蘭克林從貧窮走向富有的故事，成為了美國夢的象徵。這個夢想一次又一次地被亨利・福特（Henry Ford）、安德魯・卡內基（Andrew Carnegie）、史蒂夫・賈伯斯（Steve Jobs）和歐普拉・溫芙蕾（Oprah Winfrey）等人實現。無數像我這樣的普通人，揣著借來的兩百美元來到這個國家，也能實現屬於自己的美國夢。生活在這片土地上的人們，享受著美國生活方式帶來的富足與舒適，又怎會願意放棄這一切，去投入一場只會帶來暴亂、苦難和貧窮的血腥暴力革命呢？

現實和事實並不能阻止共產主義者推行他們的宏圖偉業。義大利共產主義者安東尼奧・葛蘭西（Antonio Gramsci，一八九一－一九三七）提出了一個全新的、擊敗資本主義的思路。葛蘭西認為，與其透過暴力革命奪取生產工具並廢除私有制，不如透過瓦解資本主義的主導文化（「霸權」）來擊敗它。安德魯・海伍德（Andrew Heywood）在他的書《政治的意識形態》中，清晰地解釋了葛蘭西的「主導文化」或「文化霸權」概念：

> 葛蘭西認為，資本主義階級制度的維持，不僅依靠不平等的經濟和政治權力，還依靠葛蘭西所稱的資產階級思想和理論的「文化霸權」，即主導文化。主導文化意味著占主導或支配地位的意識形態，它指的是資產階級思想能夠取代其它競爭性觀點，並實際上成為時代的普遍共識。葛蘭西指出，意識形態深度根植於社會各個層面：從藝術和文學；到教育系統和大眾媒體；再到日常語言和流行文化中。葛蘭西堅定認為，要挑戰這種資產階級文化霸權，只能從政治和思想層面入手，這意味著要建立一種基於社會主義原則、價值觀和理論的對立的「無產階級文化霸權」。[6]

文化馬克思主義的大門由此開啟。葛蘭西被視為文化馬克思主義之父，也是當今「覺醒主義」的思想先驅。我認為，理解葛蘭西，是理解覺醒主義的關鍵所在。

葛蘭西自一九二六年起被墨索里尼政權監禁，直到一九三七年去世。在獄中，葛蘭西寫下了大量文章，闡述他的政治理論，這些文章後來被彙編成《獄中札記》。

有趣的是，將葛蘭西的哲學引入美國的人是約瑟・布塔朱吉（Joseph Buttigieg）。他不僅翻譯了葛蘭西的作品，還積極推廣。值得一提的是，約瑟・布塔朱吉是拜登政府現任交通部長皮特・布塔朱吉（Pete Buttigieg）的父親。在得知這一資訊後，我立刻在亞馬遜上搜尋了「Joseph Buttigieg」。果不其然，葛蘭西的三卷本《獄中札記》赫然在列。

與葛蘭西持有相似意識形態的還有一群猶太馬克思主義學者，他們屬於德國的「法蘭克福學派」，專注於社會理論的研究。隨著希特勒上臺，這些學者感到不再安全。於是一九三五年，他們逃到了美國，進入了當時現代西方文化的中心，扎根於紐約市哥倫比亞大學。[7]

這些流亡的知識分子，成為了美國馬克思主義者的先驅。他們逐漸在學術界占據主導地位，並開始對美國的教育機構發揮影響。他們制定了一個戰略計畫，意圖透過操縱美國的學生和學者來摧毀西方文化，利用他們的出版物作為思想武器，並吸引「有用的白癡」*來閱讀、教授和普及他們的意識形態。這些出版物中的第一本，是霍克海默（Max Horkheimer）

的《傳統理論與批判理論》。[8]

批判理論的理念簡而言之，就是要「批判」西方文化的每個方面——包括家庭、基督教、法律、言論自由，或者用葛蘭西的話說就是「資產階級文化霸權」。在文化大革命期間，「批判」一詞幾乎成了所有中國人口中的常用語，包括我自己。隨著繼續閱讀下去，你將會對這一概念有更深入的了解。

批判理論還衍生出了許多更具破壞性的分支，如種族批判理論（Critical Race Theory，CRT）、女性主義批判理論（Critical Feminist Theory，CFT）和酷兒批判理論（Critical Queer Theory，CQT）。CRT由德瑞克·貝爾（Derrick Bell，一九三〇—二〇一一）首次提出，作為一種用於法律分析的理論框架，後來金柏莉·克雷蕭（Kimberlé Crenshaw，一九五九—）提出了「交織性」（intersectionality）這一概念，使CRT變得更加有影響力。

美國律師協會網站上一篇題為〈種族批判理論課程〉的文章解釋說，CRT是「一種起源於法律學界並擴展到其他學術領域的實踐，用於審視種族和種族主義在社會中的作用」。[9] CRT批評社會構建的種族概念和制度化種族主義，認為這些因素造成了一種種族等

---

* 指那些不經思考就接受和傳播共產意識形態的人。

級體系，將有色人種置於社會的底層。CRT還指出，種族與其他身分特徵存在交織，包括性取向、性別認同等。我將在下一章更詳細地討論CRT和交織性理論。

構成法蘭克福學派的新馬克思主義者的作品過於學術化，難以吸引普通讀者，只有最專業的研究者才會深入研究。幸運的是，像詹姆斯・林賽（James Lindsay）博士這類批判文化馬克思主義的知識分子，為我們這些普通讀者搭建了一座理解的橋梁。

林賽博士透過他的著作，幫助普通讀者能夠理解並消化法蘭克福學派的核心觀點。他的著作包括《左膠是如何練成的：左派理論如何讓一切都成了問題？危害社會民主價值》（*Cynical Theories: How Activist Scholarship Made Everything about Race, Gender, and Identity—and Why This Harms Everybody*，二〇二〇）、《種族馬克思主義：關於批判性種族理論和實踐的真相》（*Race Marxism: The Truth About Critical Race Theory and Praxis*，二〇二二）和《教育的馬克思化：保羅・弗萊雷的批判馬克思主義和教育的竊取》（*The Marxification of Education: Paulo Freire's Critical Marxism and the Theft of Education*，二〇二三）。林賽博士的播客《新論述》（New Discourses）也在這方面提供了幫助。這些學者提供的資源，使得像我這樣的外行人，也能夠深入了解那些塑造美國文化革命，即「覺醒主義」的新馬克思主義理論和思想。

法蘭克福學派的學術工作是現今所謂覺醒主義的理論基礎，這也是當代美國文化馬克思主義的一個重要特徵。這些理論被進步主義意識形態者當作一種工具，用來合理化並加強對傳統社會秩序的改變。

著名企業家伊隆．馬斯克（Elon Musk）將覺醒意識形態稱為「思想病毒」，並認為它「可能是現代文明面臨的最大威脅之一」。[10]

依我的理解，覺醒主義是一種意識形態，其認為有必要創造更公平的社會，並主張透過系統性地解構資本主義，來實現這一目標。那些「覺醒」的人認為，所有現有的制度、傳統和社會規範——換句話說，整個西方文明和自由市場體系——都需要被徹底改變，並在此基礎上建立一個全新的世界。這種做法與毛澤東在中國所做的「改天換地」，簡直如出一轍。

中文裡「woke」的翻譯是「覺悟」，這個詞源自佛教，意為覺察或意識。在中國文化大革命期間，我們經常被要求提高政治覺悟、階級覺悟，或者簡稱覺悟。實際上，這意味著放棄任何獨立思考，無條件地接受毛澤東思想的指導。它要求每個人都必須毫無保留地服從毛的命令，永遠不得質疑。毛澤東的命令與美國的覺醒主義有相似之處：毛要消除中國傳統文化，使馬克思主義意識形態在中國完全占主導地位。

然而，需要注意的是，覺醒主義並非美國新文化革命的開端。實際上，促成覺醒主義的美國文化革命，始於二十世紀六〇年代。

正是在六〇年代，由法蘭克福學派推廣的文化馬克思主義意識形態，從大學圖書館和教室走向了街頭。

二十世紀六〇年代和七〇年代，在太平洋兩岸都是非同尋常的時期。這一時期，中國和美國（以及整個西方世界）同時發起了兩場平行的文化革命，革命的目的都是透過破壞和消除傳統，來加強社會主義或削弱資本主義。

六〇年代的反文化運動，被證明是美國馬克思主義文化革命的第一階段。與中國文化大革命不同，美國的這場革命沒有一個明顯的領導者或煽動者——沒有如毛澤東般的人物在臺前推動這一切。

羅傑．金博爾（Roger Kimball）是一位著名的藝術評論家，同時也是一位傑出的保守派社會評論員，他對這一現象有著獨到的見解。金博爾是《新標準》雜誌（*The New Criterion*）的編輯和出版人，並著有多部著作。他的第一本著作《終身教職的激進分子：政治如何腐蝕了我們的高等教育》（*Tenured Radicals: How Politics Has Corrupted Our Higher Education*）雖然聽起來像是對二十一世紀美國大學教育現狀的及時研究，但實際上是在三十多年前的一九九〇年首次出版的！我在研究期間，還發現了金博爾另一部極具洞察力的著作《長征：一九六〇年代的文化革命如何改變了美國》（*The Long March: How the Cultural Revolution of the*

1960s Changed America），該書詳細描述了美國文化革命的第一階段，頗具啟發性。值得注意的是，金博爾書名中的「長征」一詞源自毛澤東的長征（一九三四—一九三六）。這是毛澤東領導的中國紅軍為逃脫國民黨軍隊圍剿而進行的一次戰略性大遷移，從中國南部的江西到西北的陝西，經過總行程五千六百英里的艱難跋涉，挽救了中共免於被國民黨徹底消滅。這個詞後來被德國共產黨人魯迪．杜契克（Rudi Dutschke）用於一個著名的短語中：「透過機構的長征」（long march through the institutions），這是在描述一種長期策略，透過滲透機構來逐漸改變其文化，進而改變整個社會的文化。[11]

在《長征》中，金博爾解釋了六〇年代的激進分子如何將法蘭克福學派知識分子（如馬庫色）的理論應用於他們的行動中。金博爾還詳細描述了蘇珊．桑塔格、艾倫．金斯堡、傑里．魯賓（Jerry Rubin）和提摩西．李瑞（Timothy Leary）等重要人物，如何發動了一場針對美國傳統文化的戰爭。回顧過去，不難看出這與葛蘭西設想的「文化霸權」有驚人的相似之處。整個西方價值觀、道德和傳統體系被顛覆了。正如葛蘭西理論中所述，「常識」被澈底重新定義。在街頭和校園中上演的，正是一場對指導數代美國人生活方式的傳統價值觀、道德規範和性別行為準則的全面否定。

金博爾最有洞察力的論點之一是，六〇年代的文化革命，是文化馬克思主義和佛洛伊德心理學這對看似不可能的結合產物。「自由之愛」（Free love）成為了當時的口號，性慾和性幻想應該被付諸行動，不再被壓抑。「做愛，不要戰爭」（Make love, not war）是六〇年代反文化主義者掛在嘴邊和印在T恤上的口號。根據金博爾的說法，一九六九年的胡士托音樂節（Woodstock festival）「推動了一種對絕對自由的新需求，並承諾帶來絕對的狂喜」。[12]

反文化運動的一個重要組成部分，是六〇年代的婦女權利運動，也就是第二波女性主義運動。我個人得益於第一波女性主義者的努力，她們為女性爭取平等權利，使女性能夠超越傳統定義的妻子和母親角色，追求更廣闊的夢想。然而，第二波女性主義運動的議程完全不同。他們向女性宣揚：做家庭主婦實際上是順從於一種壓迫形式，成為了壓迫的幫凶。那個年代的這一運動中，最具代表性的兩位人物是女性主義作家、活動家貝蒂・傅瑞丹（Betty Friedan），以及女性主義作家、政治活動家、女性主義組織者格洛麗亞・斯泰納姆（Gloria Steinem）。第二波女性主義的詳細討論將在第七章中展開。

一九六〇年代，避孕藥的問世使得「自由之愛」成為可能，無需承擔懷孕的後果。避孕藥的普及，加上當時盛行的性解放思潮，最終導致了一九七三年美國最高法院的羅訴韋德案（Roe v. Wade）裁決，該裁決將墮胎確立為受憲法保護的權利。

毒品文化是六〇年代文化革命的另一個標誌性特徵。隨著一種名為ＬＳＤ的新型致幻劑的出現，提摩西・李瑞鼓勵整整一代人「激發熱情，內向探索，脫離體制」（Turn on, tune in, drop out.）。這導致大量年輕人湧向舊金山，在街頭過著「脫離體制」的生活。[13]

儘管中國和美國的文化革命都旨在摧毀傳統文化，但相似之處僅此而已。主要區別在於對性和毒品的態度。中國的文化大革命期間，性和性行為不僅被壓制，而且被視為完全的禁忌。西方式的自由性行為和毒品文化，直到中國在一九八〇年代開放國門後，才開始逐步進入中國的流行文化。

這兩次文化大革命源於截然不同的立場。中國的革命者尋求徹底消除自由思想，要求絕對服從毛澤東。而在美國，革命者追求完全不受限制的自由，擺脫責任和道德約束。然而，兩者最終卻走向同樣的結局：思想一致性和專制統治。

一九六〇年代的美國活動家們試圖從社會規範和主流文化的束縛中解放自己：追求自由的性行為、毒品使用和墮胎權利。相比之下，如今的激進活動家反而成為定義社會規範的人。他們不僅有權定義，而且可以在必要時不斷重新定義規範，並將這些規範和他們的觀點強加於整個社會。

然而，六〇年代的反文化運動並未成功從根本上改變美國。充其量，他們的成績單上只能被評為「未完成」；但他們並未就此放棄。儘管這場運動在十年後，特別是在越戰結束後，似乎有所平息，但實際上只是改變了策略。這些馬克思主義激進分子在暗中堅持不懈，淡化了他們的公開行為，同時耐心地透過他們的「長征」策略，慢慢占領了大學的陣地。在隨後的幾十年裡，他們逐漸成為了掌控學術界大部分領域的終身教授。從這些有影響力的位置，他們成功地培養了新一代反美國和反自由市場的革命者。他們的學生現在在我們所有機構的關鍵職位上：學校、法院、媒體、企業、軍隊以及各級政府。

我們今天所面臨的「覺醒革命」，正是那場「長征」的結果。當保守派終於意識到發生了什麼並試圖反對時，要扭轉局勢已經變得極其艱難，需要付出超乎尋常的努力。

必須了解的是，早在一九六〇年代，馬克思主義也在民權運動的激進武裝分支中得到了實踐。美國黑人馬克思主義（Black American Marxism）的歷史由來已久，並不新鮮。黑人與馬克思主義的淵源可以追溯到——是的——毛澤東。事實上，ＢＬＭ運動及其志同道合的前輩，多年來一直在借鑑毛澤東的策略。別忘了，ＢＬＭ是一個自我認定的馬克思主義組織。這一點是無可爭議的。該組織的創始人公開宣稱他們是「受過訓練的馬克思主義者」。[14]

他們想讓我們相信他們是美國民權運動的分支，但事實並非如此。他們實際上是美國馬克思主義的後代。

雖然麥爾坎．X與馬丁．路德．金恩博士有共同的目標——為美國黑人的自由而戰，但前者選擇了「不擇手段」的暴力路線。[15]還有黑豹黨（Black Panther Party），一個徹頭徹尾的馬克思主義組織。其創始人之一休伊．牛頓（Huey Newton）甚至在一九七一年專程前往中國接受周恩來總理會見，尋求中國共產黨支持他們爭取自由。[16]

另一位非裔美國民權活動家羅伯特．F．威廉士（Robert F. Williams）也曾前往中國，並見到毛澤東。應威廉士的請求，毛澤東於一九六三年八月八日發表了《支持美國黑人反對美帝國主義種族歧視的正義鬥爭的聲明》。在聲明中，毛澤東將美國黑人爭取公民權利的鬥爭比作「階級鬥爭」，這正是毛澤東思想的核心之一。

杜波依斯（W. E. B. Du Bois），這位非裔作家、民權活動家和共產主義者，曾多次與毛澤東會晤，並在一九六二年與毛澤東和其他中國共產黨高級官員一起出席了天安門廣場的國慶慶典。[17]

休伊．牛頓、威廉士和杜波依斯，以及與他們志同道合的人，都是馬克思主義的追隨者。他們顯然拒絕了馬丁．路德．金恩博士及其作為民權運動標誌的「非暴力抗爭」主張，因此可以說，他們是BLM運動的真正先驅。金恩博士的公民不服從政治參與形式，是根植於《憲法》、《獨立宣言》和《聖經》，宣揚「人人生而平等」。他的運動旨在為非裔美國人爭取與其他公民同等的公平機會，因為每個人都是按照上帝的形象和樣式被創造的。金恩從未宣導復仇或報復，他也從未教導追隨者們認為自己是受害者，或者是一個被壓迫的群體，從未教導他們「除非成為壓迫者，否則永遠無法取得成就」。[18]

相比之下，馬克思主義者將信仰寄託在共產主義上；他們相信「黨」是「解放」被壓迫人民的唯一途徑。當這些美國黑人馬克思主義者在中國接受毛澤東的貴賓待遇時，他們選擇性地忽視了中國人民並不自由這一明顯事實。他們拒絕承認共產主義是一種不分膚色的極權主義。牛頓、威廉士和杜波依斯訪問中國的時期，正值毛澤東致力於剝奪中國人民言論自由和表達自由的時期。那時，食物、衣服和住所都由政府配給，那也是一個人的生命可能因任何冒犯而被中國共產黨奪走的時期。這些黑人馬克思主義者其實不需要做任何深入調查，因為共產黨對中國人民的壓迫顯而易見。然而，他們卻選擇視而不見。

另一位美國馬克思主義先驅安吉拉．戴維斯（Angela Davis）在本書寫作時仍然健在。她是一位政治活動家、作家，也自認是共產主義者。她師從法蘭克福學派的著名人物馬庫色，並在冷戰期間於東柏林洪堡大學獲得博士學位。戴維斯是黑人權力運動的標誌性人物。[19]她在自傳中寫道：「是的，我是一個共產主義者，我認為這是最大的榮譽之一，因為我們正在為人類的徹底解放而奮鬥。」[20]

在《民主進行式》（Democracy Now）這個節目對安吉拉．戴維斯和ＢＬＭ聯合創始人艾莉西亞・加爾薩（Alicia Garza）的聯合採訪中，加爾薩稱戴維斯是她最偉大的老師之一，她的書架上擺滿了戴維斯的著作。[21] 戴維斯對BLM的影響顯而易見。

戴維斯現在是加州大學聖克魯茲分校的女性主義研究榮譽退休教授，繼續推進「透過機構的長征」的工作。[22]

六〇年代文化革命的歷史背景是越南戰爭。金博爾引用了蘇珊・桑塔格和傑里・魯賓這兩位反文化偶像關於越南的言論。桑塔格曾說「越戰打開了系統性批判美國的大門」，而魯賓則更進一步說：「如果沒有越戰，我們也會製造一場戰爭。即便越戰結束了，我們還會找到另一場戰爭。」[23]

這正是BLM運動所做的，他們沒有讓一場危機白白浪費，而是充分利用美國黑人因警察槍擊而死亡的悲劇，推進一個與這些個體的槍擊事件關係不大的議程。這個議程更多是以系統性的不公平和種族主義為藉口，以此瓦解美國和資本主義。佛洛伊德的死亡就是他們的「越南戰爭」。如果沒有喬治・佛洛伊德，他們也會製造一個。進步主義者從未停止尋找他們的「越南戰爭」。在撰寫本書時，他們又找到了一場新的「越南戰爭」：反對最高法院推翻羅訴韋德案，和在以色列—哈瑪斯戰爭中支持哈瑪斯。

美式馬克思主義是馬克思主義在美國獨特的社會、歷史、經濟和文化條件下發展而來的新形式，它是「具有美國特色的馬克思主義」，就像中國共產黨的社會主義被稱為「具有中國特色的社會主義」一樣。

美國馬克思主義者試圖摧毀和取代的「舊世界文化霸權」究竟是什麼？

傳統概念	替代概念
個人主義	集體主義
憲法保護的權利	政府權力擴張
機會平等	結果平等
法治	無法無天和暴民文化
個人品格	個人身分（膚色、性別、性取向等）
自由市場	社會主義
基督教	反基督教（不是無神論）
民族主義	全球主義
思想多樣性	統一思想，順從
人人平等的公正	量身定製的正義，例如，種族正義，社會正義，環境正義……
表達自由	審查／政治正確
家長權利	國家子女
常識	政治意識形態

顯然，進步主義者耐心且不懈的進行長達數十年的「透過機構的長征」，已經結出了果實。這些堅定的「覺醒派」活動家一直在穩步改變我們的社會，一點一點地推進，並將大部分活動隱藏在公眾視線之外。但自從二〇一六年以來，進步主義者開始加快步伐，力度也愈來愈大。於是溫水裡的青蛙們突然意識到社會已發生了翻天覆地的變化。愈來愈多的人開始注意到政治和社會景觀的劇變正在席捲美國。

馬克思主義和共產主義對美國的滲透已經全面完成。最令人震驚的是，這種滲透甚至已經深入軍隊，而軍隊本應是最後一個被影響的地方。不久前，我有幸見到了太空部隊中校馬修・洛邁爾（Matthew Lohmeier）。作為一名軍官，洛邁爾親身經歷了這種滲透。與許多選擇保持沉默的人不同，洛邁爾不僅大聲說出來，還寫了一本書來揭露我們軍隊中正在發生的事情：《不可抗拒的革命：馬克思主義的征服目標和美國軍隊的瓦解》（*Irresistible Revolution: Marxism's Goal of Conquest & the Unmaking of the American Military*）。然而，正因為如此，他被解除了職務。

文化影響政治，而非相反。政黨控制權的更迭替換，並不意味著文化會隨之改變。重要的是要理解，即使保守派掌控白宮和國會兩院，並在最高法院保持多數，這也並不意味著文化馬克思主義就會自然消失。我們可以在每所學校禁止批判性種族理論，但這不會阻止堅信馬克思主義的教師將他們的信念融入教學、指導和輔導中。很可能，他們的努力會變得更加策略性和集中，他們的聲音會變得更迫切、更堅定。

我想提醒大家，我們不能依賴少數「超級英雄」為我們對抗馬克思主義機器，他們單憑一己之力獨無法拯救我們。這場戰鬥不能僅僅透過立法、政策，或者像伊隆·馬斯克收購推特這樣的行動來贏得，儘管這些措施至關重要且必要。要消除在我們學校發生的思想灌輸，這將是一個漫長的過程，需要父母經常與孩子討論自己的價值觀、道德觀和世界觀。要擊敗文化馬克思主義，我們必須同樣執行「透過機構的長征」，恢復我們熟知的美國。然而，我們沒有另外幾十年的時間可以從容地逆行這場長征，我們必須立即行動。

我們正處於一個歷史性時刻，兩場在一九六〇年代幾乎同時發起的文化革命再次交會。美國已經進入了一場「覺醒」文化革命，而習近平則透過推動中國文化大革命2.0來復興毛澤東主義。

經過半個多世紀，文化馬克思主義者幾乎成功地改變了美國的各種社會機構。昨日看似激進的意識形態，如今已經被許多人接受甚至推崇。如果我們不加以阻止，義大利共產黨理論家葛蘭西的新文化霸權願景將完全實現。

好消息是，進步主義者愈是走向極端、激進和「覺醒」，開始真正覺醒的美國人也愈來愈多。他們會從旁觀者變成行動者，從鍵盤後面走出來，投入到對抗文化馬克思主義革命的戰鬥中。一場反文化馬克思主義運動正在興起；我希望這將被稱為「偉大的覺醒」！再沒有一個例證，比得過有影響力的左翼電視主持人比爾・馬厄（Bill Maher）於二〇二三年二月的一期節目了。他在節目中比較了今天的「覺醒」革命，和毛澤東文化大革命的相似之處，隨後，他在推特上發出警告：「如果你是今天『覺醒』革命的一分子，那麼你需要去了解革命失控的那部分歷史。」[24]

第五章・生而有罪：一個分裂美國社會的思想體系

二〇二一年十月二十六日，在維吉尼亞州阿什本的勞登郡學區董事會會議上，一位母親在會上發言，她幾乎哽咽著說：「我六歲的女兒滿臉嚴肅地問我，她是不是因為是白人而天生是壞人——這是她在學校的歷史課上學到的。」[1]

我在家裡看到這一幕、聽到這些話時，胃裡一陣翻騰。因為這讓我不由得想起五十多年前，在中國，八歲的我也曾經歷過類似的一幕。

如今，全美有數百萬學生正在被傳授一個新概念：他們「生而有罪」。這些年輕人中，許多人容易受影響、被洗腦，並被灌輸所謂的「進步」思想。他們的共同點是什麼？僅僅因為他們天生白皮膚，他們就被認為要對美國四百多年前發生的種族罪行負責。那時黑人被黑人奴隸販子賣給歐洲的白人奴隸販子，並被運往美國。而且，「所有」白人——無論這些白人或他們的祖先是否曾反對奴隸制或吉姆・克勞法，或者他們是否在內戰和吉姆・克勞時代後才來到美國——都要為系統性壓迫和對有色人種的固有種族偏見負責。批判性種族理論並沒有提倡改善有色人種的生活，相反，它教導他們認為自己是受害者，天生受到系統及其白人同胞的壓迫。將批判性種族理論引入美國學校課程的目的只有一個——分裂美國社會。

而中國的文化大革命，正是一場分裂社會的運動。毛澤東透過階級鬥爭理論將中國社會分為壓迫者和被壓迫者，這一做法基於「出生原罪」的馬克思主義概念。在文化大革命中，忠誠而殘酷的紅衛兵所向披靡，奪取了各級黨群機關的權力。學校被迫關閉，我們整日看著紅衛兵舉行鬥爭大會，一場接一場，稍後章節中我會更詳細地談到他們。那時我們小孩子把紅衛兵視為權力的象徵和崇拜的對象。而後，年紀尚小、無法成為紅衛兵的孩子們，也自發組織成為「紅小兵」，並佩戴自己的徽章。我所住的大院號召我們加入「紅小兵」。我迫不及待地回應，向隊長申請加入。隊長是我的鄰居，年齡不過十二歲。

「我想加入。」我對她說。

她回答我：「我們必須查妳的家族背景，追溯三代，確保妳是根紅苗正的。」

我自信滿滿，覺得自己完全符合這個條件，於是帶著這位小紅衛兵隊長去見我的母親，請她向這位小隊長確認我們家的階級成分。面對這個小女孩的提問，我母親隨後緩緩地告訴她，我的祖母是地主。這使得我和家人站到了革命的「對立面」。

母親說出這些話的瞬間，我的心像石頭一樣沉了下來。這種感覺與五十多年後，我在美國舒適的家中，觀看電視上那位年輕美國母親講述她小女兒的經歷，以及小女兒提出那個令人不安的問題時，感覺一模一樣。這簡直令人難以置信。我難以相信在美國的學校裡，一個小女孩會被告知她因為膚色「生而有罪」。

當得知自己出身「黑五類」（那些被毛澤東視為國家敵人的群體，包括地主、富農、反革命、壞分子和右派）時，那一刻對我打擊極大。我感到世界瞬間崩塌了。我立即哀求那位紅小兵隊長不要告訴其他孩子，但她無情地拒絕了我的懇求。當我們一起走到外面時，她毫不遲疑地向周圍一群紅小兵大聲喊道：「她的奶奶是地主！」

那天，勞登郡的小女孩所感受到的，正是我五十多年前作為小學生時的感受——我天生被視為惡人，只不過不是因為種族，而是因為我奶奶的階級出身。

毛澤東利用他的階級鬥爭理論（CCT）來分裂中國人民，而種族批判理論（CRT）只不過是毛澤東階級鬥爭理論的修訂版，同樣是用來達到分裂的目的，是為了分裂美國人民。CCT和CRT在目的上如此相似，這絕非歷史的巧合或奇特現象。它們都源於相同的理念——馬克思主義。

＊ ＊ ＊

如果你想分裂一個家庭、組織甚至一個國家，你需要製造衝突。這是透過操控來實現的。透過操控製造衝突正是馬克思主義的核心內容。經典的馬克思主義透過將富人和窮人劃分為剝削者與被剝削者、壓迫者與被壓迫者，或惡人與受害者，來操縱階級衝突。而新馬克思主義，或稱文化馬克思主義，不僅需要階級衝突，還需要身分衝突。一旦這種分裂形成，馬克思主義菁英們便可以隔山觀虎鬥，趴橋看水流。

以下是我對馬克思主義者透過製造衝突來助長分裂的典型步驟的一些看法：

- 識別可用於將人們分化成對立陣營的因素。
- 煽動仇恨，妖魔化、去人性化那些被定義為「惡人」的群體。
- 發動針對所謂「惡人」的政治運動。
- 利用分裂性敘事，維持群體之間長期的對立和衝突狀態。

你可以聯想或是查看一些當今美國的新聞，就能輕而易舉找到這些步驟的例子，就像跳針的唱片會不斷重複播放一段歌曲一樣，這些製造衝突的步驟也一次又一次老調重彈。

一九六六年的中國文化大革命，並不是毛澤東第一次運用馬克思主義的分裂策略。自一九二一年中國共產黨成立以來，毛澤東和中共便不斷使用這種分裂手段來達成其政治目的。分裂是馬克思主義的關鍵要素，實際上，它根植於馬克思主義的基因裡。

在馬克思主義階級衝突理論的指導下，毛澤東早在一九二五年就對中國社會的階級結構進行過深入剖析，以解決當時最為緊迫的問題：「誰是我們的朋友？誰是我們的敵人？」他在一九二六年撰寫的一篇題為〈湖南農民運動考察報告〉的文章中，詳細報告了他的分析結果。他將整個中國社會劃分為五個主要階級，並進一步細分為多個次級分類：

- 地主和買辦階級
- 中等資產階級
- 小資產階級
- 半無產階級
- 無產階級

毛澤東總結道：地主和買辦階級，包括中等資產階級的右翼，都是革命的敵人。而其餘的都是革命的支持者。這條界線被清晰地劃定了。階級和階級鬥爭成為了毛澤東贏得革命和未來統治中國人民的指導原則。

毛澤東對各個階級進行了量化評估，他認為中國有五百萬人屬於敵對階級，而剩下的三億九千五百萬人是他的盟友。至少在書面上，這是一股壓倒性的多數力量。毛甚至粗俗地說，三億九千五百萬人的唾沫足以淹死那五百萬敵人。

毛澤東對各階級的定義及其比例劃分，成為了中共後來獲取並鞏固政權的行動綱領。中共承諾會將來自百分之一群體的土地和財產免費分配給其三億九千五百萬「盟友」，藉此成功贏得了他們的支持，並在一九四九年取得了革命的勝利。

值得注意的是，毛澤東所說的百分之一（實際上是百分之一．二七）對百分之九十九的比例，恰好對應伯尼．桑德斯（Bernie Sanders）關於百分之一與百分之九十九的論點。這難道只是巧合嗎？

一九四九年執政後，毛澤東和中共發動了第一個大規模運動——土地改革運動（一九五〇—一九五二年）。為履行對百分之九十九的人民的承諾，他們決定沒收地主的土地並重新分配給貧苦農民。然而，土地改革遠不僅僅是土地的重新分配，它還是一場旨在透過階級劃分對中國人民進行系統性分化的政治運動。

對整個農民階級進行分類，是毛澤東和中共的主要任務之一。早在一九二五年，毛就已經研究了具體方法，並在一九四九年前，於中共占領的解放區試行了這些策略。他們早已對如何開展這場運動駕輕就熟。事實證明，土地改革中採用的手段又被多次反覆運用於後續的政治運動中，包括文化大革命。

中國農民被劃分為五類：

- 地主：收入完全依賴於收取佃農租金。
- 富農：自己耕種土地，並僱傭長工協助農作。
- 中農：擁有自己的土地，並自給自足。
- 下中農：擁有土地，同時靠著幫其他地主打工補充收入。
- 無產階級：沒有土地的農民。

這五個類別將人群劃分為兩派：地主和富農是壓迫者，被貼上「黑五類」標籤；貧窮和中等及以下的農民則是被壓迫者，稱為「紅五類」。這些標籤決定了一個人在新成立的中共政權當中的敵友身分，並成為個人的固定身分標識。這些標籤一旦被賦予，不僅具有強制性，還具有世襲性，出生即被繼承，成為與生俱來的身分。

這場運動原本計畫是和平進行的，只是書面方案中的內容，但毛澤東卻另有盤算。他戰略性地操縱民眾互相爭鬥，藉此實現他分裂和控制的目標。毛澤東和中共本可以採用和平的行政手段重新分配土地，但他們的動機，和為了中國的發展而進行利國利民的土地重新分配毫無關係。毛澤東有兩個目標：第一，消滅地主階級；第二，喚醒和提高貧農的階級覺悟，使其習慣與敵對階級作鬥爭。貧民必須參與到與他們階級敵人的鬥爭中，才能獲得土地。簡單來說，毛澤東實際上是在告訴他們，土地可以給你們，但你們必須為此戰鬥，甚至可能為此殺戮。

土地改革由中共工作隊執行。他們的重要任務之一是指導村民如何參與「階級鬥爭」，中共相信透過這種方式，農民會成為堅定的共產主義追隨者。我不得不將他們與當今在我們機構中工作的DEI官員進行比較。

在傳統的中國鄉村，村落主要是由宗族組成，地主和貧農往往是親戚。為了打破這個局面，中共工作隊必須激發窮人對富人的仇恨。

以下是中共激發仇恨的一些策略：

- **引導農民找出他們貧困和痛苦的根源**。「訴苦」是一種有效的方法，能讓貧農在批鬥會上講述他們的苦難和不滿，並將其歸咎於富人。這樣一來，窮人和富人兩個對立的陣營逐漸形成，成了「我們」與「他們」的鬥爭局面。
- **把苦難首先轉化為憤怒，然後轉化為仇恨**。從「苦難」到「憤怒」的過程，也就是讓農民自然而然地從簡單抱怨轉向渴望復仇，從傾訴轉向行動。這是工作隊的任務，引導農民去「發現」他們苦難的根源，激發他們的憤怒，再把憤怒轉化為仇恨，最終演變成暴力行動。
- **將個人恩怨轉化為階級仇恨**。對於許多農民來說，「階級仇恨」這個概念過於抽象，於是，中共工作隊鼓勵這些農民把對地主或富農的個人怨恨上升為階級仇恨。在土地改革運動中，個人恩怨往往是暴力行為的起因。[2]

中國不像美國以不同膚色來區分人們，而是讓村民們佩戴不同顏色的布條來標明他們所屬的階級。地主佩戴白色布條，富農是粉色，中農是黃色，而窮人則驕傲地展示他們的紅色布條。[3]

中共還將地主和富農妖魔化為殘暴的惡徒，藉此煽動仇恨。敵人一旦被去人性化，對他們進行羞辱、虐待、折磨甚至殺害便顯得更加正當。在「批鬥會」之後，村裡的「人民法庭」會宣布死刑、監禁、強制勞動等判決。[4]

關於土地改革期間被殺害的地主人數，雖然難以準確統計，但一些中國學者估計多達五百萬。有些學者稱這種屠殺為「階級滅絕」，相當於對富人階層的種族滅絕。

我的母親是一名中共幹部，她曾告訴我，她作為中共宣傳隊成員去鄉下支持土地改革的經歷。當時宣傳隊透過各種文藝表演，鼓勵農民參與階級鬥爭。表演都是在一場批鬥和公審大會結束後進行的，剛剛被處決的「階級敵人」的屍體則堆放在舞臺前。

諷刺的是，在暴力土地改革的僅僅六年之後，國家透過另一個運動——人民公社運動，重新收回了所有分配給農民的土地。這時，許多人才意識到自己被中共欺騙了。這不是第一次，也不會是最後一次。

為了使「階級」這個外來概念更容易為群眾接受，毛澤東和中共充分利用媒體來宣傳階級和階級鬥爭。階級鬥爭以及對階級敵人的仇恨，成為所有媒體、文學、藝術和娛樂的主要主題，這些內容共同助長了仇恨和分裂的火焰，也令其持續燃燒。所有中共的「娛樂」宣傳，都把地主描繪成邪惡的象徵和窮人苦難的根源，目的是洗腦民眾，特別是年輕人，讓他們學會仇恨，並不斷與階級敵人鬥爭。作為一個小女孩，我與數百萬中國人一樣，無數次觀看這些節目，甚至熟記每個情節。

《白毛女》是其中的一個典型例子（一部歌劇、電影，後來改編為芭蕾舞劇）。故事講述了一位父親因無力償還債務，不得不將他唯一的女兒喜兒賣給地主黃世仁。喜兒的父親因絕望而自殺，喜兒被迫成為了那惡霸地主的丫頭，受盡欺淩並被強姦。喜兒最終逃離了黃家，躲在山裡過著像野獸一樣的生活，她的頭髮也因此變白了。村民們偶爾見到她，稱她為「白毛仙姑」。後來，中共解放了村莊，喜兒被解救回到了村子裡，而黃世仁則被鬥爭並處決。故事的寓意是，地主階級的邪惡是無產階級苦難的根源，而中共則是中國人民的大救星。

所有的宣傳都旨在增強中國人民的階級意識，並激發對黑五類的仇恨。在我年幼的認知裡，我完全相信黑五類是壞人，他們理應被視為人民公敵。

事實是，大多數中共創始人，包括毛澤東、周恩來和鄧小平，都來自地主和富裕家庭。正因為如此，他們才有機會接受教育，並有時間和眼界來思考在中國發動革命的可能性並加以推動。他們深知自己的父輩和祖輩如何積累財富和獲得土地，而這種背景使他們更清楚如何透過土地改革分化社會，操縱民眾。

一九三七年，美國進步記者愛德加·史諾（Edgar Snow）出版了一本極具影響力的書《紅星照耀中國》（*Red Star Over China*；舊譯《西行漫記》），書中包含了對毛澤東的採訪。這位中國領導人在採訪中談到了他父親和家世背景。

毛澤東年少時，他們一家五口擁有大約四英畝地，也就是將近四千九百坪大的農田，足以提供他們所需的稻米，甚至還有盈餘。後來，他父親開始經營穀物交易，帶來了額外收入。隨著家境好轉，漸漸成為「富」農之後，他的父親將大部分時間花在生意上，並僱傭了農工來打理農務。毛澤東回憶道：「我們家吃得很節省，但從不缺糧食。」[5]

毛澤東父親的故事頗為典型，展現了一個普通農民如何透過辛勤勞動、節儉生活和精明的商業頭腦逐步積累財富。毛澤東並沒有指責他父親靠剝削或壓迫不幸的人來致富，因為事實是根本不存在剝削和壓迫。然而，毛澤東卻迫使中國人民相信獲得財富的唯一途徑，是剝削和壓迫窮人。在共產主義的體系中，財富被視為原罪。

我的祖母出身於一個富裕家庭，她的嫁妝頗豐，包括大約十七英畝、也就是兩萬多坪的土地。她與我祖父的婚姻並不幸福。生下四個孩子後，我祖父離開了她，後來又娶了三房妻妾。為了養活這四個孩子，她只能把土地租出去。因此，她被劃為地主，土地和房產都被沒收。幸運的是，她早在土改前幾年便搬到了西安，躲過了批鬥大會和暴力的劫難。然而，她的孩子和孫輩，包括我在內，都未能逃脫被貼上「黑五類」標籤的命運。

土地改革之後，接踵而至的是所謂的「公私合營」運動，旨在將所有的私營企業和工業國有化。與此同時，階級劃分也擴展到城市人口。「階級成分」被規定需追溯至三代。這意味著每個中國人都被分配了一個標籤——一種基於家庭出身的政治身分。這個標籤成為所有政府檔案上的必填資訊，類似於在美國填寫表格時標註的種族資訊。我二十六歲以前、仍在中國的時候，填寫過許多政府表格。有些表格需要填寫兩代的階級成分，有些則需要三代。按照前者，我的階級成分是「革命幹部」，若按照後者，則是「地主」。

毛澤東在承諾實現公平的同時，將中國社會劃分為兩個永久的階級：紅色階級和黑色階級。在他的論文《論人民民主專政》中，毛澤東宣稱，紅色階級將執行人民民主專政，即剝奪黑色階級的一切權利和尊嚴。「人民」的稱謂如今僅限於紅色階級使用，而「階級敵人」或簡稱「敵人」則專門指黑色階級，因此對黑色階級的任何暴行都被認為是正當的。當紅色階級逐漸上升為主導地位時，愈來愈多人發現自己被劃入了黑色階級。這並不是因為他們的階級出身，而是因為他們未能緊跟著黨的步伐，與黨的指示保持一致。如果被發現持有錯誤的立場或世界觀，即資產階級立場而非無產階級立場，他們可能會被剝奪紅色階級的身分，進而被打入黑色階級，成為人民的敵人。畢竟，階級不過是中共的一個工具，本質上是關於意識形態的問題。

透過無休止的政治運動，黑色階級中增加了更多的分類：右派、反革命分子和壞分子。在文化大革命期間，黑色階級的分類又進一步擴展：叛徒、內奸、走資派，以及最後的第九類，知識分子。知識分子也被稱為老九，更流行的稱呼是「臭老九」。

了解毛澤東對中國造成的結果後，我們更容易看清進步派在美國所做的事情如出一轍。這絕非偶然，毛澤東和進步派都是馬克思主義的追隨者，毫無疑問，毛澤東是當今美國馬克思主義者的靈感來源。這一事實令人感到不安。

我們早已知道，試圖單純透過階級來分裂美國人、擊垮美國，這是行不通的。然而，進步派有一個更有效的工具：身分馬克思主義。在所有身分中，沒有哪個身分比種族這一不可改變的特徵更具威力。馬克思主義者已經長期利用美國歷史上曾存在奴隸制度以及深刻的種族矛盾問題，來作為他們鬥爭的策略。

種族批判理論CRT正是為美國量身訂做的。它將美國人粗略地分成兩個對立的群體：白人和非白人。歷史上被視為「黑人」的種族類別變得更加擴展，涵蓋了所有非白人，形成了新的術語BIPOC（黑人、美洲原住民和有色人種）。這種獨特的分類在美國產生了兩個效果：分裂和團結。它意在將美國白人單獨分離出來，並「團結」所有少數民族和有色人種，以形成共同對抗白人的團結力量。

關於CRT的起源和複雜發展，已有許多文章、評論和書籍。而我對它的理解則源自於我對毛澤東的階級鬥爭理論（CCT）的認知。這是一種世界觀，一副看待世界的眼鏡。透過CCT這副眼鏡，所有事物都被歸結為階級問題；而透過CRT的鏡片，所有事物則被簡化為種族問題。著名作家黑人卡羅爾・斯溫博士（Dr. Carol Swain）稱其為「一種根本上帶有種族主義色彩的世界觀」。[6]

詹姆斯・林賽是致力於反對當代文化馬克思主義最有影響力的批評家之一，他在其新書《種族馬克思主義：關於批判性種族理論和實踐的真相》（二〇二二）中，將CRT稱為「種族馬克思主義」。這種說法非常合理，因為種族批判理論確實是馬克思主義的一種變體。這並非巧合，而是經過深思熟慮的策略。

美國著名的種族批判理論宣揚者之一，羅賓・狄安吉羅（Robin DiAngelo），她是《白色脆弱：為何白人難以啟齒談論種族歧視》（*White Fragility: Why It's So Hard for White People to Talk About Racism*）的作者。她認為一個人的種族決定了其世界觀。在她看來，「白人」是一種立場，是一種視白人及其利益為中心、並將其代表整個人類的立場。[7]狄安吉羅試圖傳遞的核心思想是，白人因為他們的「白人立場」而天生是種族主義者。而且，無論是否是白人，只要持有「白人立場」或「像白人一樣思考」的人也是種族主義者。

那些敢於直言的黑人保守派，常常被詆毀為「湯姆叔叔」或「白人至上主義的黑臉」。二〇二一年十一月，喬治城大學教授邁克爾·艾瑞克·戴森（Michael Eric Dyson）上了喬伊·里德（Joy Reid）在MSNBC頻道的節目《里德觀點》（The ReidOut），戴森教授口頭抨擊了他的非裔美國同胞溫森·西爾斯（Winsome Sears），而西爾斯才剛在維吉尼亞州副州長競選中取得歷史性的勝利。戴森說，西爾斯「張著黑人的嘴，但放出來的話全是為白人辯護」。[8]顯然，戴森攻擊的是西爾斯的保守信仰，換句話說，是她的「白人立場」。不難看出，種族批判理論的應用遠不只是對種族問題的批判性分析。更深層次上，這是關乎政治意識形態的，正如毛澤東用他的階級鬥爭理論對待異議者一樣。（保守派的非裔最高法院大法官托馬斯、經濟學家索維爾都被左派攻擊為：不配做非裔美國人。）

進步派確實為「種族主義者」提供了救贖之道：放棄「白人立場」，並接受「種族批判理論」的馬克思主義種族立場。進步派認為，光是不做種族主義者是不夠的，還必須成為反種族主義者。要成為反種族主義者，必須遵循伊布拉．肯迪（Ibram X. Kendi）在《如何成為反種族主義者》（*How to Be an Antiracist*）一書中的指導，每日透過可量化的具體行動對抗種族主義。毛澤東也有類似觀點：如果你出身「黑五類」，仍然可以被拯救，但前提是必須與家庭劃清界線，懺悔自己的罪過，致力於學習馬克思主義和毛澤東思想，並澈底改造自己的思想。

這正是白人自由派（被中國網友稱為「白左」）正在做的事。根據《洛杉磯時報》報導，許多與全國有色人種促進會（ＮＡＡＣＰ）合作的白人名人藉由「對種族主義承擔責任」來宣稱自己是反種族主義者。在喬治．佛洛伊德去世後，娛樂界人士莎拉．保羅森（Sarah Paulson）、亞倫．保羅（Aaron Paul）、克莉絲汀．貝爾（Kristen Bell）、凱莎（Kesha）、賈斯汀．塞洛克斯（Justin Theroux）、戴博拉．梅西（Debra Messing）和茱莉安．摩爾（Julianne Moore）等人據稱與ＮＡＡＣＰ合作，製作了一段影片之後公開發表，內容是譴責警察暴行並反思他們所享有的「白人特權」，藉以支持「#ITakeResponsibility運動」。[9]該影片傳達的核心資訊很明確：如果你是白人，你生來就背負「白人特權」的原罪，你就要對警察暴力以及那些與你膚色相同的人所犯的罪行負責。

我在來到美國後很快就發現，我從曾經被認為是壓迫者的「黑五類」後代，神奇地變成了被壓迫、處於邊緣的少數群體成員，美國版的無產階級。令我沮喪的是，最近我——依然是那個未曾改變的人——發現我的受壓迫身分被那些曾賦予我受害者身分的進步人士降級為「類白人」*，原因是什麼呢？因為美國的亞裔太成功了——即使亞裔只是憑藉自己的勤奮努力成為中產階級。

儘管種族批判理論策略取得了一定成功，但進步派知道，僅僅依賴種族馬克思主義最終仍不足以分裂美國人民。畢竟，我們是一個自由的國家，是世界上最偉大的憲政共和國。相比於毛澤東和中共在中國的情況，美國的馬克思主義者要想強行分裂人民，將面臨更大的困難。毛澤東面對的是從未有過任何權利、只懂得忍受殘暴統治的人民。要使群眾服從並保持他們受控制，在中國並不複雜，而在美國則複雜得多。

進步主義者依靠馬克思主義的身分政治，透過不斷擴展各種人為製造的「身分」清單來保持其影響力。他們不會停止增加新的身分。如果沒有這些身分來將美國人分成各種群體，他們實際上就會失去影響力。

* 白人體制下的既得利益者。

以下是當今左派用來分裂美國人的一些「身分」：

- **階級對立：**窮人對富人。曾參選美國總統的左派參議員伯尼．桑德斯是宣揚階級對立的典型代表，類似於毛澤東著名的階級鬥爭。桑德斯在推特上說道：「歸根結柢，百分之一的人可能擁有巨大的財富和權力。但他們只是百分之一。當百分之九十九的人團結起來，我們可以改變社會。」[10]
- **性別對立：**女性對男性。歐普拉．溫芙蕾在她二〇一八年金球獎的演講中總結道：「一些獨斷專行、推崇父權主義的男人，破壞了我們的文化，其受害者不僅在演藝界，還涉及社會各個層面的女性。」[11]我可能還得補充一句：男性，尤其是白人男性，已經被視為敵人。
- **性取向對立：**LGBTQQIP2SAA（名稱不斷擴展）與異性戀者。無論這些群體內的個人是否認同，所有非傳統異性戀者，都被進步主義者歸為一個不斷擴展的標籤之下。他們共同的敵人據說是「施加壓迫」的異性戀者。
- **性別認同：**跨性別者、順性別者、非二元性別者等三者之間的分歧。性別認同的分裂是目前最令人困惑的文化馬克思主義新創物。它始於順性別者（那些性別認同與出生時的性別一致的人，包括同性戀和異性戀）與跨性別者（那些性別認同與出生時的性別不一致並希望轉變性別的人）之間的分歧。如今，分裂已經超越了跨性別，超越了男女的範疇。據《今日醫學新聞》（Medical News Today）報導，專家告訴我們：「性別認同的數量不是固定的，它存在於一個有無限可能性的光譜上，每個人可能會在光譜上的某個點感覺最舒適和準確，並且這一點可能會隨著時間而變化。」[12]在紐約市已經出現了官方認定的五十多種性別認同。

- **宗教：**非基督徒與基督徒之間的對立。基督教被認為是壓迫性的，進步主義者對那些在信仰上頗為頑固排他的信徒的最新標籤是「基督教民族主義者」。在第八章中，我將更詳細地討論這個話題。
- **身體能力歧視：**殘疾人對健全人。一九九〇年，國會透過《美國身心障礙者法》以保護殘疾人免受歧視。然而，殘疾似乎已經成為了一種政治身分。二〇二二年十月，NBC新聞採訪了當時的賓夕法尼亞州民主黨參議員候選人約翰・費特曼（John Fetterman），他在當年五月經歷了中風。NBC新聞因報導費特曼在對話中有困難且需要字幕說明來完成採訪，而被指控「能力歧視」（ableism）。只有在「覺醒主義」的時代，質疑政治候選人的健康狀況及其勝任能力，才會成為禁忌話題。[13]

- **年齡歧視**：老年人對年輕人。類似於殘疾人，我們也有法律保護老年人，如一九六七年的《就業年齡歧視法》。但這並不意味著我們無權質疑世界上最重要職位的持有者——美國總統的心智能力。當記者報導拜登屢次出現口誤並將其與年老體衰聯繫起來的時候，他們就會被稱為「年齡歧視者」。[14]
- **體重**：胖子對瘦子。如今，超重不僅成了一種受害者身分，而保持健康的體態反而被視為壓迫的象徵。
- **公民身分**：移民對本土出生者。移民身分似乎成了一種新的優勢。根據進步派的分裂敘事，作為新移民的「固有受害者」身分，已經被納入了受壓迫的範疇。
- **政治派別**：進步派對保守派。這不僅只是政治觀點的不同。CNN主持人唐·雷蒙（Don Lemon）公開譴責整個共和黨，稱媒體必須把共和黨視為社會的威脅，絕不可對他們「姑息縱容」。[15]如今，保守派現在發現自己被視為壓迫者。
- **職業**：這是分裂美國人戰略中的新發展。如今某些職業被認為是邪惡的。進步主義者試圖說服我們，任何從事執法工作的人（如警察、邊境巡邏人員、美國移民及海關執法局等），本質上是種族主義者、白人至上主義者或壓迫者。前任美國副總統賀錦麗甚至曾在參議院聽證會上，將公眾對美國移民及海關執法局的看法，與三K黨作比較。[16]

- **疫苗接種狀態**：接種者對未接種者。這是分裂民眾的最新手段，儘管不一定是最後一個。那些質疑新冠疫苗並拒絕接種的人，被視為對社會安全的威脅。拜登威脅說：「我們一直很有耐心，但我們的耐心正在耗盡。而你的拒絕讓我們所有人付出了代價。」[17]

上述名單遠未窮盡。毋庸置疑，更多的標籤將接踵而至，因為進步派發現了一座身分創造的金礦：跨________（請自行填充）。只要一個人認同自己是任何他們想要的身分，就能算作受害者。

得益於交織性（intersectionality）的概念，身分類別將會不斷增加。這個術語是由哥倫比亞大學和加州洛杉磯大學的法律教授金柏莉．克雷蕭提出的。交織性的初衷是為了說明個人的受害者身分取決於其身分交錯的程度。此外，交織性還可以作為一個衡量個體受壓迫程度的指標。例如，女性因其性別而成為受害者，但是，黑人女性則因其性別和種族，成為雙重受害者。

克雷蕭在一次採訪中解釋道：「交織性是一個分析的視角，透過它可以看到權力的起源及其衝突之處，它如何交織並相互作用。現實情況不僅僅是『這裡有種族問題』、『那裡有性別問題』、『某處存在階級或LGBTQ問題』。很多時候，這種固定的框架掩蓋了那些同時面臨這些問題的人所經歷的事情。」[18]你注意到她使用的詞彙「視角」了嗎？沒錯，所有身分意識形態都只是我們選擇或者被引導用來觀察世界的視角。

交織性概念的提出和發展，會無休止地加劇人們之間的分裂，並削弱我們的社會凝聚力。例如，在女性主義者中，現在已經出現了白人女性主義者和黑人女性主義者的分裂，此外還有女同性戀者、跨性別女性主義者與異性戀、順性別女性主義者的分裂。

此外，交織性還創造了一個美國版的政治種姓制度。根據交織性的理論，一個白人男性，順性別，身體健全，保守派，中產階級，基督徒，從事執法工作且未接種疫苗，他沒有任何交織性，他的交織性等於零！這意味著他處於政治階梯的最底層，因為他被視為終極壓迫者，並且會成為進步馬克思主義者首當其衝的攻擊目標。與之相對的，新的政治種姓體系中，等級最高的可能是跨性別者、黑人、殘障人士、貧困者……或者是一位BLM活動家，僅憑這一身分就擁有巨大的影響力和免責特權。就像在毛澤東時代的中國一樣，最「受壓迫」的人如今反而擁有最高社會地位的優越感。

按照交織性理論的原則，我估計我在這種體系中的地位如下：

• 我是女性：+1.0
• 我是移民：+1.0
• 我是亞裔：+1.0
• 亞裔「類白人」：-0.5
• 我是老年人：+1.0
• 我是順性別：-1.0
• 我是異性戀：-1.0
• 我身體健全：-1.0
• 我沒有接種疫苗：-1.0
• 我是中產階級：-1.0
• 我是保守派：-1.0

這讓我得到了一個交織性分數：負二點五分！我確信我還可以繼續打分，但我想你已經看明白了。很有意思的是，我在CCT和CRT體系中的評分結果都表現不佳。

來思考一個交織性的問題：我們如何看待一個貧窮的白人？政治上幾乎總是有爭議的極

左派女演員珍・芳達（Jane Fonda）曾在CNN的一次採訪中向黑人主持人唐・雷蒙聲稱：即使是最貧窮的白人也仍然擁有特權[19]。而根據celebritynetworth.com網站的數據，主持人唐・雷蒙是一位黑人百萬富翁，淨資產為一千兩百萬美元。然而，千萬別搞錯了，按照進步派馬克思主義者的觀點，雷蒙先生依然是受壓迫者。克雷蕭的交織性理論譜系毫無疑問地都表明這一點。

交織性是馬克思主義者取之不盡、用之不竭的禮物！

我曾經發過這樣一條推文：「納粹按民族、種族和宗教劃分人。共產主義按階級劃分人。而『覺醒主義』不僅兩者兼具，還遠遠超越！」這是我們當前所面對的悲哀現實。

然而，中國共產黨和覺醒主義思想之間存在著一個區別。毛澤東總是讓多數人反對少數人，雖然少數人不斷變化。他最喜歡的核心術語是「群眾」。他寫了大量關於如何組織、動員和激勵群眾的文章。他相信透過控制群眾可以實現他的政治目標。「覺醒」的進步主義者恰恰相反，他們讓少數群體對抗多數群體。正是因為這個原因，進步主義者必須不斷地，積極地創造新的受害者身分，透過交織性理論來持續擴展受害者陣營。

為了激勵這些「受害者」作鬥爭，進步主義者靠著對「壓迫者」的妖魔化和去人性化，來煽動對他們的仇恨。這種方式為最終的暴力行為奠定了基礎。正如我在中國土地改革運動的例子中展示的那樣，毛澤東是這一策略的大師，而美國馬克思主義者證明了自己是優秀的學生。

就像毛澤東和中共所做的那樣，美國的主流媒體和娛樂產業歷經「長征」多年，已經逐漸被進步派控制。它們儼然成為中共式的宣傳機器，透過操縱手段，推廣進步派的政治意識形態，並影響大眾的觀點。新聞媒體非常成功地構建了一種敘事，即白人至上主義是我們所有問題的根源，執法部門本質上、系統性地存在種族主義，警察可以不受懲罰地追捕並槍殺無辜、未攜武器的黑人男性。他們還不斷強化這樣的認知：LGBTQ+群體成員生活在一個持續受迫害和邊緣化的世界中。他們將保守派描繪成極端分子、國內恐怖分子和對民主的威脅。他們的目的，你現在肯定已經了解了，就是激發仇恨。

左翼最為憎惡的，無疑是川普。我們許多人腦海中至今仍深深印著一幅畫面：喜劇演員凱茜・格里芬（Kathy Griffin）舉著一具當時在任總統川普的血腥假人頭，彷彿他被斬首。為什麼如此憎恨他？因為川普被視為白人至上主義的典型代表，甚至被比作法西斯和希特勒，成了頭號公敵！但真正的原因是，川普被進步派視為推進馬克思主義議程的最大障礙。

自從進入白宮以來，拜登就一直在煽動仇恨。他在二〇二二年九月一日於費城獨立廳的演講就是一例。在演講中，他明確點名並攻擊了他的敵人，即川普的支持者，MAGA共和黨人，稱他們為這個國家的威脅，是對我們民主制度的「明顯而現實的危險」。[21]一旦確立了敵人，下一步顯然就是執行馬克思主義中的「無產階級專政」。站在拜登身後兩位海軍陸戰隊榮譽警衛，配上血紅的背景，似乎都在傳達這一點。

這種對持不同政治觀點的美國同胞的仇恨，與當年中國農民在土改期間被煽動起來殺害地主，以及後來紅衛兵殺害老師和其他「反革命分子」的仇恨，正是同一種仇恨。這是一條非常危險的道路，而我們正在這條路上前行！

中共和進步派的掌權者都各自是他們時代的菁英。他們透過分裂社會，讓人們與自己所屬的群體對抗。中共菁英妖魔化地主和有產階級，但他們大多數人實際上也是這一階級中的成員。而幾乎所有美國進步派菁英也是白人。他們並不是簡單地背叛或悔恨自己的階級或種族，而是在利用分裂的馬克思主義策略來獲取權力。

在毛澤東時代的中國，每個人都試圖聲稱自己處於最低的社會地位。成為其他任何階級都會讓他們被歸入「黑五類」，成為毛澤東和國家的敵人。財富成了不幸和痛苦的根源。

我們在美國也看到了類似的現象。「白人身分」被視為一種新的「原罪」，一種令人羞恥並需要否認的身分。有些白人甚至謊稱自己屬於歷史上被邊緣化的群體。

二〇一五年，瑞秋·多爾扎爾（RachelDolezal）辭去了NACCP華盛頓州斯波坎分會的領導職位。她曾宣稱：「我認同自己是黑人。」但實際上並非如此。[22]麻薩諸塞州進步派參議員伊莉莎白・華倫（Elizabeth Warren）也是一個例子，她曾自稱美洲土著。[23]這些偽裝者覺得有必要自我認同為受害者，因為他們知道這樣做帶來的好處和特權；我稱之為「受害者特權」。

分而治之是一種古老的策略，甚至比馬克思主義還要古老。但正是文化馬克思主義將其發展到極致，並將其武器化，以實現摧毀美國的目標。美國歷史上曾經只有一次如此嚴重的分裂，而這次的分裂則更加深入，已經破壞了我們的社會甚至家庭。人們似乎彼此仇視，將身邊的美國同胞視為敵人。這正是美國馬克思主義者所希望的。然而，分裂只是其摧毀美國的宏大計畫的一部分。在餘下的章節中，我將努力揭示整個陰謀。

第六章・紅衛兵：革命的突擊隊

我依然記得那些聲勢浩大的紅衛兵集會。那是一九六六年，文化大革命剛剛拉開帷幕不久。在我的家鄉成都，由於那時還沒有電視，我們是在戶外的大銀幕新聞簡報上觀看毛主席在天安門城樓上接見紅衛兵。對年幼的我而言，這一切是如此激動人心。

想像一下，一個小女孩，看著那些比自己大不了幾歲的孩子們激動地一遍又一遍地高呼：「毛主席萬歲！」這些年輕的紅衛兵手中揮舞著《毛主席語錄》（即《小紅書》），淚水在臉頰上流淌。在這種氛圍的感染下，我幼小易受感的心靈也被完全吸引了，我多麼渴望能成為這個歷史性運動的一分子、成為他們中的一員紅衛兵啊。當時的我哪裡知道，等待我的將是多麼慘痛的大革命。直到今天，毛主席在天安門城樓上向紅衛兵揮手的畫面仍然縈繞在我的腦海中——這個標誌性的場景已經成為那個時代的象徵。

要發動革命，就需要革命戰士。列寧和毛澤東都透過動員無產階級來贏得他們的暴力革命。這些革命者是手持武器的戰士；但對於文化革命來說，需要的是另一種革命戰士。他們的武器並非刀槍，而是用意識形態武裝自己——馬克思主義的意識形態。毛澤東的革命戰士，是他從公立學校裡精心培養出來的學生娃娃，也就是紅衛兵。有趣的是，美國的進步派也有他們的革命者，來自同樣的地方：公立學校。他們自稱是「社會正義」的戰士，可以說他們是美國版的「紅衛兵」。

毛澤東是中國文化大革命的設計師和推動者，但如果沒有紅衛兵，這場運動就不會發展成後來的樣子。如果沒有這些年輕人占領學校、在社會肆意橫行、用恐嚇手段製造恐慌，並最終推翻了整個中共官僚體系，文化大革命就不會如此暴力和殘酷。紅衛兵與文化大革命密不可分，成為其代名詞。

那麼，紅衛兵究竟是誰？他們主要是一群青少年，從普通學生轉變成了無法無天且極具破壞力的政治打手。他們是毛澤東的執行部隊，在他們意識裡，除了毛主席之外無需聽命於任何人——而且也沒有任何人有權阻止他們。他們沒有接受過系統性的訓練，沒有正規組織，更談不上道德約束——他們已經被澈底洗腦。換句話說，他們是完美的政治工具，被利用來實現特定目的而不自知。

文化大革命這場政治運動，是透過中共中央發布的「五一六通知」正式啟動的，那是一九六六年五月十六日發布的一個重要文件。這份通知明確提出了發動革命的目標，即「清除黨內走資本主義道路的當權派」——也就是打倒那些被認為偏離社會主義道路的黨內領導人。

幾天後的五月二十五日，北京大學校園裡出現了一張大字報，直接抨擊學校黨委和北京市委，指責他們壓制教職員工和學生參與文化大革命的熱情。毛澤東稱讚這張大字報為「全國第一張馬列主義大字報」。隨後，中共的官方喉舌——中央人民廣播電臺，向全國播出了這張大字報的全文，引發了全國範圍的造反浪潮。[1]作為回應，北京各大校園裡迅速出現鋪天蓋地的大字報。

五月二十九日，「紅衛兵」這個名稱首次出現在北京著名的清華大學附屬中學校園的一張大字報上。這個名稱迅速流傳開來，成為全中國造反青年的統一正式稱號（日後致力於宣揚伊斯蘭極端主義的作家張承志自稱是這個詞的發明者）。一九六六年五月二十九日因此被視為紅衛兵的誕生日。他們最終發展成為一支超過一千一百萬人的龐大隊伍。[2]

一九六六年七月二十八日，清華附中的紅衛兵成員給毛澤東寫信，請求他支持他們的造反行動。在信中，他們引用了毛澤東的名言「造反有理」。毛澤東於八月一日回覆了這封信，明確表示他全力支持紅衛兵反對「資產階級和反動的學校當局」，這也包括教師在內。[3]

僅僅四天後的八月五日，毛澤東在中共官方報紙《人民日報》上發表了題為〈炮打司令部——我的一張大字報〉的文章，公開宣布他對紅衛兵的「熱烈支持」。這個消息如同野火般迅速傳遍全國。在毛澤東的支持下，一場轟轟烈烈的紅衛兵運動正式全面展開。

毛澤東深知紅衛兵對於發起文革有多麼重要，因此對他們格外關注並親自過問。一九六六年八月十八日，毛澤東出席天安門廣場的大規模群眾集會，表達他堅定支持紅衛兵運動。參加集會的人數估計達到了一百萬，成為中國歷史上規模最大的集會。為了多展現一些他對紅衛兵的認同，毛澤東特意穿了一身軍裝，與紅衛兵的仿軍裝相呼應。[4]他刻意展示自己不僅是紅衛兵的精神領袖、對他們有巨大影響力，更試圖表明，本質上他就是他們中的一員。

這次群眾集會被廣為稱讚，是一次重大的成功。它激勵了全國各地的紅衛兵前往北京接受「毛主席接見」。這種紅衛兵的「朝聖」被稱為「大串聯」。毛澤東鼓勵大串聯，並下令為紅衛兵提供免費的交通、食宿。[5]這個時候，他已經完全贏得了紅衛兵的心。人們很快就會發現，任何與毛澤東對立的人，都將在這些年輕、狂熱、受毛指揮的紅衛兵手中自取滅亡。

數百萬個來自全國各地的年輕人湧向北京，加入紅衛兵運動，於是有人將這種大串聯戲稱為「免費的紅色旅遊」。這些即將成為極端分子的青年們，以莫大的熱情和興致從一個城市奔赴另一個城市。在那個旅行還是一種奢侈品的年代，這些紅衛兵能夠享有免費周遊全國的機會。他們的目的是與外地的紅衛兵聯絡，交流經驗並互相提供支援。然而，無論他們去到哪裡，都會在主要城市引發混亂。

雖然毛澤東對廣播和印刷媒介的資訊傳播擁有完全的控制權（當時電視還未普及），但大串聯是他以群眾動員來實現群眾運動的關鍵。透過大串聯，他能與成百上千萬民眾保持聯繫，並藉由口耳相傳的方式，有效地向數億中國人傳播資訊，效果堪比今天的推特或臉書。

在接下來的四個月裡，毛澤東又在天安門接見了紅衛兵七次，最後一次集會是在一九六六年十一月二十五日舉行的。至此，被「毛主席」接見的總人數已高達一千一百萬。[6]

這對中國和中國人民來說前所未見，歷史上也從未有過如此規模的集會。集會規模龐大、群情激奮，吸引了來自全國各地的數百萬中國人。紅衛兵被完全動員起來，在毛澤東的感召下，興奮地執行他的命令。毛澤東是他們的紅司令，而他們是毛澤東忠誠的紅衛兵。

我記得我在螢幕上把那八次集會都看過了。當我十六歲的表姐從距離成都約八百公里的西安出現在我面前時，我興奮得幾乎要暈過去了。儘管我們之前從未見過面，但我對她的情況非常了解。在我眼裡，她代表了世界上所有美好的事物！她是大串聯紅衛兵之一，也是毛主席宣傳隊二十名年輕紅衛兵中的一員，我把她視為偶像一樣仰慕！我懇求父母讓我和她一起乘坐十二小時的火車回西安。令人難以置信的是，我父母竟然同意了。

這是一次難忘的旅程。與我那幾乎已是大人的十六歲表姐一起旅行，她還是一名紅衛兵，這種興奮感讓我難以自持。我承諾會聽從她的一切指揮，絕不抱怨。我被安置在火車車廂的行李架上，因為所有的座位和地板都被正式的紅衛兵占滿了。這是一段漫長的火車旅程，但我們在幾個小站停了幾次，表姐和她的隊伍下車去工廠或工作單位進行紅衛兵表演，包括朗誦毛主席語錄、唱革命歌曲和跳革命舞蹈。

我為自己能和表姐待在一起感到非常驕傲。天哪，我得到了那麼多關注。儘管只是個小跟班，我卻被安排了一項重要任務——在每場表演中帶頭舉著毛主席的畫像走上舞臺。你可以想像，一個小女孩參與成年人的表演時會得到多少額外的掌聲。這真是令人興奮，面對擁擠人群發出的歡呼聲，我內心無比自豪，甚至覺得自己像個小明星！

我得以和表姐以及紅衛兵們一起吃飯，晚上大家都擠在一起睡地鋪。儘管當時對紅衛兵的真正目的一無所知，但能成為這個集體的一部分，已然讓我感覺這一切美好無比。一路頂著寒冷潮濕，在風霜雪雨中，我們終於抵達了西安，我被交到了素未謀面的奶奶手中，由她來照顧。我只能依依不捨地和表姐及那激動人心的革命之旅告別。我盯著奶奶，心裡十分複雜，她是個地主婆，在紅衛兵眼裡，這個身分使她成為階級敵人。接下來的幾個月裡，我才逐漸了解奶奶。我很慶幸我們有過在一起的那段時光，因為再次見到她時，已經是我上高中的時候了。遺憾的是，那次竟成了最後一面。

除了大串聯，還有所謂的「四大」：大鳴（暢所欲言），大放（放開手腳幹革命），大字報和大辯論。紅衛兵充分利用他們「大鳴」的權利，聚集在街頭和公共場所展開辯論。我清楚記得，紅衛兵們手持擴音器進行「辯論」——實際上更像是吵架比賽。雙方都試圖用更大的聲音壓倒對方，都堅稱自己才是真正掌握毛澤東思想真諦的一方。

在眾多紅衛兵中，有一個人特別引人注目。他叫李敦白（Sidney Rittenberg），是一位中年美國人。一九四四年美軍任務結束後，李敦白選擇留在中國。儘管他曾兩度被中國共產黨關押，但他仍然是毛澤東即其思想的狂熱支持者。在文化大革命期間，李敦白成為了一名造反派，竟然成功地進入了毛澤東的核心圈子，這真是令人難以置信的成就。

在回憶錄《留在中國的美國人》（*The Man Who Stayed Behind*）中，李敦白講述了他在文化大革命中的親身經歷。其中一段回憶了中國總理周恩來熱情談論「四大」的內容：

「看看這些大字報。人們可以隨心所欲地把它們貼在任何地方，想寫什麼就寫什麼。這是任何其他國家民眾都未曾享有過的自由景象。你能想像林登・詹森（Lyndon Johnson）允許學生在白宮貼出對他的尖銳批評嗎？沒有其他國家能做到這一點。但我們在這裡不僅可以做到，而且正在這樣做。人們可以批評任何人，當然除了我們偉大的領袖毛主席、副統帥林彪副主席，以及中央文革小組。」7

換言之，按照周恩來的說法，這種「言論自由」允許人們批評任何人，唯獨不能批評那些掌權者和文化大革命的領導人！這是否讓你感覺似曾相識？在當今「覺醒主義」的世界裡，只要你與「覺醒派」觀點一致，就可以自由發言。否則，你的言論就可能被貼上「仇恨言論」的標籤，面臨被禁言的風險。

周恩來還鼓勵在中共廣播管理部門工作的李敦白向全世界傳播這個消息：「我們應該把這種偉大的民主廣播出去，讓全世界的聽眾都知道。」8

在毛的庇護下，紅衛兵獲得前所未有的自由，幾乎沒有任何「限制」。他們可以辯論、批評和譴責任何人和任何事，只要不涉及毛澤東、他欽點的接班人林彪，或中央文革小組。

紅衛兵不僅依賴口頭批判，他們還採用富有創意的宣傳方式來強化傳播，使他們的訊息深植人心。他們用「宣傳車」——一種裝飾著標語的卡車，透過揚聲器，以震耳欲聾的音量播放革命歌曲或廣播口號。車上的紅衛兵還會向路人拋灑傳單，吸引更多人的注意。

作為親歷者，我目睹了文化大革命早期的許多事件，那些時刻既令人興奮，又充滿了危險的不確定性。最初的這股熱潮很快就褪去，接下來的一切卻再也不會令人振奮。文化大革命迅速演變成一場暴力和致命的運動。當時我還是一個年幼的孩子，心裡那份對紅衛兵的著迷之情，也終將成為記憶中遙遠的往事。

* * *

儘管常見的辯論，主題通常都是圍繞著各個群體在政治光譜上能有多極端來展開的，但不久後，一場與階級出身相關的重要辯論漸漸浮現出來。

最初的紅衛兵是那些「根正苗紅」的學生，即革命老幹部的紅二代。紅二代的一位領導人曾在一張大字報上提出這樣的口號：「老子英雄兒好漢，老子反動兒混蛋。」這種宣傳助長了「血統論」。這些「老」紅衛兵利用這套理論，證明他們自己和父母「繼承了」既得利益的特權階級。他們不僅用這套理論鞏固自己的地位，還用它來否定「黑五類」（指地主、富農、反革命分子、壞分子和右派分子）人員的合法性，透過恐嚇和暴力來打擊他們，並阻止他們的子女加入紅衛兵或佩戴毛主席像章。

令這些紅衛兵驚訝的是，中央文革小組反對「根正苗紅」的口號，建議將其改為「老子英雄兒接班，老子反動兒背叛。」理由是這有利於團結大多數。[9]然而，這些「根正苗紅」

的紅衛兵很快就會發現這背後的真正原因。

這種立場允許「黑五類」出身的青年得以參與文化大革命中。其中有一位年輕人名叫遇羅克，他在一份紅衛兵報紙上發表了〈出身論〉一文。作為「黑五類」的一員，他因為父親在一九五七年反右運動中被劃為「右派」而失去了上大學的機會，儘管他成績優異，最終還是被分配到工廠做不起眼的工作。[10]

遇羅克以馬克思主義為理論基礎，在他的文章中主張「黑五類」的子女也應該被允許參與文化大革命。他認為，最重要的應該是個人如何塑造自己的政治身分，而不應該受家庭出身的束縛。遇羅克在這方面的大膽言論引人注目。他指出：「馬克思、列寧和毛主席這些偉大的無產階級革命領袖並非出身於良好的家庭，這絕非偶然。問題的關鍵不在於出身，而在於思想改造。」[11]

遇羅克的文章產生了深遠的影響，導致大量「黑五類」出身的人加入紅衛兵。他們反叛的目標正是毛澤東真正想要的：反抗中共的統治階級和既有體制。儘管遇羅克的宣言在某種程度上有利於毛澤東的計畫，但他的論點從根本上挑戰了毛澤東和中共的階級劃分原則。他最終被逮捕，並在一九七〇年二十八歲時被處決。更為駭人聽聞的是，中共長期以來從囚犯身上強制摘取活體器官的做法，在這位年輕人身上也不例外。在處決前，遇羅克的角膜被摘取，移植給了一位所謂的模範革命工人。[12]

隨後出現了一種新的紅衛兵群體，他們自稱為「造反派」。最初的紅衛兵主要是中共幹部的子女，而這時他們反而就被稱為「保皇派」了。「造反派」紅衛兵包括形形色色的人，其中也有來自「黑五類」的人。造反派將矛頭指向了統治階級的成員，也就是「保皇派」紅衛兵的父母，而這些人正是毛澤東真正的目標。

一九六六年八月二十二日，毛澤東和中共中央頒布了《同意公安部門關於嚴禁出動警察鎮壓革命學生運動的規定》。[13] 如果用今天美國的說法，這無異於「削弱警力」（defunding the police）。

這項規定的部分內容要求人民警察應積極支援革命學生運動，禁止警察進入校園（而校園恰恰是大部分暴力事件發生的地方）。更有甚者，規定還明確指出，如果革命學生毆打警察，警察不得還手。這不禁讓人思考，如今美國的警察是否也面臨著類似的困境，不敢在遭受攻擊時反擊自衛呢？

毛澤東的目標不僅是癱瘓執法機構，更是徹底摧毀整個刑事司法系統。一九六七年，中共中央發布文件，要求全國各地的公安機關接受軍事管制。「砸爛『公檢法』」（即公安局、檢察院、法院）成為當時的口號。結果，百分之九十五的司法工作人員被下放到農村接受

「再教育」。更不幸的是，一些人在隨後的暴力和迫害中失去了生命。[14]

那時，所有的阻礙都被清除了，再也沒有什麼能夠阻止或放慢紅衛兵以毛澤東和文化大革命的名義進行造反行動。美國紅衛兵李敦白，在他的書中生動描述了紅衛兵在北京最繁華的購物區王府井打砸搶的場景：

我們所有目睹這一幕的人都有相同的感受。這些其實都是孩子，最大的不過是高中生。他們沒有槍枝，沒有武器，也沒有強健的身體。如果他們騷擾的任何人決定反抗，這些孩子根本無法自衛。但我們沒有看到任何人反抗或試圖反抗紅衛兵。每個人都乖乖地聽從命令，所有成年男女都站在一旁，眼睜睜地看著這些孩子們砸碎他們的招牌，剪短他們的褲子，剪他們的頭髮。有了毛澤東的支持，這些孩子變得肆無忌憚，而普通民眾則只能默默屈從。[15]

在充分動員紅衛兵、砸爛公檢法之後，天下大亂如期而至。這正是毛澤東精心設計的結果：「天下大亂，達到天下大治。過七、八年又來一次。」[16]作為一個獨裁者，毛澤東可以毫無顧忌地公開宣布他的計畫。而美國的進步派，儘管沒有公開聲明，卻每四年製造一次混亂，而不是遵循毛澤東的七八年週期。耐人尋味的是，每次混亂總是發生在總統選舉年，這真的只是巧合嗎？

一九六六年八月的北京被永遠地銘記為「紅八月」。之所以稱為「紅」，是因為這個月充滿了血腥。這一個月是紅色恐怖的開始，也標誌著文化大革命中大規模暴力的開端。

在這個月裡，紅衛兵在北京進行了一系列大屠殺。文革研究學者王友琴提供了一組令人震驚的資料：「根據當時的內部報告，從八月二十日到九月底，北京有一七七二人被殺害。有人認為實際數字可能更高。殺戮的高峰期是在毛澤東第一次和第二次在天安門廣場接見紅衛兵之間，也就是八月十八日到八月三十一日這段時間。」[17]

第一起殺人事件發生在北京師範大學附屬女子中學，教師和學校領導成為了第一批受害者。他們被標記為「階級敵人」，僅僅因為他們的社會地位使他們被認定為「反動學術權威」。據信，女副校長卞仲耘被認為是這場大屠殺中的第一個被害人。她遭到一群年輕學生的攻擊，他們揮舞著釘滿釘子的木棍和沸水，將她殘忍地毆打致死。殘殺卞仲耘的瘋狂興奮逐漸冷靜下來之後，這些學生開始擔心自己的叛逆行為可能導致的後果。他們向北京市委和周恩來總理辦公室報告了這一事件。然而，他們沒有得到任何回應。[18]這一天是一九六六年八月五日，這意味著毛澤東實際上不僅授權紅衛兵可以造反，甚至允許殺戮，這是紅衛兵得到殺人「許可證」的日子。

宋彬彬是被指控參與殺害卞仲耘的紅衛兵之一。她是中共元老、開國上將宋任窮之女，文革時是北京師範大學女附中紅衛兵領袖。她被選為一九六六年八月十八日毛澤東首次接見紅衛兵群眾集會上北京紅衛兵的代表。在集會上，她獲得了一個備受矚目的機會，要為毛澤東佩戴榮譽紅衛兵袖章。宋彬彬與毛澤東討論她名字的涵義，而這次談話之後，她迅速成名。她隨後的行動透過所有主要的中共新聞媒體傳播開來：彬彬按照毛澤東的建議，將含有「溫柔」之意的「彬彬」改為「要武」，直接表達出「好戰，武力和暴力」。宋要武立即成為全國名人，紅衛兵的代表，以及毛澤東支持暴力行為的全國象徵。19

在我孩提時代的腦海中，宋要武是個英雄。我並不知道她被指控參與殺害學校副校長的事。即使我知道，我也會接受紅衛兵的辯解，認為卞校長是階級敵人，理應被殺。我之所以會接受這種說法，是因為我和其他數百萬人一樣，都經歷了深度的思想洗腦。

紅衛兵還對受害者進行羞辱和折磨。有些無法忍受紅衛兵殘酷對待的人選擇了自殺。悲哀的是，自殺在文化大革命期間變得司空見慣。我腦海中銘記的一幕，至今難忘：一位我們家認識的人，在經歷了漫長的、充滿毆打和羞辱的批鬥會後回到了家中。然而他的妻子非但沒有安慰他，反倒對他進行嘲諷和羞辱；她只關心他對她的政治前途會產生怎樣的負面影響。她對他感到非常厭惡，甚至說他去自殺更好。於是，這位丈夫真的選擇了自殺。在文革期間長長的自殺名單上，還包括中國現任最高領導人習近平同父異母的姐姐。一九六三年，他們的父親被毛澤東肅清後，全家都被劃為「黑五類」，成為紅衛兵迫害的目標。[20]

正如你現在所了解的，當造反派紅衛兵加入隊伍時，他們已經準備好推翻中共領導人和官僚。這些領導人和官僚並不難辨認——他們就是掌控中共統治機器樞紐的那些當官的人。長期以來，老百姓們早已認為這些中共官僚在解放後取代了舊的三座大山*，成為享有不正當特權的新壓迫者。而「黑五類」出身的人更是對這些中共官僚耿耿於懷，這些官僚對他們的父母做盡了壞事，現在，復仇的機會終於到來。

批鬥會的故事我不只是聽說，還親眼目睹過。某次批鬥會的場景仍歷歷在目。被批鬥的是四川省一把手李井泉（一九四九—一九六六年在任），儘管他大力支持毛澤東所發起的所有運動，並在土地改革和大躍進期間實施了激進政策，導致四川的大躍進有超過八百萬人死亡。但他最終仍然成為了毛澤東的敵人，被扣上「反革命修正主義分子」和「走資派」等帽子，還被指控將四川省變成了他自己的獨立王國。

李井泉和他的妻子在無休止的批鬥會上一次又一次地遭受毆打，他的妻子最終選擇上吊

* 指中國共產黨革命所要打擊的三大目標：帝國主義、封建主義與官僚資本主義

自殺。李井泉的次子李明清因替父親辯護，被紅衛兵毆打得奄奄一息，被送到火葬場時仍然活著，最後活活被火化了。[21]然而，李井泉和他的妻子並非完全無辜，他們在土地改革運動期間主持了許多對地主的血腥批鬥會，而如今他們自己也成為這種批鬥的受害者！再高的地位或對毛澤東再怎麼忠誠，也不足以讓中共官員免於落入他們施加給他人一樣的下場。正如俗話所說：種瓜得瓜，種豆得豆。在李井泉身上，這真的是應驗了中共高官被紅衛兵殺害，成了司空見慣的事。

在毛澤東賦予的巨大權力下，紅衛兵變得愈來愈肆無忌憚，攻擊任何他們認為是反革命的人事物。一九六七年七月七日，超過三千名紅衛兵試圖突襲「中南海」；這是中共領導人的中央總部和住所，相當於美國的白宮。紅衛兵的目標是「逮捕」中國國家主席劉少奇、總書記及副總理鄧小平和北京市長彭真。這三人都被打成了反革命分子，因此被視為毛澤東的敵人。如果不是周恩來總理的干預，紅衛兵可能已經得逞了。[22]在文化大革命期間，周恩來是毛澤東沒有清洗的少數幾個老幹部之一，仍然有權代表毛進行干預。

可以說，二〇二〇年佛洛伊德事件後白宮附近的暴力騷亂，與當年紅衛兵的行為異曲同工。白宮周圍的騷亂令特勤局十分擔憂，以至於特工們不得不緊急將時任總統川普護送至白宮的地下掩體內。[23]

紅衛兵成功奪了中共領導人的權，做得相當出色。但是隨著權力爭奪和派系鬥爭，內鬥爆發，衝突愈演愈烈，派系規模不斷擴大，已經不局限於簡單的「保皇派」和「造反派」之分了，他們為各自的自身利益而戰，沒有一個派系願意分享權力，這導致了全國範圍內爆發了大規模的派系間暴力衝突，普通民眾因為身處戰火邊緣而成為犧牲品。紅衛兵襲擊了許多軍火庫，而由於沒得到毛澤東的命令，無人敢阻止。此時的紅衛兵已不只是手持棍棒和石塊，而是配備了致命的真槍實彈。[24]

紅衛兵派系間的衝突最終演變成了一場真正的內戰。約翰．吉廷斯（John Gittings）在部落格《中國脈動》（China Beat）上寫道，某個紅衛兵派系對抗另一個派系的作戰方式是這樣的：「在一九六八年，紅衛兵派系在北京清華大學爆發激烈衝突。紅衛兵向作家兼歷史學家韓丁（William Hinton）描述了當年四月校園裡的鬥爭是如何從石頭彈弓和木製長矛升級為左輪手槍和手榴彈的。有一個組織甚至將鋼板焊接到拖拉機上，把它改造成了『坦克』。在接下來的三個月裡，十名學生被殺，很多人重傷，直到一九六八年七月，毛澤東最終派出由軍隊支持的工人隊伍，才恢復了秩序。」[25]

紅衛兵的殺戮行為都打著「誓死捍衛毛主席」的旗號。重慶是一個擁有眾多國防工廠的城市，與我的家鄉成都毗鄰，這裡也是紅衛兵血腥暴行展現得最為淋漓盡致的慘烈戰場之一。戰鬥雙方甚至動用了坦克和大炮，數不勝數的年輕生命在戰鬥中逝去。我清楚地記得在戰鬥最為激烈的那段時間，每天晚上我都會在幾家共用的廚房裡急切地聽一位消息靈通的鄰居阿姨分享她最新得知的重慶戰況。可以想見，這樣的新聞是絕對不會出現在官方報紙上的。報紙只刊登經毛澤東和他的核心圈子批准的正面消息。今天，重慶有一座名為紅衛兵公墓的陵園，那裡長眠著四百多個靈魂，但由於若干學者對此展開研究，該陵園被關閉，死難者的故事也隨之永遠沉寂。

歷史學家楊國斌，《紅衛兵世代與中國的政治激進主義》（*The Red Guard Generation and Political Activism in China*）的作者，得出了一個重要結論：

> 對重慶派系主義的研究顯示，思想和理念在集體暴力中扮演著核心角色。影響人們參與紅衛兵運動的最關鍵因素，既不是階級利益，也不是黨領導人對群眾的操縱，而是在文化大革命之前就已形成的革命神聖文化，這種文化在文革期間得到了充分發揮。這個案例表明，人類能夠為了證明對某種思想的忠誠而走向死亡，實際上，人們可能會被這種行為所吸引。而這種思想愈被賦予神聖的意義，其所造成的致命後果就可能愈嚴重。[26]

儘管全國各地都在發生大規模暴力事件——無論是為了實現毛澤東的願景還是出於紅衛兵自身的個人動機——但並非所有人都認同這場運動。王蓉芬，一位當時在北京外國語學院學習德語的學生，展現出了非凡的洞察力和勇氣。她對納粹政權的研究，使她在參加一九六六年八月十八日天安門廣場集會時，能夠敏銳地識別出中國穿綠色上衣的紅衛兵，和納粹德國穿棕色上衣的希特勒青年團之間，存在著令人恐懼的相似之處。

出於強烈的使命感，王蓉芬給毛澤東寫了一封信，指責他正帶領中國走向毀滅，並大膽地署名了自己的真實姓名和地址。隨後，王被逮捕並被判處無期徒刑。文化大革命結束後，她獲釋並移民去了德國。[27]這個故事強而有力地說明了學習和理解歷史的重要性，只有這樣才能避免悲劇重演。今天的美國人也必須了解歷史，因為我們正在重蹈覆轍。與許多被洗腦的人不同，王擁有獨立思考的智慧和堅守正義的勇氣，做了正確的事。正是由於她對歷史的深入研究，才能夠質疑眼前的一切，不盲從命令。在感召之下，她勇敢行動，向毛澤東直言進諫，拒絕讓納粹德國三十年前的錯誤在中國重演，堅決不做歷史悲劇的參與者。

一九六八年，當紅衛兵派系間內戰愈演愈烈，毛澤東的政策風向再次轉變。他命令人民解放軍壓制最激進的紅衛兵派系。所謂「壓制」，在毛澤東的定義裡，實際上意味著殺戮。

到一九六八年底，紅衛兵的歷史使命已經完成，他們成功地為毛澤東從他的政敵手中奪取了權力，並使舊中共官僚失去了影響力。一九六八年七月二十八日，毛澤東召見紅衛兵領袖，告訴他們，他們的內鬥讓他「失望」，因此他決定將紅衛兵奪取的權力交給「工人、農民和士兵」，在毛澤東看來，這三者才是文化大革命的真正領導力量。就這樣，紅衛兵的武裝迅速被解除，組織也隨之解散。[28]

一九六八年十二月，毛澤東發布了「上山下鄉」的指示：「知識青年到農村去，接受貧下中農的再教育，是很有必要的。」這一次，局勢對青年人發生了戲劇性的逆轉，這一代人曾在毛的默許下給中國人民帶來恐怖，現在他們卻成為了毛澤東清洗的目標。毛澤東的注意力從政敵轉向了曾經為他效勞賣命的的紅衛兵。他認為這些嬌生慣養、享有特權的青年人頭腦中仍然存在著資產階級思想。因此，毛澤東指示所有城市青年去農村接受再教育，透過與農民一起勞動來鍛鍊自己。這場運動導致近一千七百萬青年被下放到中國各地的農村。我是毛澤東一九七六年去世前最後一批被下放到農村的青年之一。許多年輕人因此失去了上大學的機會，他們後來被稱為「失落的一代」。

作為「上山下鄉」運動的一部分，紅衛兵被趕出城市。他們在這些地方已經愈來愈被視為搗亂分子，並對新建立的秩序構成潛在的威脅。另一個原因是，經濟已經崩潰，城市已經無法為這些青年提供任何就業機會。

毛澤東於一九七六年去世後，鄧小平掌權。他恢復了大多數官僚的職位。這些中共官員沒有忘記造反派紅衛兵對他們以及其他人的迫害，許多紅衛兵造反派領導人後來遭到清算並受到懲罰。共產主義的絞肉機再次啟動，報應不斷，輪迴不止。

我們需要理解的最重要的事情之一是，雖然毛澤東的初衷是透過製造群眾間的混亂，來為他創造一個理想的環境，以便按照他的設想建立一個全新的秩序。但這種混亂最終變成了一隻吞噬一切的失控怪物，所經之處滿目瘡痍，甚至也摧毀了中國共產黨自身。

＊　＊　＊

在二十一世紀的今天，美國版的「紅衛兵」群體正在活躍並不斷壯大。美國版的「紅衛兵」由激進分子、BLM和安提法（Antifa）組成。他們活躍在大學校園（甚至愈來愈多出現在高中）、城市街道、工作場所，幾乎遍布美國社會的各個角落。這些團體在美國並非新生事物，幾十年來，他們一直以不同的形式和旗號存在著，以各種理由製造混亂和破壞。他們愈是充滿激情，就愈會扭曲甚至完全無視規則——所有這些行動，都打著社會進步和正義的旗號。

就像中國的紅衛兵主要來自學校一樣，從六〇年代開始，受法蘭克福學派馬克思主義者的影響，激進分子也開始在美國校園中湧現。正如嬉皮領袖傑瑞・魯賓（Jerry Rubin，一九三八—一九九四）所說：「我們正在利用校園作為發動全面革命的發射基地。」[29]這也正是大學生激進活動開始變得政治化、極端化和軍事化的時期。大學校園成為反主流文化運動和馬克思主義文化革命的中心。像傑瑞・魯賓這樣富有魅力的共產主義思想領袖，成為了這些激進學生團體的領導者。數百萬美國大學生，甚至一些高中生，認為他們正在參與一項崇高的事業。

真正的政治性校園抗議始於二十世紀六〇年代。一九六四年，加州大學柏克萊分校的學生發起了言論自由運動，抗議校方對學生政治活動的限制。這種限制源於五〇年代的麥卡錫主義，指的是美國參議員約瑟夫・麥卡錫（Joseph McCarthy）發起的根除美國共產主義的運動。他的做法過於激進，使他在十年後成為學生活動分子抗議行動的一個象徵對象。學生運動最終成功地迫使大學管理層妥協，贏得了學生在校園內的言論自由和政治活動權利。[30]

五十多年後的今天，加州大學柏克萊分校的學生再次舉行抗議，依舊與言論自由有關，但抗議的焦點卻反轉了。二〇一七年，他們試圖阻止保守派媒體人班・夏皮羅（Ben Shapiro）在校園演講，儘管最終未能成功。他們的口號變成了：「不給他言論自由！」[31]

回顧六〇年代，我們可以看到一九六八年是美國各地大學生抗議活動的高峰年，東岸常春藤盟校也不甘落後，與西岸的抗議浪潮遙相呼應。紐約市的哥倫比亞大學就是一九六八年一系列抗議活動的中心。抗議者的目標包括：一、阻止在晨邊公園的公共土地上建造體育館；二、與一個為越戰做研究的五角大樓研究所切斷聯繫；三、為示威者爭取特赦；四、促使哥倫比亞大學時任校長提前辭職。最終，紐約市警察強行清除了學生抗議者，結束了校園圍攻，但場面充滿暴力。[32]

一年後的一九六九年，一場學生運動演變成武裝叛亂。事情起因是來自菲律賓的客座教授邁克爾・麥克菲林神父（Father Michael McPhelin）的一起事件。以下是當時情況的描述：

……一群黑人學生指控一位經濟學訪問教授種族歧視，理由是他膽敢用「西方」發展標準來評判非洲國家。校方要求該教授道歉；他照做了，但學生們並不滿意，隨後占領了經濟系，將系主任和他的秘書囚禁了十八個小時……[33]

我在電話裡給一個朋友讀了羅傑・金博爾的《長征》中的這段摘錄，並讓他猜猜這件事發生在什麼時候。他毫不猶豫地回答：「這週？」不，這其實發生在五十多年前，在另一所常春藤名校——康乃爾大學。這起一九六九年的事件——包括暴力、威脅和取消文化運動，以及激進的社會正義抗議——與千禧一代的BLM運動所採用的策略十分相似。

康乃爾大學的黑人激進學生團體「非裔美國人協會」（Afro-American Society，AAS），武裝占領了學校的學生會大樓史崔特樓（Willard Straight Hall），直到他們的要求得到滿足。AAS的不滿源於何處？種族不公。諷刺的是，這些反叛的學生中，許多人正是因為平權政策才被康乃爾大學錄取的。儘管大學已經在努力彌補過去的不公，但這些學生認為他們應該得到更多。「他們開始提出各種要求：要求設立單獨的黑人專屬宿舍；要求設立僅限黑人參與的黑人研究學項目；最後，他們要求大學創建一個獨立授予學位的『校中校』，專門供黑人學生使用，其目的是『創造建立黑人國家所需的工具』」。他們甚至發表聲明稱，「白人除了可以在顧問角色、非決策權職位或提供資金支援以外，不能對黑人研究學有任何決定權。」[34]

胡佛研究所高級研究員湯瑪斯·索維爾（Thomas Sowell）博士（他本人也是非裔美國人），將這次武裝占領事件發生的那天，稱為「康乃爾大學死亡之日」。[35]從某種意義上說，那天也標誌著美國高等教育的衰亡。從那時起，學術界開始屈服於進步派的政治正確、社會正義和無法無天。暴力戰勝了理性……美國版的「紅衛兵」應運而生。

二〇一九年，康乃爾大學在史崔特樓設立了一塊永久性紀念牌匾，以紀念占領事件五十周年。這塊牌匾究竟是為了紀念參與事件的學生，還是為了向麥克菲林神父表達敬意，抑或是作為對「覺醒的美國」未來走向的警示，或許都可以由讀者自行解讀。牌匾上寫道：

康乃爾大學是一九六〇年代學生抗議和激進主義活動的中心之一，學生們反對越南戰爭以及抗議美國公民權利被剝奪。一九六九年四月，一百多名黑人學生占領了這座建築長達三十三小時，將全國民權運動爭取種族和社會正義的鬥爭帶到了康乃爾大學。透過和平談判達成協議結束占領後，康乃爾大學開始致力於成為追求多元化和包容性理念的引領者。36

對於這塊五十周年紀念牌匾，我的解讀是：它實際上是在紀念美國版「紅衛兵」的暴民文化，這種文化不僅被推崇，而且已經被制度化了。

五十年後，美國文化大革命進入第二階段。校園抗議再次成為常態。主題依舊：抗議保守派演講者或保守派教職員工。換句話說，為了阻止「仇恨」，他們要廢除言論自由，並摧毀我們的制度。

我可以再寫五十頁來總結這些像紅衛兵一樣馬克思主義式的活動如何在大學校園裡蔓延。比如二〇一五年發生在密蘇里大學的抗議活動，二〇一七年在佛蒙特州明德大學

（Middlebury College）針對作家查理斯・默里（Charles Murray）的抗議，以及二〇一七年華盛頓州自由派氛圍濃厚的常青州立學院（Evergreen State College）生物學教授布雷特・溫斯坦（Bret Weinstein）因發表了一些政治不正確的言論，遭遇學生攻擊的事件。[37]常青州立學院的學生圍攻溫斯坦，並試圖讓他噤聲的這種方式，與一九六〇年代中國文化大革命時期紅衛兵的批鬥會極為相似，令人難以置信。是的，它看起來像一場批鬥會；只不過如果這是中國文化大革命時期，溫斯坦敢像在常青那樣與學生辯論，他很可能性命難保。

我從未想過我有一天也會成為被校園禁言的演講者之一。二〇二三年四月，華盛頓州斯波坎市的一所天主教大學惠特沃斯大學（Whitworth University）的「美國轉捩點」（Turning Point USA）學生社團邀請我去演講。然而，學生會以九比四的投票結果否絕了我在校園演講邀請。他們的理由是什麼？我的觀點是有害的！根據公開的會議記錄，學生會成員透過查看我的推文得出結論，認定我竟敢批判「覺醒」運動，其中包括BLM、環境正義、LGBTQQIP2SA等。最令人吃驚的理由之一，是因為我將中國文化大革命與當今的覺醒運動進行了比較。他們沒有選擇當面挑戰我，而是選擇直接取消我的演講。最終，我在校外進行了演講，反響熱烈，有不少人參加，包括學生、教職員工和當地居民。

一九六〇年代的校園學生抗議和今天校園的抗議有什麼區別？六〇年代學生抗議活動的

核心訴求，是為自己爭取在校園裡有政治言論自由，而今天的學生抗議則要求限制言論自由，只有他們認可的言論才能在校園裡表達，這不可避免地禁止了保守派的聲音。我們應當反思，過去的中國紅衛兵與今天的美國紅衛兵有何相似之處。首先，中國紅衛兵針對的是「黑五類」和中共官僚，美國紅衛兵過去和現在針對的都是新的美國「黑五類」，即保守派。中國紅衛兵最初是用大字報等語言展開攻擊，最後演變成肢體暴力甚至殺害。美國紅衛兵最初也是用語言攻擊，現在正在宣導使用暴力和強制手段。二〇二一年，一項針對美國前一百五十所頂尖高校進行的調查顯示，近百分之二十五的學生認為可以接受使用暴力來阻止有爭議的演講者，而在幾所菁英女子學院，這一比例甚至接近百分之五十。[38]

中國和美國的紅衛兵有一個共同點：不容異見——他們要求別人對他們寬容，但自己卻不能容忍不同意見。中國紅衛兵打擊的是毛澤東不能容忍的人。而美國的現代紅衛兵則打擊進步主義者所不能接受的人。對於今天的許多大學生來說，「言論就是暴力」——當然，這指的不是他們自己的言論，而是那些持不同觀點者的言論。東北大學（Northeastern University）心理學教授麗莎・費爾德曼・巴雷特（Lisa Feldman Barrett）在她發表於《紐約時報》的評論文章〈何時言論成暴力？〉中論述道：「如果言語能引起精神壓力，而長期壓力能導致身體傷害，那麼言論——至少某些類型的言論——就可能是一種暴力形式。」[39]

中國紅衛兵運動最終將他們的反叛和暴力從校園帶到了街頭，將原本的學生運動演變成了一場全民運動。同樣地，當激進的美國學生從學校畢業後，他們以社會正義的名義，將他們對反叛和暴力的熱情帶到了全國各地的城市和社區街頭。隨著這些社會正義鬥士的影響力和人數增長，他們的鬥爭愈加激烈。這些美國激進分子在外表和行為上都酷似中國文化大革命時期的紅衛兵。而正如毛澤東默許紅衛兵胡作非為一樣，美國的進步主義菁英和他們掌控的司法系統似乎也在默許這些暴力行為。這種「默許」的傾向，在主流新聞媒體、社交平臺乃至政府的回應中隨處可見。

BLM，正如我在第三章中解釋的那樣，是民權運動中激進派的直接繼承者。傳統基金會（Heritage Foundation）高級研究員邁克．岡薩雷斯（Mike Gonzalez）在他的著作《BLM：一場新馬克思主義革命的誕生》中詳細描述了BLM的起源和發展。他將BLM的思想根源追溯到黑豹黨和黑人民主解放軍，這兩個組織都背離了馬丁．路德．金恩博士的非暴力教導。他們不僅接受了共產主義，還推崇毛澤東思想。岡薩雷斯還揭示了極端激進恐怖組織「地下氣象員」（Weather Underground）的共同創始人比爾．艾爾斯（Bill Ayers）與BLM之間的聯繫。

BLM運動確實有一個明確的起點。它於二〇一三年由三位非裔美國女性——艾莉西亞・加爾薩（Alicia Garza）、派翠斯・庫洛斯（Patrisse Cullors）和歐珀・托梅蒂（Opal Tometi）創立。這是對喬治・齊默爾曼（George Zimmerman）無罪判決的回應。二〇一二年，齊默爾曼在佛羅里達州桑福德開槍打死了十七歲的非裔美國少年特雷翁・馬丁（Trayvon Martin）。當時馬丁正走向他父親未婚妻的聯排別墅。[40]齊默爾曼聲稱他是出於自衛開的槍。隨著全國媒體關注齊默爾曼和這個案件，導致他最終因謀殺罪受審，但陪審團最後宣判他無罪，這一結果讓ＢＬＭ的創始人們感到不滿。顯然，在這個問題上，有罪與否的判決結果並不是關鍵，這次事件只是發起運動的契機而已。

ＢＬＭ是一個馬克思主義組織，這一點可以從聯合創始人派翠斯・庫洛斯的親口陳述中得到證實。在一段《真實新聞》（The Real News Network）所公開上傳的採訪影片中，她稱自己和其他ＢＬＭ創始人為「接受過培訓的馬克思主義者」。[41]庫洛斯在她自己的YouTube頻道上回應了她是否是馬克思主義者的問題。[42]在那個影片中，她巧妙地迴避掉再次提及自己「接受過馬克思主義培訓」的說法，而是表示她信仰馬克思主義，因為它是一種批判資本主義的意識形態。她明確表示ＢＬＭ的目標是摧毀資本主義，「我正在努力確保人們不受苦，」她說。她還提到，很多人在馬丁・路德・金恩遇刺前曾稱他為共產主義者，但如今他受到了廣泛的尊敬。透過這個例子，她試圖淡化人們對她是馬克思主義者或共產主義者的看法。

馬丁・路德・金恩博士曾公開拒絕共產主義，他說：「共產主義建立在倫理相對主義、形而上學的唯物主義、壓制性極權主義和剝奪基本自由的基礎之上，這是任何一個基督徒都無法接受的。」[43]他擁護《憲法》和美國夢：「我知道，當他們進行靜坐抗議時，他們實際上是在為美國夢中最美好的部分挺身而出，並將整個國家帶回到由開國先父在《獨立宣言》和《憲法》中開鑿的偉大的民主源泉中去。」[44]

不管ＢＬＭ領導人如何試圖狡辯，他們都不是馬丁・路德・金恩博士的追隨者，也不是麥爾坎・Ｘ的追隨者。儘管金博士和麥爾坎・Ｘ採取了截然不同的方法——前者主張非暴力和公民抗命，後者是一個相信「不擇任何手段」的激進分子——但他們的目標是一致的，都是為了黑人的自由和平等而鬥爭。

ＢＬＭ的情況卻不是這樣，ＢＬＭ成員是真正的共產主義者。ＢＬＭ也得到了中國共產黨的支持，就像他們的先驅一九六〇年代黑人激進分子得到毛澤東的支持一樣。中共的旗艦刊物《人民日報》旗下的《人民網》和英文報紙《環球時報》都刊登了支持ＢＬＭ運動的文章。《人民網》一篇題為〈「美式人道」，教科書般的虛偽〉的文章甚至呼應了毛澤東一九六三年的聲明。毛澤東曾將民權運動比作階級鬥爭——「多元融合的表象改變不了美國的階級矛盾。我們真切看到了一場轟動全球的ＢＬＭ運動，但我們還應看到其背後深刻的階級性。」[45]

根據《ＢＬＭ：一場新馬克思主義革命的誕生》一書的作者邁克・岡薩雷斯所述，位於舊金山的華人進步協會（Chinese Progressive Association）是「黑人未來實驗室」（Black Futures Lab）和「黑人未來行動基金」（Black to the Future Action Fund）的資助者，這兩個組織都與ＢＬＭ創始人艾莉西亞・加爾薩有關聯。華人進步協會於一九七二年成立，最初是一個毛派組織，成立以來一直在美國從事親中共的活動。[46]

自二〇一三年成立組織以來，ＢＬＭ運動在改善美國黑人生活方面幾乎沒有做出任何實質性貢獻。超過百分之九十的黑人凶殺案被害者是死於黑人罪犯之手。[47]你是否曾聽過ＢＬＭ對二〇二〇年所有被殺害的黑人發表任何言論，哪怕是一個簡單真誠的悼念聲明？完全沒有，因為那些黑人的生命對ＢＬＭ來說並不寶貴。

佛洛伊德之死恰逢新冠疫情封鎖期間，這次事件造就了一場完美風暴。正是在二〇二〇年，ＢＬＭ的激進主義將反對警察暴力的抗議，轉變為一場以顛覆我們社會為宗旨的全面馬克思主義動亂。他們秉持著「不讓任何危機白白浪費」的原則，將佛洛伊德之死視為他們的「越戰時刻」——這不僅讓ＢＬＭ提高了公眾對其運動的認知度，還擴大了他們的組織規模，並讓他們個人的腰包越發鼓脹。

你可能不知道，ＢＬＭ是二〇二〇年的大部分騷亂的發起者。據保守派媒體《聯邦主義者》（Federalist）報導，一項研究表明，二〇二〇年美國騷亂中，高達百分之九十五與ＢＬＭ有關。[48]和你一樣，我對此並不感到驚訝。確實，二〇二〇年的夏天將被永遠銘刻為動盪和暴力的夏天。這讓人聯想起一九六六年八月和九月在中國文化大革命期間紅衛兵造成的「紅色恐怖」，當時，中國紅衛兵在短短兩個月內就在首都北京殺害了數千人，造成了巨大的恐怖，更不用說隨後兩年持續發生的暴力和死亡事件。而在二〇二〇年短短五個月裡，我們目睹了受ＢＬＭ影響的暴徒焚燒和破壞美國多個城市，導致多人死亡。諷刺的是，許多受害者恰恰是ＢＬＭ運動聲稱要為之鬥爭的人。除了生命的損失，ＢＬＭ可能還造成了高達二十億美元的財產損失。[49]

當美國正在遭受苦難時，進步派媒體卻為暴亂者和搶劫者歡呼喝采。我不禁想知道，《為搶劫辯護：不文明行為的暴亂史》（*In Defense of Looting: A Riotous History of Uncivil Action*）的作者維琪．奧斯特威爾（Vicky Osterweil）是否知道當年中國紅衛兵的口號：「偷有理，搶無罪，革命的強盜精神萬萬歲！」[50]在接受美國國家公共廣播電臺採訪時，奧斯特威爾稱搶劫是一種強有力的工具，可以給社會帶來真正的、持久的變革。[51]中國紅衛兵恐怕會對她的觀點拍手叫好！

安提法（Antifa）在美國的「紅衛兵運動」中也扮演著重要角色，儘管包括喬・拜登在內的民主黨領導人極力將安提法淡化為無足輕重的煩惱，或者用拜登的話說，不過是一個「想法」而已。[52]前眾議院司法委員會主席傑里・納德勒（Jerrold Nadler）甚至稱安提法是一個「假想的」組織。[53]考慮到截至撰寫本文時，拜登和納德勒身為多數黨，在管理國家方面扮演著重要角色，他們的這種說法令人感到不安。

安提法是反法西斯主義（anti-fascism）的縮寫。除此之外，人們對其定義很少有一致意見。透過網路搜尋，你會發現各種描述，但要找到一個全面的定義仍然很困難：

- 一個無固定型態的運動
- 一個無領導、非階層制的組織
- 一個左翼反法西斯和反種族主義的政治運動[54]

大多數美國人，包括我在內，第一次聽說安提法是在二〇一七年夏天維吉尼亞州夏綠蒂鎮舉行的「聯合右翼」集會和反抗議活動中。二〇一九年，記者吳安迪（Andy Ngo）在波特蘭被毆打的事件進一步引起了全國對安提法的關注，這顯然表明它不僅僅是一個「想法」。

吳安迪之所以成為安提法的目標，是因為他是一名保守派記者，自二〇一七年初以來一直在報導安提法，這使他比大多數記者更了解這個組織。在他的著作《揭開面具：安提法破壞民主的激進計畫內幕》（*Unmasked: Inside Antifa's Radical Plan to Destroy Democracy*）中，吳安迪記錄了安提法作為一個暴力左翼極端主義運動的歷史和發展。雖然他承認安提法似乎沒有單一的領導者，但他表示：「確實存在具有正式結構和成員資格的地方性分支和團體。」[55]二〇二〇年，川普政府宣布打算將安提法列為國內恐怖組織。[56]

吳安迪將安提法的起源追溯到一九三二年德國共產黨創立的反法西斯行動組織（Antifaschistische Aktion）。美國的安提法不僅借用了它的名字，還採用了它的標誌，即代表無政府主義和共產主義的兩面旗幟。ＢＬＭ同樣使用了具有共產主義根源的象徵，比如他們舉起的拳頭。吳安迪將美國的安提法描述為「馬克思主義、無政府主義和批判理論等幾種激進意識形態的獨特交融」。[57]

安提法和ＢＬＭ有著共同的目標，即摧毀資本主義和美國。他們都相信暴力、無視法律，並且不擇手段。他們還利用反法西斯主義這個具有欺騙性的口號來掩蓋真實意圖，壓制言論自由並製造混亂。本質上，安提法和ＢＬＭ都是徹頭徹尾的馬克思主義者。

紅衛兵之所以成為一股不可阻擋的力量，原因很簡單，因為毛澤東為他們撐腰。二〇二〇年，許多美國人無助地看著美國城市陷入火海，困惑為什麼這種混亂和暴力無法遏制。原因是這些激進分子得到了整個進步派陣營的全力支持。

吳安迪在《揭開面具》一書中解釋道：「事實上，如果二〇二〇年的騷亂能證明什麼的話，那就是相當一部分民主黨政客、知識分子、學者和記者認為，只要是以『種族正義』為名義進行的騷亂和搶劫，就是合理的。」[58]

毛澤東砸爛公安局，檢察院，和法院，為他的紅衛兵鋪平道路，使他們可以肆無忌憚無法無天。美國的進步派一直在為他們的「美國紅衛兵」做著同樣的事情，不僅削減警察經費，還將執法部門妖魔化。他們成功地削弱了警察力量，自二〇二〇年以來，警察辭職的情況大幅增加。[59]

對於那些被逮捕的違法者，他們得到了一個草根保釋基金（grassroots bail fund）的支持以獲得釋放，這個基金背後得到了時任參議員的賀錦麗支持。[60] 賀錦麗還站在了一個被指控的罪犯那一邊，而非執法部門這一邊。她親自會見並表示支援威斯康辛州的雅各·布萊克（Jacob Blake）。布萊克是在二〇二〇年八月威斯康辛州基諾沙的一起家庭糾紛中抗拒逮捕時被警察擊傷的。[61] 儘管許多BLM和安提法的騷亂者和搶劫者有被拍攝到，並在影片中可清楚識別，能夠看見這些人砸碎窗戶、偷竊物品和縱火燒毀商店，但紐約市仍然撤銷了對數百名相關人員的指控。[62]

吳安迪特別指出國會女議員亞歷山卓・歐加修—寇蒂茲（Alexandria Ocasio-Cortez）應該對安提法思想合法化負起責任，她不斷指責川普政府是「種族主義者」，並表示應該要不惜一切代價將其擊敗。吳安迪寫道：「沒有其他知名政治人物（像她）那樣高調，成功將安提法的議程帶入主流，使得宣揚激進極端觀點在政治上變得可以接受，甚至具有優勢。」[63]著名的前福斯新聞主持人和評論員塔克・卡森（Tucker Carlson）在二〇二三年一月二十三日的晚間節目《塔克・卡森今夜秀》中總結了這一點，或許是說得最好的。他說：「安提法是民主黨建制派在華盛頓穩固政權的武裝工具。」[64]

至於資金支援，獨立調查記者阿什利・雷・戈登伯格（Ashley Rae Goldenberg）在二〇二〇年六月發表在保守派媒體《保守派火線》（*Conservative Firing Line*）的一份報告中，列出了兩百六十九家支持安提法或BLM的公司，包括愛迪達、亞馬遜、美國航空、蘋果音樂、阿瑪尼、AT&T和大西洋唱片公司等——而這還只是戈登伯格按照字母順序詳細列出的長長名單的開頭。[65]

吳安迪指出，全國律師協會（National Lawyers Guild），這個極左翼法律組織，是為安提法提供法律援助的主要實體。

BLM、安提法和社會正義戰士（SJW）讓所有人都知道他們的訴求：取消警察經費；沒有正義，就沒有和平……二〇二〇年在華盛頓州西雅圖市，在民主黨市長珍妮・杜肯（Jenny Durkan）的支持下，抗議者們有機會將他們的訴求付諸實踐。他們建立了一個沒有警察、主張社會正義和種族正義並自治的公社，在那裡，有色人種不僅受到平等保護，還被置於所謂的「逆壓迫等級」*的頂端。[66]歡迎來到國會山自治區（CHAZ），也被稱為國會山占領抗議區（CHOP）。國會山自治區包括西雅圖市中心附近約六個街區的區域。

這場「傳奇」的「輝煌」持續了二十四天，期間CHAZ見證了猖獗的犯罪活動，包括四起槍擊事件、兩起凶殺案、縱火和多起涉嫌性侵犯的指控。[67]諷刺的是，「所有確認的受害者都是黑人男性——正是CHAZ聲稱要為之提供保護的群體。在缺乏合法警察的情況下，武裝犯罪集團和未經訓練的無政府主義準軍事組織填補了這一空缺。幾乎每晚，都有槍聲在街道上響起。第一個凶殺案受害者死於幫派暴力；據報導，第二個受害者沒有攜帶武器，且在駕駛一輛偷來的車兜風時被『CHAZ安全部隊』擊斃，」克里斯多夫・魯福（Christopher Rufo）在《城市雜誌》（*City Journal*）上這樣報導。[68]

---

* 即原本被壓迫的群體現在處於優勢地位

我們無需費心去設想ＢＬＭ／安提法／ＳＪＷ能否為我們創造的「更好」的社會。ＣＨＡＺ就是一個現實的例子。這就像是讓精神病人來管理精神病院，類似於文化大革命期間紅衛兵管控北京和中國其他城市的情形。

二〇二〇年，整個世界似乎都支持ＢＬＭ運動。《紐約時報》聲稱：「ＢＬＭ可能是美國歷史上規模最大的運動」。[69]然而，僅僅兩年後，ＢＬＭ的全盛時期似乎已經過去，各種醜聞不斷浮出水面。

其中之一就是二〇二二年四月七日，哥倫比亞新聞學院的肖恩．坎貝爾（Sean Campbell）報導說，ＢＬＭ全球網路基金會用捐款資金購買了一棟價值六百萬美元的房子。理由是什麼呢？他們的解釋是，這棟豪宅為「黑人創作者提供創作藝術的空間以及對運動產生影響力的平臺」，並且「當人們感到受到威脅或收到死亡威脅時，作為安全小屋使用」。[70]很難想像有多少美國人會相信這一說法，即使是為傾向自由派媒體寫作的坎貝爾似乎也對此表示懷疑。

二〇二二年五月，有報導稱該組織的前執行董事庫洛斯，為她的兄弟支付了八十四萬美元作為「安保服務」的工資。[71]

這些事件正表明，ＢＬＭ和安提法不僅沒有真正為黑人生命而戰，他們還在利用這個運動為自己牟利。

如果讀者對上述故事的真實性有任何懷疑，只要知道上述針對BLM創始人的指控，實際上都來自BLM分支機構，就會打消疑慮。二十六個分支正在起訴該組織的領導層，指控他們從慈善捐款中挪用了一千萬美元用於個人消費。[72]

儘管BLM領導人一直否認這些指控，但愈來愈多人，包括他們最親密的盟友，已經開始看穿他們的虛偽。二〇二二年九月底，在期中選舉前一個月，當時的賓夕法尼亞州參議員候選人、民主黨人約翰．費特曼（John Fetterman）——曾經的BLM熱心支持者——悄然從自己的競選網站上刪除了BLM相關內容。[73]這是否因為費特曼意識到人們已經厭倦了BLM製造的混亂呢？顯然，他注意到與BLM的關聯已經成為一種政治負擔而非資產。可以預見，愈來愈多美國人將逐漸認識到BLM的真實面目與其危害性。

* * *

自二〇二〇年以來，美國紅衛兵群體領導的「抗議」活動在美國政治版圖上變得愈來愈普遍。我們可以在各州議會大廈和立法會議中看到他們的身影，在天主教教堂內外看到他們的行蹤，甚至在高速公路和地鐵等公共場所也能遇到他們。

這些「抗議者」常常高喊著諸如「停止槍支暴力」、「保護跨性別兒童」、「捍衛女性生育權」、「拯救我們的環境」或「社會或種族正義」等口號。然而，他們的真實意圖很明顯：恐嚇和破壞。他們被動員和發動的方式，不禁讓人聯想起中國文化大革命期間的紅衛兵運動。

無論是中國的紅衛兵還是美國的紅衛兵，都是革命的先鋒隊。目前活躍的一些激進組織，如BLM和安提法，可能認為他們將永遠掌握權力和影響力。中國的紅衛兵當時也是這樣想的，但別忘了毛澤東紅衛兵的悲慘結局，他們的政治價值被耗盡之後，毛澤東把他們像垃圾一樣丟棄了。這個歷史教訓或許值得當今的激進分子們警惕和反思。

第七章・取消文化：一場對舊世界的戰爭

一九六六年的某天，我媽媽難得帶我去餃子館吃餃子，那天的情景至今仍歷歷在目。一群紅衛兵接管了餐廳，並透過擴音器宣布了一項新規定：「任何人都不應為他人服務，服務即是剝削」。這意味著每個人都要自己收拾和清洗用過的餐具。除了顧客等待買餃子的長隊，還得排長隊去廚房洗碗。我乖乖地洗淨了我用過的碗，感到深深的自豪，覺得自己參與了革命並站在紅衛兵這邊。往事如鑑，這難道是美國當今所謂「覺醒」運動追求公平的下一個階段嗎？

取消文化運動（Cancel Culture）如今肆意橫行，已在今天的文化中無處不在。然而，「取消文化」這一術語進入美國詞彙裡其實沒有多久。二〇一九年，澳大利亞英語的權威詞典《麥覺理字典》（*Macquarie Dictionary*）將「取消文化」評為「年度詞彙」。它們給出的理由是：「一個捕捉過去一年時代精神的重要術語……這種態度如此普遍，以至於被賦予一個名稱，社會的**取消文化**不論是好是壞，都已成為一股強大的力量。」[1]

它確實已經成為一股強大的力量，一股旨在將傳統西方文化轉變為馬克思主義或覺醒文化的力量。取消文化已成為美國當下最具影響力、最危險的「疫情」之一，最終可能導致國家的瓦解。取消文化是馬克思主義文化革命的核心要素之一。

毛澤東也實施了他的版本的「取消文化」，即所謂的「破四舊」：舊思想、舊傳統、舊習俗和舊習慣，換句話說，即整個歷史傳承的中國文化體系。

但「破四舊」的行動並非始於一九六六年文化大革命的爆發，早在一九四九年，毛澤東及中共在其統治初期便開始策劃削弱傳統的中國文明，這一過程一直持續了十七年，最終醞釀出文化大革命。這是毛澤東試圖徹底消除舊中國殘餘而做的最後一次企圖。

透過一九四九年的土地改革，中國共產黨開始行使其最具破壞力的權力來消滅傳統文化。中國共產黨不僅沒收了地主的土地和財產，還消滅了鄉紳階層——這些鄉紳數百年來一直是傳統文化和價值觀的實際守護者和傳承者。幾百年積累下來的歷史和傳統，僅在短短幾年間就被中共摧毀殆盡。

毛澤東在一九四〇年發表的《新民主主義論》中指出，儒家思想是新文化和新思想的障礙，他寫道：「不破不立，不塞不流，不止不行，它們之間的鬥爭是生死鬥爭。」[2]

「破四舊」的目標是消除舊的，以引入四新的到來，即具有馬克思主義和共產主義色彩的理念、傳統、習俗和行為，其背後更深層的含義是推廣更激進的毛澤東思想。

一九六六年八月十八日，北京天安門廣場舉行了第一次紅衛兵集會後，紅衛兵們迅速發起了「破四舊」運動，這標誌著毛澤東式的取消文化運動的開始。

紅衛兵們狂熱地開始他們的大破壞，首先廢除了他們認為具有封建主義色彩或不符合文化大革命精神的傳統名稱。他們著手革命化各種名稱，包括機構、街道、公園、品牌、商店、流行菜品，最終甚至涉及到個人姓名。

許多街道被賦予了新名字，如「反帝路」、「反修大道」或「革命街」。

紅衛兵們甚至將紅衛兵概念誕生地——清華大學附屬中學——也進行了更名。原本「清華」的涵義是「純淨的中國」，但卻被更名為頗具諷刺意味的「紅衛兵戰鬥學校」。[3]

北京最著名的醫院之一，北京協和醫院（也被稱為北京協和醫學院附屬醫院）在紅衛兵造訪後被改名為「反帝醫院」。具有諷刺意味的是，這家醫院於一九二一年由美國「帝國主義」的代表——洛克斐勒基金會創立。[4]

紅衛兵對改名的狂熱甚至影響了我們美國人所熟知的「北京烤鴨」。這道著名菜餚原本來自一家有著數十年歷史的高檔餐廳——全聚德烤鴨店。「全聚德」大致可譯為「積聚美德」，這名字顯然不夠革命。紅衛兵砸碎了餐廳的招牌，將其改名為「北京烤鴨店」（Peking

Duck Restaurant）。他們還對老闆進行了批鬥，判處他流放到農村養豬。[5]

我對改名那段日子記憶猶新，因為它也波及到了我的家鄉成都。市中心最繁華的購物區有一條名為「春熙路」的街道，意為「春天的光輝」。這條路被簡單粗暴地改名為「反帝路」。「反帝」是當時最流行的新名稱。

甚至連個人姓名也未能倖免。傳統上，中國父母會為孩子選擇寓意吉祥的字詞，如德、純、福、壽或運。但為了政治正確和緊跟時代潮流，許多年輕人將傳統名字改為具有革命色彩的名字。我的名字「西」，可能會被聯想到「西方帝國主義」。儘管當時年紀尚小，我仍意識到這個名字可能會帶來麻煩，於是我請求父母給我改名。但他們不願意，明智地拒絕了，並轉而說服我的同齡人，讓他們知道我的名字取自於我出生的城市「西安」。

雖然我保留了自己的名字，但我的許多同學選擇改用更具革命色彩的名字，如紅、勇、衛或戰士。有個男孩甚至把名字改成了「黨生」，意思是「由共產黨而生」。在當時，改名不需要任何法律程序，於是選擇一個新名字，成為表示自己對革命忠誠的一種簡單的方式。

並非所有的改名都是簡單又自願的。這裡有個故事，講的是上海一位前工廠老闆，因為他堅持保留自己的名字而遭受批鬥。他的名字是「養民」，聽起來像「養活人民」。但因為他被視為資本家，即剝削人民的階級敵人，他的名字於是被強制從「養民」改為「民養」。[6]

如今，改名的做法對許多美國人來說應該已經很熟悉了，因為美國也有類似的改變稱謂的文化運動。某些激進分子的行為，彷彿能看到當年紅衛兵的影子。

作為「破四舊」運動的一部分，大量歷史遺址和文物遭到破壞。僅在北京，一九五八年第一次全國文物普查中登記的六千八百四十三處古跡中，就有四千九百二十二處被摧毀或損毀，超過了百分之七十。[7]

一九六六年十一月，紅衛兵在北京天安門廣場大規模集會，發誓要摧毀位於山東省曲阜的孔廟。這裡是孔子出生和成長的地方，距今已有兩千多年，他的後代也曾在此居住。幾天後，紅衛兵闖入了孔廟。他們的任務是破壞孔子雕像、廟內的紀念碑和孔氏家族的宅邸。紅衛兵與當地工人一起，褻瀆並摧毀了孔氏家族的墓地，挖掘了兩千多座墳墓，掠奪墓中文物，甚至將屍體剝光懸掛在周圍的樹上。[8]

與北京和其他古城不同，上海過去是、現在仍是一個現代化的商業城市。當上海的紅衛兵加入這種破壞性的「取消文化」行動時，他們把目標對準了城市最繁華的商業區，南京路和淮海路。他們砸爛了許多大大小小知名老店的招牌，並禁止銷售高檔產品，如老大昌的精緻麵包、泰山飯店的「奶油蛋糕」和滄浪亭的蝦麵。咖啡廳、撞球館、珠寶店和古董商都被勒令關閉。[9]

回想起幾十年前家鄉成都的歷史古蹟被拆毀，至今仍讓我無比痛心。其中一處被毀的是皇城壩，那時它已經在城市中心至少矗立了四百年。皇城壩因仿照北京紫禁城而建，被人們稱為「小紫禁城」，是明朝開國皇帝的兒子所建造的。距離我最後一次見到皇城壩，已經過去數十年了，但我仍能清晰地回憶起它的城牆以及類似天安門的塔樓。我很慶幸自己還保留著這段視覺記憶，因為在現實世界裡，皇城壩已經不復存在了。它已經被拆除，取而代之的是一座「毛澤東思想勝利萬歲展覽館」，旁邊還豎立著一尊巨大的毛澤東雕像。

在文革之前，中國大多數雕像都是宗教人物，通常供奉在寺廟或其他祭祀場所。然而這些雕像的神聖性並沒有使它們免於紅衛兵的破壞，因為紅衛兵的目標是澈底清除社會中的傳統文化。凡是中國人民所珍視的事物，反而更容易成為紅衛兵的攻擊目標。這一點在他們衝擊北京頤和園時得到了充分體現：他們拆除了一尊巨大的佛像，並沿途砍掉了其他佛像的頭。[10] 在全中國各地，無數佛像被斬首或澈底摧毀，永遠從中國文化遺產中消失。

一九六六年八月二十六日，「破四舊」運動蔓延到了西藏。由漢族和藏族組成的紅衛兵襲擊了拉薩大昭寺，這是西藏最神聖的寺廟。[11]

就在大昭寺遭襲前四天，兩百多名回族（中國穆斯林）學生造反，接管了北京牛街清真寺。這些學生向伊瑪目（穆斯林宗教領袖）提出了一系列命令：一，上繳所有《古蘭經》。

二，禁止一切迷信活動（實際上是指宗教活動）。三，透過體力勞動改造伊瑪目。四，禁止穿著穆斯林傳統長袍。[12]

你可能會問，為什麼穆斯林學生會攻擊自己的宗教？因為這些穆斯林學生也被中國共產黨嚴重洗腦，此時他們已經成了只相信馬克思主義的紅衛兵。

紅衛兵破壞了公共場所之後還不滿足，很快又發起了「抄家」運動，將目標轉向私人住宅，懷疑那裡藏有更多的「四舊」。在中共領導的居委會協助下，紅衛兵輕鬆找到目標。一旦到達目標家庭，他們就會強行闖入並洗劫房屋，搶走任何被認為屬於「四舊」的東西。

小時候，我曾親眼目睹紅衛兵在成都抄家時的混亂場面，整個街區一片狼藉。面對紅衛兵的衝擊，房主和家人除了忍受，別無他法，只能眼睜睜無助地看著，因為他們知道，任何反抗都可能遭到毆打，並被帶走接受更加嚴厲的懲罰。街上全堆滿了從各家搜出的物品——老家具、古董瓷器、家庭老照片、舊書籍……一切承載著故事、記憶的物品，都是他們的目標。除了這些深深刻印在我腦海中的畫面，還伴隨著屋主們的哭泣和哀嚎，以及他們珍藏多年的物品被砸碎、搶走的刺耳聲響。這些聲音至今縈繞在我心頭，揮之不去。

一位朋友曾告訴我他家在北京遭遇的事情。一群不超過十二歲的鄰里孩子們，自己發起了一場「抄家」行動。他們打著「抄舊物」的旗號挨家挨戶地「搜查」。當他們在我朋友家裡找不到什麼舊物時，竟然剪掉了他姐姐的頭髮。為什麼？僅僅因為他們有權力這麼做。這些孩子明白，只要自稱是紅衛兵或小紅衛兵，他們就自動獲得了權力。

這些抄家事件迅速蔓延，短短幾週內，成千上萬的家庭遭遇抄家洗劫。一九六六年八月中旬，天安門廣場第一次紅衛兵大集會後，僅在北京，一個月內就有超過十一萬四千多戶家庭被抄查。幾乎同時，上海在八月二十三日到九月八日期間，共有八萬四千兩百二十二戶人家被抄查。到九月底，天津也有一萬兩千戶家庭被洗劫。[13]

「抄家」最終淪為一場以政治意識形態為名進行的大規模掠奪行動。大量財物最終落入了紅衛兵和負責這些運動的黨領導的口袋裡。

無數家庭不僅失去了長期珍藏的寶物，還失去了無法取代的個人物品，包括家庭照片、文件紀錄、書信往來、手稿和宗教物品。雖然抄家運動的時間較短，但它與世界歷史上一些臭名昭著的暴力和盜竊行為如出一轍。

紅衛兵將抄家視為值得慶祝的「勝利」。一九六六年十月，北京還舉辦了「首都紅衛兵革命造反展覽」，展示了在搜尋「四舊」過程中繳獲的戰利品。[14]

然而，毛澤東對抄家取得的「勝利」並不滿意。他認為這偏離了他真正想要達到的目標。造反派紅衛兵最終理解了毛的真實意圖，於是將抄家目標從「黑五類」（地主、富農、反革命分子、壞分子和右派）轉向了即將成為新「黑五類」的人——那些毛澤東不信任的中共官僚。

一些被抄家的中共新統治階級成員的住所甚至對公眾開放，以展示他們的特權生活。我曾參觀過一個高級官員的豪宅，被他們令人難以置信的奢華生活所震驚。當時我們五口之家住在一個一室半的公寓裡，與其他四個家庭共用廁所和廚房，而這位官員的家卻是一棟四五層的豪宅，專供他的家人和僕人居住。走在這些豪華房間的迷宮中，我驚訝得說不出話來。我記得當時心想：這個官員一定是個壞人，就像電影裡那些透過剝削窮人來過上奢華生活的壞地主和資本家一樣。

人們——特別是美國的年輕人——必須明白，共產主義宣稱的人人平等只是一個神話。在中國，那些自稱解放被壓迫者的共產黨人很快就成了新的特權統治階級。是的，共產黨是消滅了舊的特權階級，不但如此，更是堂而皇之地取而代之，成為新的特權統治階級。

一九六六年，成都市所有市民都被勒令上繳任何被認為是「四舊」的物品。我清楚地記得母親在家裡翻箱倒櫃，最終翻出了一瓶舊香水，她毫不遲疑地將其上繳給了當局。紅衛兵決不放過任何可能被忽略的物品。

除了「四舊」，當時還有許多其他類別的取消運動也在進行。

取消時尚

在那個年代，注重衣著和髮型（如燙髮）都被視為「資產階級情調」而遭到禁止。我還記得，當時女性髮型只有三種選擇：短髮、兩個短馬尾辮，或者兩條或長或短的辮子。在成長過程中，我幾乎一直是紮著兩個短馬尾辮的髮型。幸運的是，我從未被迫改變過，因為我的髮型「正確」。不過，我曾親眼目睹紅衛兵強行剪掉一個女孩的頭髮，只因她大膽選擇了與眾不同的髮型。在許多城市，紅衛兵甚至設立了「髮型檢查站」來嚴格執行這項禁令。

毛澤東中學（由北京第二十六中學更名而來）的紅衛兵發布了「破四舊百條規定」，列出了許多與時尚相關的禁止事項。清單上列舉的物品包括牛仔褲、緊身褲、尖頭鞋、西方或香港式時尚、珠寶首飾、香水和古龍水——這些都是追求時尚的年輕人渴望擁有的東西。[15]

在那個時期，唯一令人嚮往且被視為時尚與奢侈的，是軍裝。無論男孩女孩，還是青年男女，都夢想擁有一套軍裝，儘管大多數人只能退而求其次，穿上仿製的軍裝。當時，絕大多數人普遍只能穿灰色、深藍色或黑色的毛式服裝。

取消女性特質

毛澤東抨擊女性特質，指責其過於「資產階級化」，與革命精神背道而馳。他在一首詩中寫道，中國婦女「不愛紅妝愛武裝」。隨之，女性美被貶低甚至否定。男女穿著打扮和行為舉止都趨於一致，幾乎難以區分。女性在公眾視野中，與男性沒有兩樣。

在「女超人」這個概念出現之前，毛澤東的「鐵姑娘」們就已經是一個能和男性一樣勝任任何工作的角色，並被讚譽為「頂起半邊天」，這是毛澤東對女性力量的詮釋。有趣的是，在二〇二一年美國海岸警衛隊學院的畢業典禮演講中，喬．拜登引用了毛澤東關於性別平等的言論。他公開承認借鑑了毛澤東的話，說道：「女性支撐著半個世界。」[16]你注意到這裡的問題了嗎？一位二十一世紀的美國總統，居然引用了世界上最殘暴和強大的共產主義獨裁者的言論，並且彷彿那是他自己的觀點一樣。

在文化大革命的十年期間，毛澤東的妻子江青始終保持著中性化的外表，成為當時的中國女性應有形象的典範：去性別化。

取消書籍

這場運動不僅查禁並焚燒了中國的出版物，還包括了外國的作品。文化大革命前本就不多的圖書館被關閉，館藏也被清除。文革之前，街角的「小人書」書攤作為圖書館的補充，曾經是許多人的閱讀去處，人們只需花一兩分錢就能在那裡看一本書。我記得在那裡讀過《白雪公主》和《灰姑娘》，這是我文革前珍貴的童年回憶。可惜，這些書攤全都被關閉和取締，從此再也沒有重新回到人們的生活中。

中國的江浙地區歷來文化底蘊深厚，私家收藏中不乏大量古籍。紅衛兵自然不會對此視而不見。僅在寧波市，他們就沒收了無數明清時期的線裝古書。這些古籍並沒有被付之一炬，而是被送去製成紙漿回收利用，總重量竟超過八十噸！[17]

在那個特殊的年代，能夠閱讀的內容極其有限，人們只被允許閱讀毛澤東的《小紅書》、毛澤東著作四卷本，以及卡爾・馬克思、列寧和史達林的著作。而為青少年出版的新書，也無非是歌頌共產主義英雄的故事。

取消常識

在「破四舊」的狂潮中，紅衛兵和許多年輕學生展示出一種狂熱的決心：「敢想、敢說、敢做、敢反」。他們的極端主義、愚蠢無知和缺乏常識的行為可謂層出不窮，以下是兩個典型的例子：

- 他們要求交通警察使用毛主席語錄，也就是《小紅書》代替指揮棒來指揮交通。
- 他們要求改變交通號誌燈的含義。由於紅色是革命的顏色，他們主張紅燈應該表示「通行」，而綠燈則表示「停止」。

這就是魯莽的年輕人被賦予權力時會發生的荒唐事。交通號誌燈顏色意義的顛倒導致了無數的交通混亂，最終這個做法被叫停了。[18]

如果美國的一些激進社會活動家得逞的話，他們可能會取消人行道上表示可以安全通行的「白人」圖示。為什麼？因為有些人甚至認為，等待這個安全標誌就像在等待一個白人給予過馬路的許可，這在他們看來帶有種族歧視色彩。[19]

* * *

到最後，紅衛兵的目標不僅僅是傳統的中國文化，他們還攻擊那些不符合毛澤東新政治規範的共產主義文化。其中包括自一九四九年以來創作的數百部電影、戲劇，以及無數歌曲和書籍。

從一九四九年到一九六六年，中國製作了六百多部電影。其中有超過四百部被認為是「反革命毒草」，不再允許放映。只有少數沒有被列為「毒草」的電影得以繼續上映。[20]

一九五八年出版的《青春之歌》是一部非常受歡迎的小說，後來被改編成了同名電影，同樣大受歡迎。故事講述了在一九三〇年代，年輕的愛國知識分子如何在中共的領導下成長為共產主義革命者。然而，小說和電影都因為「資產階級情調」太重而被批判為「大毒草」。兩者均遭封禁，作者楊沫也被封殺。[21]這情形類似於美國的那種「覺醒不夠」，或者「政治覺悟不夠」。

楊沫及其作品所遭遇的命運，在文革期間幾乎降臨在所有中國作家及其作品頭上。許多作家不僅被封殺，還被起訴、流放到勞改營，甚至被殺害。

一句老話適用於所有獨裁者以及許多掌權者：「只許州官放火，不許百姓點燈。」在「破四舊」方面，毛澤東的行為無疑表現出他是一個十足的偽君子。

當傳統的中國戲劇被禁演時，毛澤東卻在他的私宅觀看一系列專門為他攝製的電影和戲劇。稍低級別的黨領導人則以「學習」為藉口，觀看被禁止公映的外國電影，稱為「內部電影」。朱德曾經是位紅軍司令，後來逐漸淡出政治舞臺，他在文化大革命期間觀看美國著名喜劇演員「兩傻」，即阿伯特（Abbott）和科斯洛特（Costello）的電影消磨時光。這讓我不禁聯想到美國進步派菁英的虛偽，例如他們乘坐私人飛機開會，商議如何說服我們其他人放棄化石燃料、汽油車，甚至是天然氣爐。還讓我想到BLM的創始人為自己購置價值數百萬美元的豪宅。

儘管毛澤東號召紅衛兵摧毀「四舊」，他卻仍然熱愛那些能夠幫助他維護權力的舊思想和舊文化。除了馬克思主義經典，例如他聲稱讀過一百多遍的《共產黨宣言》外，[22]他最常閱讀的書之一是《資治通鑑》——這是一部記述西元前四〇三年到西元九五九年間中國古代編年體巨著，詳細描述了十六個朝代的興衰、帝王們的命運以及朝廷內部的鬥爭與權謀。毛澤東非常喜歡這部書，並聲稱他讀了多達十七次。[23]原因顯然是，他想從中學習歷代帝王如何在權力的遊戲中運籌帷幄並取得勝利。

許多學者認為（包括毛澤東自己也承認），毛澤東是卡爾．馬克思和秦始皇這個首位統一全中國的皇帝的結合體，而秦始皇也是中國歷史上臭名昭著的暴君之一。毛澤東的確是一個「共產主義皇帝」。如果他真的厭惡舊傳統，他會阻止革命群眾高呼「毛主席萬歲」這種封建時代對統治者的稱頌。但這並非不合時宜，畢竟毛澤東確實是中國人民的真正皇帝。

馬克思主義展現出極強的適應性，它可以迅速融合進所在的文化，並變異成更為強大、更險惡的形式。在中國，它演化成東方帝制的極權主義；在美國，它與佛洛伊德和自由主義結合，進一步演變為身分認同意識形態和覺醒主義。簡而言之，馬克思主義在中國有「中國特色」，在美國則有「美國特色」。

文化大革命的目標之一也是取消一些人：黑五類、權威人士、專家階層以及思想不正確的人。

大約在十歲時，我因一次自行車事故住進了醫院。在醫院裡，我結識了一位打掃我病房的清潔工。她年紀稍長，總是面帶微笑，用溫暖的話語安慰我。後來我從護士那裡了解到，這位清潔工曾是醫院裡最頂尖的醫生之一。因為她是在舊社會受的教育，所以被視為反動學術權威而遭到「取消」。她被貼上專業人士和知識分子的標籤，這使她成為了毛澤東政權和取消文化運動的「取消」對象。

當我知道她的故事時，並不感到驚訝。我的校長被「取消」了，我所在地的市長、省長被「取消」了，甚至當時的國家主席都被「取消」了。

美國的取消文化運動實質上是「破四舊」的另一種形式，旨在摧毀傳統的美國價值觀和建國原則。事實上，進步派想要解構的不僅僅是美國的文化；他們還想推翻整個西方文明。

首先，以那些公開宣稱自己是馬克思主義者的BLM運動領導者為例，他們可不是近幾十年來的民權活動家或宣導者，他們是馬克思主義者，想要摧毀這個國家，然後用進步主義重建，而所謂的進步主義不過是馬克思主義、社會主義或共產主義的偽裝名稱。他們透過「長征」滲透到了我們的所有機構，全面推動取消文化運動。

道格拉斯・穆雷（Douglas Murray）在其著作《對西方的戰爭》（*The War on the West*）中解釋了進步派如何試圖摧毀──「取消」──整個西方文明。他在開篇中寫道：「近年來，一場針對西方的戰爭正變得越發明顯。這不同於以往的戰爭，軍隊交戰並分出勝負。這是一場文化戰爭，毫不留情情地摧毀西方傳統的所有根源以及西方傳統所產生的所有美好事物。」[24]穆雷的關鍵字是「所有根源」。中美兩國的文化革命都想澈底根除傳統文化，這一點無可爭辯。

進步派想要摧毀的舊世界被稱為「白人世界」，因為「**白人**」成為了「**西方**」文明的代名詞。美國的建立深深植根於這種**白人特質**。史密森尼非裔美國人歷史和文化國家博物館

（Smithsonian's National Museum of African American History and Culture）的網站上，曾發布過一個「白人特徵圖表」，是這種**白人特質**最好的體現。[25]儘管在眾多抗議聲浪之中，該圖表已被撤下，但它準確總結了進步派希望摧毀的內容：

- 強調個人獨立與自力更生的精神
- 以核心家庭（父母和子女）為主的家庭結構
- 重視科學方法，強調實證和理性思維
- 基於歐洲歷史和文明發展的歷史觀
- 新教工作倫理，強調勤勞、節儉和自律
- 基督教信仰及其價值觀
- 注重社會地位、權力和權威
- 物質主義價值觀
- 重視未來規畫，強調長期目標和進步
- 時間觀念：嚴格遵守時間表，認為時間就是金錢
- 基於歐洲藝術傳統美學觀念

- 慶祝源自歐美白人文化的節日
- 基於歐洲法律傳統司法體系
- 推崇競爭文化

儘管許多人聽說過批判性種族理論，但很可能對批判性白人研究（Critical Whiteness Studies）知之甚少。雪城大學（Syracuse University）的教育家芭芭拉・阿布勒鮑姆（Barbara Applebaum），在為牛津百科全書撰寫的文章中，將其描述為「一個蓬勃發展的學術領域，旨在揭示那些隱藏的結構，這些結構導致了白人至上主義和特權的形成與延續。」[26] 目前，堪薩斯大學（University of Kansas）提供一門名為「憤怒的白人男性研究」的課程，探討美國「憤怒的白人男性」的「崛起」。[27] 芝加哥大學也計畫開設一門名為「白人問題」的課程。[28] 這一研究領域正在迅速發展，許多學生透過學生貸款來學習這些課程。

《白色脆弱》的作者羅賓・狄安吉羅寫道：「正面的白人身分是一個不可能實現的目標。白人身分本質上是種族主義的；白人無法脫離白人至上的系統存在。」[29] 聽起來像是狄安吉羅認為白人一出生就是種族主義者，這與毛澤東曾說的「出生在黑五類家庭的人自動成為國家的敵人」如出一轍。

所謂「取消白人」，實際上是取消西方文明的委婉說法。的確，美國是由白人移民建立的，其根源來自西方文明。

美國是人類歷史上第一個基於「人人生而平等和自由」這一信念建立的國家，認為人類不可剝奪的權利是由上帝賦予的，不是來自君王、帝王或政府。正由於這一基本信念，美國才經歷了一場血腥的內戰來根除奴隸制，這個自有文字記載以來便存在的制度，並非僅僅與黑色膚色相關。正因為信奉個人自由的基本信念，美國廢除了奴隸制，自建國以來一直吸引著全球熱愛自由的人們。

在俄羅斯、中國、古巴和厄立垂亞等共產主義國家，民眾普遍排斥馬克思主義和共產主義；無論在何地、何種情境下實施，人們始終是抗拒這種制度的。這些國家的人們並不認為那個留著大鬍子的卡爾·馬克思只是一個白人，而是將他看作一個邪惡的象徵！

顯然，BLM運動中的馬克思主義者並不介意卡爾·馬克思是白人這一事實。他們被他的意識形態所吸引，因為這種思想提供了詳細的操作指南，告訴人們如何顛覆社會。

在美國，最公開和最引人注目的取消文化行動，就是推倒紀念碑和雕像。不同於中國的雕像大多位於寺廟或庵堂，西方國家的紀念碑和雕像通常坐落在公共場所和城市或城鎮的中心地帶。摧毀這些建築的行為造成了令人恐慌的場面，其效果是展示了激進分子的力量，暗示他們正在主導我們的文化和歷史敘事。

前總統川普曾提出疑問：「這週是羅伯特・李（Robert Lee）……我在想，下週會不會輪到喬治・華盛頓？再下週又會不會是湯瑪斯・傑弗遜？你知道，你真的得問問自己，這種行為到底什麼時候停止？」自由派媒體對川普的言論嗤之以鼻。二〇一七年，《紐約時報》引用了耶魯大學歷史學教授約翰・法比安・威特（John Fabian Witt）的評論：「川普先生的『滑坡論』警告是一個轉移注意力的策略。畢竟，並沒有人呼籲要拆除華盛頓紀念碑。」[30]

時光快轉到二〇二〇年，喬治・佛洛伊德事件發生後，推倒雕像的行為達到了狂熱的程度。雕像接連被推倒，正如川普所預言的那樣，「覺醒」的激進分子開始襲擊各種雕像。被推倒或破壞的雕像包括喬治・華盛頓、湯瑪斯・傑弗遜、亞伯拉罕・林肯、老羅斯福、弗雷德里克・道格拉斯、克里斯多夫・哥倫布，甚至還有聖母瑪莉亞的雕像。[31]

二〇一七年，我去維吉尼亞的首都里奇蒙參觀歷史遺跡時，遇到了一位當地的藝術教授。我們聊到了這些雕像。當時，雕像推倒運動剛剛從夏綠蒂鎮發端，似乎離里奇蒙還很遙遠。這位教授並未料到，推到雕像的浪潮最終會席捲至此。二〇二二年夏天我再次訪問里奇蒙時，昔日著名的「紀念碑大道」已經變成了「無紀念碑大道」，因為所有的紀念碑和雕像都被摧毀和移除了。在美國所有被推倒的雕像中，最引人注目的無疑是紀念碑大道上被移除的羅伯特・李的雕像。

此後，一個名為「重新構想紀念碑大道」的聯盟成立。有人建議創建一條「社會正義之路」來取代原有的紀念碑（該提議的網頁已被撤下）。[32]這正是文化大革命時期紅衛兵會做的事：推倒過去、抹殺歷史和國家的記憶，以馬克思主義意識形態的符號來取而代之。

隨著前述的雕像從公共廣場上被移除，新的雕像逐漸取而代之，比如被視為「殉道者」的喬治・佛洛伊德、布倫娜・泰勒和BLM運動抗議者珍・里德（Jen Reid，一位英國BLM活動家，她因舉起手臂抗議的照片而走紅）。

雖然激進分子推倒舊雕像沒有受到任何懲罰，但二〇二一年，紐約市警察局仇恨犯罪工作組卻以二級刑事損害罪指控三十七歲的曼哈頓居民邁卡・比爾斯（Micah Beals），原因是他塗鴉了紐約市的喬治・佛洛伊德雕像。[33]不要忘記，佛洛伊德生前是一位有前科的慣犯！

這的確是一個黑白顛倒的世界。

就像文革時期的紅衛兵一樣，當今的「覺醒」激進分子深諳名字所具有的力量，這些名字可以喚醒人們想起美德、共同價值觀、他們的英雄，最重要的是他們的歷史記憶。因此，這些名字也必須被抹去，為進步人士心目中的美德、價值觀和英雄騰出空間。

在我居住的北維吉尼亞，兩所以開國元勳同時是維吉尼亞本地人的湯瑪斯・傑弗遜和喬治・梅森命名的公立學校，分別被重新命名為橡樹街小學和子午線高中。[34]在底特律，著名非裔神經外科醫生和前共和黨總統候選人班・卡森的家鄉，學校董事會投票決定改變班・卡森科學與醫學高中（Benjamin Carson High Schol of Science and Medicine）的名稱。原因何在？一位董事會成員聲稱，把班・卡森的名字放在校名上「相當於在我們學校冠上黑臉川普的名字」。[35]

街道和高速公路也難逃更名風潮。華盛頓特區白宮前第十六號街的一個區段，如今被象徵性地命名為「BLM廣場」。[36]接下來會發生什麼？這種更名會走多遠？會不會發展到把白宮改名為「黑宮」的地步？

再一次，就如同中國的文化大革命，美國的各種知名食品品牌也經歷了更名。一些流行的食品品牌試圖透過改名來擺脫種族刻板印象，包括廣受歡迎的「傑邁瑪姑媽的糖漿」（Aunt Jemima Syrup）*和「班叔叔的米」（Uncle Ben's Rice）**。正如NBC新聞所說，它們都應該「退休」，因為這些形象代表了種族主義的神話，呈現出快樂的黑人奴役。[37]在進步人士

* 一個以非裔美國婦女為形象的品牌。

** 一個以非裔美國男性為形象的品牌。

看來，傑邁瑪姑媽和班叔叔應該表現得憤怒，像BLM示威者那樣揮舞拳頭。現在，在美國商店貨架上取代快樂的班叔叔和傑邁瑪姑媽的，是「金髮」變裝皇后魯保羅（RuPaul）為Cheez-It餅乾代言的形象。魯保羅在餅乾盒上的表情顯得格外開心。

許多美國人童年時期讀過的經典書籍如今被認為帶有種族主義色彩而遭到禁止，其中包括《湯姆歷險記》——這本我在中國上大學時曾深深喜愛的作品。最近，蘇斯博士（Dr. Seuss）的作品也被列入了禁書名單，而這些恰恰是我過去常給年幼兒子讀的故事書。這種現象頗具諷刺意味。當家長們要求將色情書籍從學校圖書館下架時，左派卻抱怨這侵犯了他們的言論自由。史黛西・蘭頓，一位六個孩子的母親，因為反對並揭露費爾法克斯學區董事會在學校圖書館存放露骨色情書籍而成為全國焦點人物。她帶到學區董事會會議上的兩本書是喬納森・艾維森（Jonathan Evison）的《草地男孩》（*Lawn Boy*）和瑪雅・寇芭（Maia Kobabe）的《性別酷兒的回憶錄》（*Gender Queer: A Memoir*）[38]。然而，美國圖書館協會並不站在家長這一邊，他們聲稱要反對「審查制度」，主張將所有書籍都納入圖書館收藏——當然，除了那些他們不喜歡的書。

任何對進步派議程構成威脅的個人或團體都有被封殺的風險。遵循傳統性別角色的強壯男性如今被視為危險分子，據說他們患有「有毒的男性氣質」。而唯一的解藥是——沒錯，你猜到了——「取消」。

「有毒的男子氣概」這一概念已不僅僅定義為「男子氣概」，它延伸成對他人的支配、恐同心理和攻擊性，尤其是針對女性。過去常說「男孩子嘛，總是這樣」，意思是，男孩子的一些表現是他們成長過程的正常現象，這些行為可能需要適當的引導，但本身是無害的，而現在卻被認為是一種必須迅速消除的有毒而危險的威脅。一些「專家」甚至建議父母儘早干預，只給年幼的男孩提供性別中性的玩具，以避免培養那些所謂具有威脅性的男性特質！[39]

「有毒的男子氣概」這個說法已經成為流行語，這種說法實際上是為了製造分裂和推動某種特定的議程。透過將那些反對某種觀點或議程的人視為有害的，試圖削弱他們的聲音，旨在創造出一個更溫順和易於控制的群體。

在中國文化大革命期間，中國共產黨在性別定義和性別特徵方面採取了另一種做法，他們盡可能地消除一切女性氣質。而今天，中國共產黨重操舊業，但這次不是消除女性氣質，而是在男性身上消除女性化。他們的目標是要重新塑造那些被認為過於娘娘腔的成年男性，使其成為真正的男子漢，具有所謂「有毒的男子氣概」的男人。二〇二一年九月，有報導稱，中國政府的監管機構以其一貫的強硬和專制作風，禁止舉止陰柔的男性出現在電視或影音串流媒體網站上。原因很簡單：在他們看來，這種「有毒的男子性氣質」有利於習近平的軍事和全球野心。[40]

非二元性別（指不認同傳統男女二元性別劃分）和性別流動（指性別認同可能隨時間變化）的活動家們認為，他們正在展示一種終極自由——成為任何他們想成為的人。然而，我擔心他們所謂的「自由」，實際上只是一些激進改革者用來摧毀傳統的工具之一。歷史告訴我們，一旦權力被完全掌控，那些掌權者往往只會允許我們成為他們希望我們成為的樣子，就像中國共產黨的做法一樣。

美國的極左思想家們給激進文化改革運動帶來的一個「禮物」，就是試圖抹去「女性」這個概念。我們正處在一個奇怪的時代，由於一些極端政治正確人士的壓力，許多人要麼無法，要麼不願定義「什麼是女性」。甚至連美國最高法院的提名人選，傑克森法官（Ketanji Brown Jackson）都無法回答「什麼是女性」這個問題。傑克森認為這個問題太難回答，因為她「不是生物學家」。針對這種荒謬的回應，共和黨參議員瑪莎·布蕾波恩（Marsha Blackburn）說：「妳不能給我一個關於女性如此基本的問題的明確回答，這凸顯了我們所聽到的那種過於激進的教育理念的危險性。」[41]

圍繞性別的敏感性和困惑已經如此普遍，以至於許多人主動聲明自己的性別代詞，就像我在前工作單位經歷的那樣。這是一些激進改革者用來主導文化氛圍，識別誰是同盟、誰是敵人的又一策略。

我如釋重負地感到慶幸，自己不再身處美國工作場所那種極度政治正確的環境中，因為在二〇二二年，錯誤使用性別代詞，都可能被視為一種嚴重的冒犯。學校也成了性別意識形態的溫床。在維吉尼亞州的費爾法克斯，公立學校現在可能會開除「惡意使用錯誤性別代詞」的小學生。更糟糕的是，任何被指控「惡意使用錯誤性別代詞」的學生，可能會面臨與毆打和傷害罪相當的指控。[42]在威斯康辛州的一所中學，三名學生因使用生物學上正確的代詞稱呼另一名學生，而被指控「性騷擾」。[43]

美國的極左思想家們創造了一種基於身分的意識形態，這在很大程度上破壞了美國文化的穩定，加劇了社區和家庭內部的分裂。然而，我不確定這種基於性別身分的意識形態在中國會如何運作。因為在中文裡，「男」和「女」這兩個詞，既用於社會性別（gender），也用於生理性別（sex）。

當毛澤東試圖消除傳統的女性氣質時，他實際上使中國成為了一個趨向無性別差異的社會。而現在，美國的一些激進改革者正試圖創造無窮無盡的性別類別，這實際上是另一種實現「消除性別差異」目標的方式。

根據Dictionary.com的定義，所謂的「取消文化運動」，是指透過社群媒體對名人或公司進行抵制和封殺。但必須理解的是，實際上被「取消」的並不是個人或公司本身，而是這些人物或公司所代表的理念。

二〇二〇年，當大多數公司都在將其品牌與BLM運動相呼應，為在網站、產品或商品上使用BLM標誌而捐贈數百萬美元時，有一家公司沒有跟上這波潮流。結果，戈雅食品公司（Goya Foods）成為了那些極端政治正確人士攻擊和抵制的目標。戈雅的首席執行長羅伯特·烏納努埃（Robert Unanue）不僅沒有向有爭議的BLM組織低頭，反而公開表示他支持當時的總統唐納德·川普。因此，烏納努埃和戈雅很快成為一些激進改革者惡毒攻擊的目標。

在一次眾所周知的攻擊事件後不久，烏納努埃在邁克爾·貝瑞（Michael Berry）的廣播節目中興高采烈地宣布，具有馬克思主義傾向的國會女議員亞歷山卓·歐加修—寇蒂茲，被評為戈雅食品公司的「月度最佳員工」。原因是她呼籲抵制該公司的行為，反而導致銷量暴增十倍。[44] 歐加修—寇蒂茲試圖傷害一家跟她同樣源自拉丁文化的公司，最終弄巧成拙。

這種文化抵制運動，甚至波及到了暢銷書《哈利波特》的作者JK羅琳。她因在社群媒體上發文支持一位英國女性而惹怒了許多粉絲，這位女性因發布被認為帶有跨性別歧視的推文而被解雇。作為懲罰，羅琳被禁止參加二〇二一年的《哈利波特》週年特別節目。[45]

進步主義者認為所有保守派、共和黨人和自由主義者都應該被取消，因為他們是種族主義者和白人至上主義者。

如果說這其中有什麼「正義」，那就是連左派陣營也不能倖免。取消文化就像一個怪物，一旦被創造並釋放出來，它將吞噬一切，包括它自己。取消文化不加區別地攻擊任何人，而且風向可能隨時改變。如今，我們看到愈來愈多進步人士因為不夠「覺醒」而被取消。

深受歡迎的電影明星、左派盟友湯姆．漢克斯也遭到了取消文化狂熱分子的攻擊。原因何在？他可能不是種族主義者，但他肯定不是反種族主義者。美國國家公共廣播電臺的電視評論家艾瑞克．德根斯（Eric Deggans）認為，漢克斯的整個職業生涯都在扮演正直的白人角色。在他的評論文章中，德根斯指出，這位演員應該成為一個「反種族主義者」來贖罪。[46] 我彷彿可以看到德根斯給漢克斯戴上一頂高帽子，主持針對這位演員的批評會，同時高舉肯迪的《如何成為反種族主義者》，就像過去人們高舉毛澤東的小紅書一樣。

就連艾倫．狄珍妮也未能逃脫取消文化的魔爪。這位娛樂界LGBTQ群體的標誌性人物，在二〇二〇年遭遇了風向的逆轉。她作為最友善、最慷慨的電視脫口秀主持人的美譽受到了不滿員工的挑戰，這些員工指控她主持的節目存在充滿敵意的工作環境，甚至充斥著性騷擾的情況。最終，艾倫本人和《艾倫秀》都被抵制了。[47]

即便是美國第一位黑人總統歐巴馬，也難逃「政治正確」狂熱分子的批評。芝加哥的一個學區本想將湯瑪斯．傑弗遜中學更名為這位第四十四任總統的名字，卻遭到了移民權益宣導者的強烈反對。他們指出，歐巴馬在任期間驅逐的非法移民數量超過了歷史上任何一位總統。他們甚至給歐巴馬貼上了「壓迫者」和「驅逐大王」的標籤。[48]

盛宗亮（Bright Sheng）對「批鬥文化」可謂深有體會，無論是在毛澤東時代的中國，還是在當今的美國。和我一樣，盛宗亮也經歷了文化大革命。當時紅衛兵在抄家時沒收了他家的鋼琴。如今，在密西根大學擔任音樂作曲教授期間，他又親身體驗了這種文化。二〇二一年十一月，他遭到一群學生的攻擊。這些學生要求學校解雇盛宗亮，聲稱他營造了一個「不安全」的課堂環境。

引發爭議的是盛宗亮在課堂上放映的一部電影，這部電影展示了如何將一個劇本改編成歌劇。影片是一九六五年版的莎士比亞名劇《奧賽羅》。其中，傳奇演員勞倫斯．奧立佛（Laurence Olivie）畫黑臉扮演了奧賽羅這個角色。值得注意的是，即使在六〇年代，這種做法就已經引起了爭議。

當學校管理層就學生們的憤怒與他對質時，盛宗亮表示了真誠的歉意，承認自己現在意識到在課堂上放映這部電影是個錯誤。然而，對於這些覺得受到嚴重冒犯的學生來說，一個道歉遠遠不夠，他們的反應就像經歷了嚴重的心理創傷。[49]

想想看，一群心胸狹隘且敏感脆弱的大學生，居然能對一位教授的職業生涯產生如此巨大的影響，這實在令人感到恐怖。盛宗亮教授的本意只是想開闊學生們的思維，向他們傳授與藝術相關的多元文化見解，卻不小心觸碰了他們脆弱的神經。更令人沮喪的是，無論是其他學生、學校管理層還是盛宗亮的同事，誰都沒有勇氣站出來說句公道話。對盛宗亮來說，這令他回想起在中國共產黨政權統治下度過的文革那段黑暗歲月，而這段歷史，恰恰是那些標榜自己「覺醒」的學生和教授們所知之甚少的。

道格拉斯·穆雷在他的《對西方的戰爭》一書中寫道：

> 如今，西方既面臨外部挑戰，又遭遇內部威脅。然而，沒有什麼威脅比那些意圖一步一步瓦解我們社會結構的內部力量更為嚴重。他們攻擊這些國家的主流人口，聲稱我們的歷史完全應受譴責，毫無可取之處。他們宣稱我們的過去導致現在的一切都不可救贖地充滿罪惡，儘管這些罪惡在歷史上困擾著每個社會，但他們認為只有西方應該為此負責。最重要的是，有些人假裝這個在歷史上為世界貢獻了最多知識、理解和文化的文明竟然毫無價值。面對如此短視、無處不在的仇恨，我們該如何應對？[50]

穆雷的描述是多麼令人不寒而慄啊！他所描述的情況正在美國和西方上演，正如五十多年前在中國所發生的那樣。當時，毛澤東讓紅衛兵和中國人民相信，中國三千年的歷史中沒有任何值得稱道和保留的東西。

我是格倫・洛里（Glenn Loury）的粉絲，經常收聽他的播客節目。洛里是一位非裔美國知識分子，布朗大學的默頓・斯托爾茨（Merton P. Stoltz）經濟學教授，同時也是曼哈頓研究所的高級研究員。他的研究主要集中在平權行動、黑人家庭和黑人愛國主義等議題上。[51]

在他的許多播客節目中，我多次聽到他自稱是一個西方文明的擁護者。

在二〇二二年四月接受《編年史》（Chronicles Magazine）雜誌採訪時，洛里表示：

我同意菁英階層已經失去了信心。他們不僅不再擁護和傳播對我們所生活的西方文明的自豪感或歸屬感，甚至不再認識到它的本質和獨特之處。天哪！奴隸制在人類歷史上存在了數千年！真正新的，是基於人權運動而實現的大規模解放。這在十八世紀之前的人類歷史上是一個全新的概念。它的起源可以追溯到哪裡？我們可以追溯其淵源，基督教無疑是其中重要的一部分。這代表了我們社會和道德思想兩千多年的演變，但我們（整個社會）似乎不願意接受我們文明的基督教基礎。[52]

他的觀點非常中肯。從這個意義上說，我可以稱自己為一個認同西方價值觀的人，因為我擁護自然權利和個人自由這些西方價值觀。當白人被要求為孕育他們的文化感到羞恥，並要否定他們的白人身分時，我毫不在意被稱為本是進步人士給予成功亞裔的貶義詞「類白人」（white adjacent）。我絕不會允許任何人試圖抹殺我的存在或價值。

第八章・家庭的解體

二〇二一年十一月三日，也就是選舉後的第二天，我應邀參加福斯新聞的一個訪談節目，討論共和黨候選人格倫・楊金在維吉尼亞州州長競選中的勝利。維吉尼亞州近年來愈來愈傾向於支持民主黨，因此這場選舉競爭異常激烈。在全國直播的電視節目中，我情不自禁地哽咽了！那一刻，所有回憶湧上心頭：無數次集會，挨家挨戶拜訪，在寒冷的雨中站立九個小時為投票站的選民分發選票樣本，以及等待最終結果時的煎熬……這是一場如此艱辛的戰鬥，當我得知不僅州長職位，還有維吉尼亞州副州長和總檢察長職位都獲勝時，我忍不住落淚了。

楊金的制勝議題是什麼？教育中的父母權利。自從我在二〇二一年六月的勞登郡學校董事會發言以來，我有機會與全國無數的父母見面和交談。他們都表達了同樣的擔憂：「他們正在試圖影響我們的孩子」和「他們想要瓦解我們的家庭」。

這些父母的擔憂真實且合理。馬克思主義者確實正在試圖影響我們的孩子，破壞我們的家庭，這不是什麼隱藏的議程，而是在卡爾．馬克思的《共產黨宣言》中公開宣稱的：「廢除家庭！」（原文使用德語「aufhebung」，意為揚棄或廢除）。他們是認真的，在蘇聯、中國以及他們能夠立足的任何地方，他們都這樣做了。現在，他們正在美國推行這一理念。

在傳統中國社會中，家庭作為一個社會單元，長久以來被視為神聖的存在，具有不可動搖的地位。傳統的家庭通常是多代同堂的大家庭，家族的權威長者——通常是年長的男性——擁有極大的影響力，並享有家族成員的忠誠擁護。在中國社會中，家庭的重要性不僅僅是透過血緣關係維繫親情紐帶，更是在孝道的核心下建立倫理關係。這也成為了傳統中國美德的根基。這種觀念延續了兩千多年，屹立不倒。

「孝」字的最初寫法，就是「子」扶持「老」的象形字，描繪了一個孩子攙扶老人行走的場景。孝道是儒家教義的重要組成部分。提倡人們應該愛護、孝敬父母；透過良好的品行表達對他們的尊重，為家族維護良好的聲譽。因為一個道德和諧的家庭是道德和諧社會的基石。然而，在毛澤東時代的學校和家庭裡，我們從未被教導過孝道。在文化大革命期間，它被視為「四舊」（指舊思想、舊文化、舊風俗、舊習慣）之一而受到批判。

這種傳統家庭的概念，首先在一九一九年的「五四運動」中受到衝擊。「五四運動」可以說是一場進步的學生運動，其標誌性事件是數千名大學生在北京天安門廣場抗議政府對

《凡爾賽條約》軟弱無力的回應。根據該條約，日本得以繼續占有幾年前在青島圍城戰後從德國手中奪取的山東領土。

這場學生領導的示威活動點燃了全國範圍的抗議，極大鼓舞了中國的民族主義情緒。但「五四運動」最終成為新文化運動持續，拒斥傳統中國文化，推崇西方思想，尤其是科學和民主。新文化運動中的一種新思想便是提倡西方核心小家庭模式，屏棄傳統的中國家庭模式。到一九四九年中國共產黨上臺時，核心小家庭模式在城市地區已經較為普及。

「五四運動」意義深遠，它培養了許多未來的中國共產黨領導人，為毛澤東最終掌權鋪平了道路，並激發了他對「破舊立新」的執念。這一打破舊世界，建立新秩序的過程，實質上撕裂了整個國家，並摧毀了數百萬中國家庭。

然而，毛澤東顯然在傳統的大家庭模式中看到了他喜歡的東西。在這種模式中，家族的族長負責整個家族的事務。毛澤東把自己視為那個族長，把整個中國民族視為他的家族。毛澤東利用了傳統家庭概念的這一特點，並將其作為一種新的家庭模式強加於人民，將人們對家庭的忠誠和服從重新定向到他自己和黨派上：「革命大家庭」。這個詞聽起來像是對某種新穎和令人興奮的事物的宏偉描述，而實際上，這一變化預示著對傳統中國家庭的徹底破壞和毀滅，如傳統主義者所理解的那樣。

中國共產黨推行「革命大家庭」理念，是一個典型的群眾操控案例。中共透過改造語言，巧妙地說服或強迫中國人民接受這種新型家庭觀念。在這種理念下，中國人民會被視為一個巨大而緊密相連的大家庭中的成員，得到培養、照顧、關愛和保護。我常常聽到我母親提起這個詞，回憶她年輕時作為共產黨員在中共軍隊服役的經歷。

隨著毛澤東宣布建立新的「革命大家庭」，一種新的權力結構應運而生，由毛澤東和黨來扮演家長角色。在這個體系下，孩子們必須絕對忠誠於他們的「大家庭」領袖，這些「父母」實際上取代他們生物學上的親生父母。這個大家庭的領袖擁有絕對權力，可以決定每個家庭成員的福祉——即使這些家庭成員數以億計。

如今，美國也正在發生類似的情況。進步派人士正在努力推動並逐步使廢除核心家庭的想法變得更容易接受。我們將在本章後半部分更詳細地探討這一點。事實上，這些美國馬克思主義者正在效法毛澤東的「革命大家庭」模式，這個現成的範本就擺在他們面前，這個範本在中國文化大革命爆發前就已經建立起來了。

以下是openDemocracy.net網站上發表的一篇評論文章的摘錄，標題為〈廢除家庭不是要結束愛和關懷，而是要將其擴展到每個人〉。在這篇評論中，作者認為「一個社會若依賴家庭作為唯一一個有愛和關懷關係的場所，那這個社會本質上是不平等的，並且破壞了團結。」

[1]這種論調與毛澤東宣導「革命大家庭」如出一轍，所謂的「擴展愛」實際上意味著讓國家取代父母的角色。

「革命大家庭」理念和人民公社運動（我稍後會討論）的灌輸對中國家庭造成了難以想像的傷害。文化大革命更是徹底摧毀了家庭的基本結構，許多家庭因此深深分裂，家庭成員相互敵對——這種情況遠遠超出了我們今天在美國所看到的保守家庭成員與其左傾親屬之間的政治分歧。在中國，特別是在文化大革命期間，家庭內部的政治分歧變得如此激烈，以至於在許多情況下成為了生死攸關的問題。其中最令人毛骨悚然的莫過於張紅兵的故事。以下是根據二〇一六年《環球時報》對張的採訪整理的回憶。[2]

一九七〇年，年僅十六歲的張和他的父親一起向當地政府官員舉報了他的母親方忠謀。這是因為方忠謀在家中私下批評了毛主席。然而，在毛澤東主導的社會中，家中沒有隱私——對於被視為「人民公敵」的方忠謀而言更是如此。值得注意的是，張在十三歲時就加入了紅衛兵，這促使他將名字改為「紅兵」，這一改名得到了他父母的支持。

一九六六年，張紅兵唯一的妹妹意外去世。與此同時，他的父親被指控追隨「資產階級反動路線」，遭受了將近兩年的批評和批鬥會。

在張紅兵父親最終獲釋後，他的母親遭受了殘酷的批鬥，她遭受了嚴重的心理和情感創傷。幾乎精神崩潰的方忠謀稱毛澤東為「叛徒」，並讚揚了被毛澤東清洗的前國家主席劉少奇。方的這番言論引發了她與兒子的爭執。在父親的支持下，張紅兵向當地官員舉報了自己的母親，導致她被逮捕。

一九七〇年四月，在被捕不到兩個月後，方忠謀被處決。

儘管張紅兵因為自己在母親死亡中所扮演的角色而飽受良心譴責，但他多年後表示，這在當時是一個很容易做出的決定——出於對他真正的「父親」毛澤東的忠誠。他認為有義務向他的毛「父親」舉報任何質疑或批評「偉大領袖」的人，無論這人是陌生人還是至親。這在當時的年輕人中是普遍的想法，至少在文化大革命期間是如此。張紅兵的故事成為了文化大革命的時代縮影。那時家庭不僅遭受攻擊，還面臨內部分裂，家庭成員為了捍衛毛澤東而互相背叛。

儘管這個故事令人毛骨悚然，但它絕非個例。有無數事例顯示，孩子們因父母有所謂的反毛行為，而去告發自己的父母，這甚至發生在一些前高級政府官員家庭中。一九六六年十二月毛澤東清洗劉少奇後，劉少奇的女兒劉濤貼出了一張自製的大字報，標題是「造劉少奇的反，跟著毛主席幹一輩子革命」。她還沒完！一週後，她和弟弟劉雲震又貼出了另一張大字報，這次的內容是「看！劉少奇的醜惡靈魂」。顯然，他們竭力證明自己把對毛澤東的忠誠置於家庭之上。正如劉濤所說：「如果我的家人不要我，我知道黨和人民要我！」[3]張紅兵的母親方忠謀為捍衛劉少奇而喪生，而劉少奇的親生子女卻公開譴責他，這何其諷刺！

對家庭成員長年灌輸共產主義思想，期望的就是這個結果，這種公開與父母決裂的行為被稱為「劃清界限」，意味著明確表明自己的立場，以顯示對黨的忠誠。它逐漸成為了當時的文化規範。

每個人都被期望舉報任何被懷疑是「反革命分子」的人，這樣做的目的是將自己與「階級敵人」劃清界限，即使這個「敵人」最終是自己的父母或子女。

現任中國領導人習近平和他的家人同樣是文化大革命的受害者。他的父親是一位中共高級官員，在六〇年代初被毛澤東清洗，這使他和整個家庭被劃入「黑五類」。年僅十三歲的習近平，因在私下抱怨文化大革命，而被造反的紅衛兵認定為「現行反革命分子」，並在一次批鬥大會上被五個成年人公開批鬥。他的母親不得不坐在觀眾席中舉起拳頭，跟著喊口號「打倒習近平」。[4]據習近平回憶，有一天，他從被整肅的中共官員子女管教所裡偷偷溜了出來，跑回家告訴母親他餓了，但他的母親沒有給他食物，而是舉報了他，並把他送回管教所。[5]

我的父親從未停止與他那被歸為「黑五類」的母親努力劃清界線。我從未聽他談起祖母的事情，也從未聽他講述他童年的故事。我的祖母是我們家的禁忌話題，我們竭力隱瞞與她的關係。

父親保留了許多家庭的私人檔案，包括我三歲時幼稚園給我的第一份書面評語。在「道德發展」一欄，我得到了老師的正面評價，因為我知道毛主席是我們偉大的領袖，他住在北京，他像愛自己的孩子一樣愛我們，而我想成為他的好孩子。

由此可見，孩子們從很小的時候就被灌輸了政治思想，在我的例子中，這種洗腦早在三歲就開始了。毛澤東和中共的目標是讓我們從小便認同他們才是我們真正的父母——我們的照顧者和供養者。這種洗腦確實奏效了，體現在我們的一言一行中，甚至在我們所學的歌裡，比如歌詞中唱到「天大地大，不如黨的恩情大。爹親娘親，不如毛主席親」。

中共對中國兒童和成年人的思想灌輸確實令人震驚。一九八九年我在佛羅里達上大學時，天安門大屠殺事件發生，我才猛然意識到自己童年時經歷的荒謬。當時我全神貫注地盯著電視螢幕，我堅信不疑被調到現場的人民解放軍士兵不會向示威者開槍。從小到大，我們一直被灌輸這樣的信念：解放軍士兵是人民的子弟兵，他們是人民的兒子和兄弟，人民的兒子和兄弟怎麼可能會向革命大家庭的成員開槍呢？但這正是最終發生的事。

中共同時推行著兩個互補的策略：在他們努力推廣革命大家庭概念的同時，他們也忙於破壞傳統的核心小家庭。他們的目的是突出和強化前者的地位，同時不遺餘力地削弱和摧毀後者。

早在文化大革命開始前，這種對「家庭」定義的顛覆就已經開始有所鋪陳。尤其是在一九五八到一九六二年的人民公社運動中，這場運動旨在將所有農田集體化，這些土地此前已經從地主那裡重新分配給農民，目的是將中國所有農村地區轉變為人民公社（這與六〇年代在美國出現的嬉皮公社完全不同）。中國這場運動的表面目的是為社會主義鋪平道路，從而徹底根除私有財產。但實際上，它還有更深層的動機，那就是透過集體化來瓦解和摧毀傳統家庭結構。

二〇一三年，香港鳳凰衛視播出了一部名為《天堂實驗》的紀錄片系列，講述了以河南省嵖岈山人民公社為背景的中共人民公社運動的災難性後果。嵖岈山是中國第一個人民公社，樹立了一個全國效仿的榜樣。該紀錄片提供了大量珍貴的歷史影像、照片和採訪資料，生動地展現了那些參與嵖岈山及其他類似公社建設的關鍵人物的經歷。

在第三集《高潮——短暫的「幸福生活」》中，[6]我們可以看到曾經的公社成員回憶，他們當時生活的方方面面是如何被集體化的，彷彿成了被飼養的牲畜：集體用餐、集體幼稚園、集體學校，孩子們被迫與父母分離生活，勞動中的男女則分別住在集體宿舍裡過著集體生活。中國政府透過中共的喉舌《紅旗》雜誌（一九五八年第八期）大肆宣傳這種生活的美好，承諾公社居民享受各種免費待遇。雜誌列出了「十大免費」：免費食物、免費衣物、免費生育和育兒、免費喪葬、免費婚禮、免費教育、免費住房、免費供暖、免費理髮和免費看電影等。[7]這個紀錄片系列製作精良，我真希望它能被翻譯成英文，讓美國觀眾也有機會了解這段歷史。

如你所料，這十項「免費」以及其他未列出的福利，都是空頭承諾，與毛澤東和中共向中國人民許下的眾多令人興奮和看似美好的承諾並無二致。例如，所謂的免費食物其實並不免費，而是從每個家庭收集來後供大家共用，直到食物耗盡為止，隨後饑荒來臨，其他所有福利也隨之消失。人們常把毛澤東的社會主義比作懸掛在空中的美味肉餅圖片：你看得到，但永遠無法觸及。

在傳統家庭中，家人通常是一起用餐、享受天倫之樂。但在人民公社運動期間，私家用餐被「大食堂」取代，每個家庭不僅要上交糧食和牲畜，還要將炊具、桌子和凳子都交到公社的大食堂，供所有人共用。由於農民居住分散，有些人甚至要步行兩英里才能吃上一頓飯。接受採訪的一位老人回憶說，他記得唯一不需要與他人分享的東西就是自己的牙刷。

集體生活中提供的免費餐飲、免費托兒、免費教育和免費宿舍，理論上本應解放女性，使她們擺脫所有日常家務。然而實際上，這並沒有真正為她們帶來安逸的日子。這些所謂「被解放」的女性反而被迫加入勞動隊伍，與男性一起在田間勞作。可以看出，這些公社無非就是共產主義版的美國南方奴隸制種植園罷了。

並非所有人都被中國共產黨的謊言和歪曲的承諾所蒙蔽，認為公社和強制集體化生活能造福大家。一九五九年，也就是人民公社運動的第二年，周鯨文在《十年風暴》一書中寫道，他認為集體生活的主要目的是瓦解家庭結構，以便政府更容易、更有效地控制人民。透過無數次地摧毀家庭結構，中共意在孤立個體、疏離夫妻，並讓孩子從小就與父母分離。這樣一來，他們便成了中共的奴隸勞動力，而孩子自出生之日起就成了黨的財產。[8]

毛澤東偏愛集體化生活的極權主義，讓人聯想到希拉蕊．柯林頓約三十年前在她的著作《需要一個村莊》（*It Takes a Village*）中的那句名言：「養育一個孩子，需要一整個村莊。」希拉蕊．柯林頓提倡由政府主導的社會改革以促進兒童福祉。她似乎是在照搬毛澤東的集體主義劇本，本質上是在說根本不存在個人成功或成就，任何此類成就實際上都是「村莊」共同努力支持社區的結果，極權主義思想果然是相通的。

在寫這一章節的期間某一天，我在去商店的路上，注意到一所即將開放的幼稚園的名字叫「村莊」（Village），上面還有小字寫著「門戶」（Gateway）。我立刻反應過來，這所學校一定是受到希拉蕊那句口頭禪的啟發。這又是一個例子，說明美國人在不知不覺中接受了集體主義。

另一位看清毛澤東和中共真面目的作者程映紅這樣描述道：「毛澤東夢想著建立一個基於『新型鄉村』的新社會（這個概念直接受到烏托邦社會主義者和俄國民粹主義者的啟發），在那裡，撫養孩子以及家庭的許多其他功能將由社區來運作。」[9]

歷史一再向世界證明，許多社會主義試驗最終是如何徹底失敗的。受害的是人民，留下的是支離破碎、混亂不堪或幾近廢墟的國家。然而，任何曾經宣導社會主義的人似乎從未領教到這個教訓。他們茫然無知：這東西……根本……行不通——它從未持久過。毛澤東和中共同時發起的人民公社和大躍進，最終導致了災難性的後果，引發了一九五九至一九六一年的大饑荒。集體大食堂最終被逐步取消，人民才得以解脫。當農民集體挨餓時，這種所謂的大食堂還管用嗎？儘管如此，人民公社還是存活下來並持續到了一九八三年才最終解體。我對人民公社的集體化有親身體驗；從一九七五年到一九七八年，在接受農民再教育的三年裡，我就生活和勞動在其中一個公社。我學到的唯一教訓就是社會主義是多麼悲慘和可怕。那些對社會主義持贊成態度的美國人根本不知道他們所追求的是什麼。

一九九二年，喬治·布希競選連任總統時，家庭價值觀是其競選主張之一。這是當時的一個熱點議題。那時的家庭狀況已經很令人堪憂，從那以後情況並沒有太大改善，如今的現狀甚至更糟糕。這裡有一個能反映美國整體對傳統家庭和家庭價值觀態度的統計：根據皮尤研究中心的資料，截至二〇二二年，美國是世界上單親家庭兒童比例最高的國家。[10]

眾所周知，卡爾．馬克思的目標之一是消滅資本主義——不論人們支持與否，這一點毋庸置疑。但對許多美國人來說可能不太清楚的是，消滅家庭也是馬克思主義宏偉計畫的一部分。馬克思認為，資產階級家庭的基礎建立在資本和私人利益之上，目的是在於保障富人的財富。雖然無產階級家庭關係已經被簡化為商業物品和勞動工具，但卡爾．馬克思預測，當資本消失時，資產階級家庭也將隨之消亡。[11]

美國馬克思主義者忠實地追隨馬克思的社會主義理想，他們渴望摧毀核心家庭，並藉此抹除資本主義意識形態。在他們眼中，資本家就是邪惡的化身，是一群自私貪婪、毫無同情心的守財奴，對弱勢群體毫無憐憫之心。

馬克思主義者認為資產階級的核心家庭具有雙重目的：首先是保護家族內部的資本和財富，其次是宣揚資本主義意識形態以維護前者。進步主義者正是想要摧毀家庭作為「意識形態傳播工具」的這一獨特功能。那麼，他們所指的意識形態究竟是什麼？正是美國的傳統價值觀！

美國馬克思主義者故意忽視了婚姻和家庭這一制度中蘊含的重要人文價值，諸如愛與關懷、繁衍後代以及父母子女的親情紐帶。然而，他們深知婚姻本身就是一種自由的實踐，為培養自治公民奠定了基礎。正如史考特・耶諾（Scott Yenor）為傳統基金會（Heritage Foundation）所寫的那樣：「婚姻和家庭生活提供了寶貴的道德教育，並為承擔自治公民的責任做好準備。沒有這種道德教育，人們會更加貧困、更加依賴政府，也更難以成為合格的公民。」[12] 進步主義者之所以想要摧毀家庭，恰恰是因為他們深諳家庭至關重要。

接下來，我們將總結美國家庭遭受攻擊的具體方式。

一九六〇年代：反主流文化和激進的第二波女性主義

首先，讓我們回顧一下美國的第一波女性主義浪潮，這場運動興起於十九世紀中期，一直延續到二〇世紀初期，致力於女性的平等權利，包括選舉和投票的權利（即參與政治選舉的權力）。正如俄勒岡州太平洋大學的榮譽退休教授瑪莎・蘭普頓（Martha Rampton）博士在二〇〇八年所指出的，這場運動「與禁酒運動和廢奴運動密切相關」。[13]

接著讓我們跳至始於一九六〇年代的第二波女性主義，根據蘭普頓定義：「這一波運動在反戰和民權運動的背景下展開，並與全球範圍各種少數群體日益覺醒的意識相交織。隨著新左派的崛起，第二波女性主義的聲音變得越發激進。」[14]甚至可以說是極端激進。這些女性主義者的目標不再僅僅是追求平等，而是將女性在家庭中的地位等同於「無產階級」，為了「解放」被視為「家庭奴隸」的女性，以追求廢除資本主義和私有財產這一宏大目標。[15]在第二波女性主義運動中，不僅男性和父權制受到攻擊，婚姻、母親身分、性別和家庭制度也成為了批評的對象。

熱中的女性主義者們不僅僅在理論上撰寫關於摧毀美國家庭的文章，還似乎在這一過程中頗為得意。凱西・薩拉柴爾德（Kathie Sarachild，一九四三年生）年輕時便是激進女性主義運動的領袖和關鍵人物。一九六八年，她將自己的名字改為薩拉柴爾德（Sarachild），其中「Sara」是她母親的名字，「Child」意為「孩子」，以此象徵她是母親薩拉的孩子。這一舉動既是對父權制的抗議，也是對母親的致敬。[16]這讓我聯想到了中國文化大革命時期紅衛兵的改名運動。一九六九年，薩拉柴爾德提出，女性應該「將婚姻作為家庭革命中的『無產階級專政』工具。當男性至上完全被消除後，婚姻，就像國家一樣，將不復存在。」[17]

這絕非偶然的社會現象，而是有著精心設計的目的。南加州大學歷史和當代性別研究教授愛麗絲・埃克霍（Alice Echols）在她一九八九年出版的《敢於叛逆：美國的激進女性主義》

中寫道：「激進女性主義確實如其反對者所指責的那樣：它在顛覆傳統價值觀和破壞家庭方面發揮了關鍵作用。」[18]

顯而易見，這已經演變為一場有計劃的馬克思主義運動，其目標是推動對美國傳統家庭的否定和解構，使其逐步走向瓦解。

美國家庭解構的情況不僅可以與中國相提並論，我們還可以將美國激進進步主義者對家庭的看法與蘇聯共產主義者的觀點進行比較，看看會得出什麼結論。正如《紅色美德：新俄羅斯的人際關係》的作者艾拉·溫特（Ella Winter）所描述的：「蘇聯理論家認為，家庭是隱蔽而危險的個人主義溫床，它束縛了女性，加劇了對金錢和私人財產的貪婪，滋養以自我為中心的觀念，與社會利益相對立。」[19]

溫特寫道，蘇聯對家庭教育影響的態度是，「我們的孩子不僅僅是家庭單位的成員。他們還是課堂、學校、少先隊、共青團小組、社區的一員。這些組織，而非家庭，應該在培養和塑造孩子的過程中發揮重要和主導作用。」[20]

如果此時你還沒有開始思考這些激進女性主義者的信仰和觀念的根源，那麼你至少可能會問：她們是認真的嗎？答案是肯定的，她們完全當真，而且非常活躍。二十一世紀的美國為她們提供了肥沃的土壤，使她們在這片廣闊的思想領域中播種馬克思主義（或者說意識形態毒素）如魚得水。在所有激進運動中，激進女性主義對美國家庭造成的破壞最為嚴重。

美國政府如何成為「父親」（偉大社會計畫）

在激進女性主義者長期猛烈抨擊美國家庭制度的年代，林登・詹森總統（President Lyndon Johnson）推行的「偉大社會計畫」（一九六四－一九六五），進一步解構了家庭，他對此是無法卸責的。這一決策猶如一把無形的鋒刀，切斷了父親與家庭的紐帶，讓聯邦政府悄然取代了父親的角色。值得注意的是，彼時的中國，毛澤東已經在上演類似的「國父」劇本整整十餘年。

家庭解體與福利制度之間的聯繫顯而易見。當政府介入承擔家庭經濟支柱的角色時，婚姻的意義便開始消解：女性不再需要婚姻的庇護，男性也失去了守護家庭的動力。在這種「進步主義」的大傘下，人們享有自由，只要得到聯邦「父親」的批准和經濟支援。然而，福利制度的結果必然會造成代際依賴和貧困的延續。這，正是其目標所在。當民眾處於依賴和貧困狀態時，他們自然會落入國家權力的掌控之中。

後果是顯而易見的，近代歷史已經給我們太多警示。首先，破碎的家庭往往會孕育問題兒童。近年來，多起大規模槍擊案凶手都有一個共同的家庭特徵——他們在缺失父親的家庭中長大。正如猶他州參議員邁克·李（Mike Lee）在二〇二二年德克薩斯州尤瓦爾迪羅布小學發生大規模槍擊案（造成十九名兒童和兩名成人遇害）後所說：「為什麼我們的文化突然培養出這麼多想要謀殺無辜者的年輕人？……這讓我們不得不思考：是否父親缺位、家庭破裂、與社會的隔絕，或美化暴力等因素在其中起了推波助瀾的作用？」[21]然而，進步人士們卻試圖說服美國人，有毒的男性氣質和槍支才是罪魁禍首。

著名美國非裔演員丹佐·華盛頓將黑人社區的犯罪問題歸咎於父親角色的缺席，他說：「如果家裡沒有父親，男孩就會在街頭尋找『父親』。我在我這一代看到了這種情況，在我之前的每一代也是如此，此後的每一代依然如此。如果你在街頭長大，那麼法官就會成為你的母親，監獄就會成為你的家。」[22]

資料印證了這一現象。根據全球統計門戶網站Statista的資料，一九八〇年，美國未婚生育比例是百分之十八點四。到二〇二一年，這一比例已攀升至百分之四十。[23]如果依循進步主義者的邏輯，這種單親媽媽數量的增長，大概就是他們眼中「進步國家」的進步表現了？

思想灌輸：讓孩子與父母對立

由於學校數十年來一直在傳授進步主義意識形態，許多父母發現，自己與子女之間存在的意識形態鴻溝愈來愈大，這種分歧已經遠遠超出了著裝品味或音樂喜好的範疇。包括我在內的許多父母，若未及時注意到這種意識形態鴻溝的劇變，最終都在二〇二〇年BLM和安提法運動引發的暴亂中猛然醒悟——沒錯，那確實是暴亂。在新冠疫情期間，許多課程透過Zoom等虛擬平臺線上教學時，父母們終於能夠親眼目睹、親耳聆聽到學校究竟在教授孩子們什麼。

進步主義學校對數百萬公立學校學生——當然還包括一些私立學校的學生——有著巨大的影響力。一些孩子甚至與父母斷絕關係，這種情況與中國文化大革命期間發生的情形如出一轍。對於我們這些共產主義倖存者而言，目睹這種反家庭意識形態所帶來的痛苦記憶格外深刻，它無情地提醒著我們：這個世界可能變成什麼樣子，而且朝著文革時期的中國那個方向繼續滑落。

請不要否認或淡化這一切，這會是個致命錯誤。不要以為所謂的「仇恨罪」只不過存在於某些人的偏見性政治正確思維中，未來有一天，美國的孩子向政府部門舉報自己的父母涉嫌「仇恨罪」可能會成為常態。這個警告至關重要：中國文化大革命的一幕幕場景已經在美國重演。

例如，在德克薩斯州，一名年輕人向聯邦調查局舉報了自己的父親，導致後者因國會山事件被起訴。十八歲的傑克遜・雷菲特（Jackson Reffitt）在國會山事件發生前幾週就已經向執法部門透露，稱他懷疑自己的父親蓋伊・雷菲特（Guy W. Reffitt）正在策畫什麼，雖然具體什麼不清楚。他後來告訴《紐約時報》：「父親總是說他要做一件大事。」[24]

與「子告父」相對應，這裡還有一個「女告母」的案例：據《新聞週刊》報導，特蕾絲・杜克（Therese Duke）的十八歲的女兒在推特上看到一月六日的一段影片，並在其中認出了特蕾絲・杜克，然後轉發評論：「嘿，老媽，還記得妳告訴我不該去參加BLM抗議因為『那些活動可能會變得暴力嗎』……這不就是妳嗎？」而後特蕾絲・杜克失去了工作。[25]

二〇二〇年五月，一位看似情緒激動的十五歲少女伊莎貝拉（Izabella）在抖音上發布了一段控訴她父母的影片，她淚流滿面，雙眼通紅：「我真的超級討厭我的家人。就是，他們居然試圖跟我爭論喬治・佛洛伊德的事——他們居然試圖告訴我他是活該，因為他做錯了事，所以這樣對他沒問題。這絕對不行，這讓我太難過了。我不知道該怎麼辦。我不想住在這裡了。我討厭住在路易斯安那。我討厭生活在這些種族主義混蛋身邊。我只想離開這裡。」

僅僅兩天後，伊莎貝拉這段對父母的「語言暴擊」影片迅速走紅，她的關注者從不到一百人激增到了一萬七千人。[26]

父母與子女之間的意識形態鴻溝無人能倖免，即使是富人和名人也不例外。世界首富伊隆．馬斯克將他十八歲的女兒不願與自己這個超級富豪老爸有任何關係的原因歸咎於「新馬克思主義者」。馬斯克在二〇二二年十月七日接受《金融時報》採訪時說：「這是徹頭徹尾的共產主義……還有一種普遍的情緒，認為如果你很富有，你就是邪惡的。」[27]

在許多家庭，親子關係已經出現角色逆轉。美國各地的很多父母在家中討論敏感話題時如履薄冰。現在輪到孩子們來「教育」他們那些「思想落後」、「種族主義」的父母關於社會正義的問題了，這場景就像當年蘇聯和中國的那些孩子與成分不好的父母劃清界限一樣。

跨性別意識形態的興起幾乎是一夜之間的事，這讓許多家長感到措手不及。現在，甚至學前班的兒童也開始接觸到一些概念，比如「男孩可以是女孩，反之亦然」以及「男人可以懷孕」等觀念。他們將性別轉換描述得就像吃幾片藥，做個手術那麼簡單。[28]這種觀點試圖挑戰我們社會傳統規範的界限，而在此過程中，可能會傷害到兒童的心智和身體。一些學校告訴學生，如果他們的父母反對這些觀念，學校和政府會支援學生，許多情況下，這些資訊甚至會被隱瞞，不讓父母知情。在這種情況下，學校似乎取代了父母的角色，決定什麼對孩子最有利。

我們愈來愈頻繁地聽到有關學校在家長不知情的情況下影響兒童性別認知的案例。例如，在加利福尼亞州的斯普雷凱爾斯，一位母親於二〇二二年一月起訴了她女兒就讀的中學，指控兩名教師在她不知情的情況下，引導她當時十一歲的女兒在學校以男孩的身分自我認同。這兩名「引導者」當時負責學校的平等俱樂部（又稱ＵＢＵ，即You Be You，「做你自己」）。據稱，他們在這個女孩六年級時就開始暗示她可能是雙性戀，後來又暗示她可能是跨性別者。[29]

更令人不安的是，這個場戰鬥並不僅僅發生在家長和公立學校的「引導者」之間，一些「覺醒」的父母也支持跨性別意識形態，試圖將未成年子女進行性別轉換。例如，在德克薩斯州，一位母親不顧丈夫的意願，決定將她九歲的兒子詹姆斯．楊格轉變為女孩，這與他父親的意願相左。截至二〇二三年初，這場父母之間的官司仍在繼續。[30]

* * *

跨性別意識形態使孩子與父母之間的矛盾加劇，導致對立，甚至讓父母之間彼此對立。在這個過程中，家庭被削弱或摧毀。

家庭是構建社會的基本單元——正如我們在此討論過的，無論是傳統核心家庭的支持者還是反對者都認同這一前提。這是跨越宗教和文化的廣泛共識。如果有人想要摧毀一個社會，就必須先摧毀其基本單元。以下是三位智者的名言，他們簡潔而有力地論證了維護傳統家庭的重要性：

- 孟子：「天下之本在國，國之本在家。」
- 羅奈爾得・雷根：「家庭始終是美國社會的基石。家庭培養、守護並傳承我們共同珍視的價值觀，這些價值觀是我們自由的根基。」
- 葛理翰（Billy Graham）：「當家庭解體時，社會最終也將四分五裂。」

極端左翼思想數十年來對美國家庭的持續衝擊，已經使美國的家庭面貌發生了翻天覆地的變化。在上世紀六七〇年代，人們經常反問父母：「你知道你的孩子在哪裡嗎？」而如今，更恰當的問題可能是：「你知道你的孩子是誰嗎？」

第九章・宗教信仰的消亡

一九八六年，當我在美國肯塔基州的鮑林格林開啟我的美國生活時，我最初的幾個印象之一就是幾乎每個街角都有一座教堂，這種景象讓我驚歎不已。在我看來，這些隨處可見的教堂是基督教深深扎根於這個國家及其人民生活中的有力證明。

在隨後的歲月裡，我走訪了許多國家，領略了各種文明。我也發現教堂、寺廟和清真寺總是構成城鎮景觀和自然風光中最為醒目的部分。事實上，我們從未見過任何一個建立在無神論基礎之上的世界文明。

後來我才意識到，在中國共產黨一九四九年執政之前，中國也曾遍布宗教建築。其中最常見的是祠堂，幾乎在每個城鎮鄉村都能看到。那裡供奉和祭拜祖先或聖賢，傳承和教授儒家思想。然而，這些祠堂在毛澤東時代基本消失了，要麼被毀壞，要麼被改作世俗用途。

初到美國時，我曾跟隨我的朋友派特・納芙參加過教堂禮拜。某種程度上，這讓我想起了在中國時每週必須參加的政治學習。在那些學習會上，黨的領導就像牧師一樣，朗讀最新的黨的指示，要求我們這些「信徒」認真學習並貫徹執行。定期「懺悔」也是學習的一部分，我們必須展開批評與自我批評。這讓我頓悟，共產主義本身真的很像一種宗教，儘管我們一直被教導說共產主義是反對宗教的。

＊＊＊

在我成長的過程中，從未接觸過任何宗教、祈禱或崇拜活動。我甚至不知道除了佛教之外還有其他宗教存在，因為我所在的城市及其周邊地區只有佛教寺廟和僧院。我記得去那些地方時，是它們當作旅遊景點而不是宗教場所來看待。事實上，有些寺廟確實被改造成了公園。我從小被教導宗教不過是迷信，是「麻痺人民的精神鴉片」。儘管我對宗教一無所知，但我確信它是一件壞事，因為中國共產黨就是這樣教導我的。

《共產黨宣言》不僅呼籲廢除私有財產和傳統家庭，還明確主張廢除宗教、一切道德和永恆真理。為了讓馬克思主義意識形態在一個文明中扎根，首先必須連根拔起人民的精神和宗教基礎。如果說有任何事物或人物值得崇拜，那必須是馬克思主義和共產黨；它們是整個國家不容置疑的「至高權力」。

縱觀歷史，世界上許多主要宗教都曾傳入中國，並在中國文明的發展中留下了深刻的印記。中國也孕育了自己的本土宗教——道教，道教的核心理念是追求與自然和諧共處，儘管中國傳統文明的根基是建立在儒家思想之上。

佛教約在兩千年前從印度傳入中國。幾個世紀以來，它成為了中國最有影響力的外來宗教。其深遠影響體現在遍布全國的眾多佛教寺廟和寺院，佛陀也成為了中國人敬仰的神明之一。佛教教義已深深融入中國文化和倫理，在這個過程中，它與道教和其他中國民間信仰相互交融，最終形成了具有中國特色的佛教。相比之下，道教對中國人的影響更多地體現在文化而非宗教層面；最廣為人知的陰陽學說代表著支配自然的兩股相互依存又相互對立的力量。

伊斯蘭教是第二大影響力的外來宗教。它透過連接中國與歐洲的主要貿易通道——橫貫中亞的絲綢之路傳入中國。如今，中國最知名的穆斯林群體是維吾爾族，他們最近因遭受中國共產黨的種族迫害而引起了全世界的關注。

基督教早在西元七百年左右就被傳入中國（也有研究認為更早），但直到十九、二十世紀大批傳教士來華之後，基督教才在中國扎下根基並普遍傳播。《時代》和《生活》雜誌的創始人亨利·魯斯（Henry Luce）就出生在中國的一個在華傳教士家庭。

一九八五年，我二十多歲在成都教書時，遇到了一位將近八十歲的美國老婦人，她在當地一所醫學院教英語。她告訴我，她出生在四川一個毗鄰藏區的偏遠小鎮，父親是一名美國傳教士。這讓我震驚不已：一個美國傳教士，竟然願意放棄在美國舒適安逸的生活，帶著家人來到如此荒涼的地方傳播基督教。這位老婦人還告訴我，她非常想去看看自己的出生地，儘管她預料到即使在八〇年代，這也將是一次艱難的旅程。

雖然中國歷史上一直以開放的態度接納各種本土或外來的宗教，毛澤東和中國共產黨卻公開敵視信仰宗教。他們認為任何形式的宗教派別都是共產主義意識形態的競爭和威脅，是他們絕對無法容忍的，因此必須採取行動加以阻止。

這種為鞏固政治權力而對宗教和信仰實踐的敵意，早在文化大革命之前就已經存在。自一九四九年以來，一場接一場的政治運動不斷削弱所有宗教及其機構，就連最遲鈍的人也逐漸意識到，如果想要生存，唯一的選擇就是放棄所有信仰。我們被教導說自己是無神論者，我後來才意識到，我們所接受的教育是如何成為共產主義的信徒，共產主義儼然成了我們的新宗教。

儒家思想

儘管學者們對於儒家究竟是宗教還是哲學尚未達成共識，但無人質疑它在塑造中國文明、道德和倫理方面發揮了主導作用。兩千多年來，中國人一直崇敬孔子，他的教誨可以概括為「仁」和「禮」兩個核心概念。「仁」可以理解為仁愛或人性，而「禮」則涵蓋了美德、禮儀、規範等生活的諸多方面。

在我的成長過程中，無論是學校還是家庭，都從未向我介紹過儒家思想。我第一次接觸到它是在一九七四年，那時我還在上高中。有一天，我母親回到家，神色凝重地說發生了一件難以置信的大事，但她不能透露具體內容。作為一名黨員，她在消息公開之前就已經得知了這個震驚的資訊。幾週後，我和數百萬同胞才從新聞中得知，毛澤東欽定的接班人林彪政變未遂後，於飛往蘇聯途中在蒙古發生空難身亡。

林彪事件對許多中國人來說大為震撼，他們猛然意識到，毛澤東並非那個無所不知、無所不能的人物，而是透過欺騙才讓他們一直把他當作神來崇拜。在那些開始覺醒的人眼中，毛澤東的問題在於他是一個有缺陷的領導人；這些人認識到他竟然選錯了接班人——一個叛徒。然而，當時的我並沒有這樣的認知；我仍然懵懂無知，對毛澤東深信不疑。作為一名即將畢業的高中生，我無條件地接受了毛澤東的說法，認為林彪是隱藏在人民中的敵人，我們需要的是進一步深化階級鬥爭。

不久之後，毛澤東發起了他的最後一場政治運動——批林批孔運動。當時我不明白，直到今天我仍然感到困惑，為什麼要把林彪和孔子聯繫在一起。（有研究者認為，毛批孔實際上是將矛頭對準林彪集團失勢後權力和聲望大漲的周恩來。當時，批孔的同時也是在批評周公；周公影射著周恩來。）正是在這場運動中，我第一次接觸到儒家思想。我被教導說孔子是一個反動人物，他宣揚封建價值觀，目的是讓人民變得順從，而不是培養革命思維。這解釋了為什麼毛澤東如此痛恨儒家思想——因為孔子的思想與他的革命目標南轅北轍。

有一部經典著作《三字經》，其內容闡述了成為一個有道德的人所需的品質。為了方便兒童理解並學習，這本書每句僅用三個漢字組成。在傳統的中國社會中，是所有受過教育的人都會背誦的經典。而在我那個年代，我們卻被要求背誦毛澤東語錄彙編的《小紅書》。

後來我才得知，孔子被公認為人類歷史上最偉大的思想家之一，他在世界各地，尤其是在東亞和東南亞地區備受尊崇。這也解釋了為什麼毛澤東如此仇視孔子，以至於煽動紅衛兵代表他去破壞這位中國聖人的孔廟。

我在第六章中描述了紅衛兵對孔廟的破壞行為，這種行為等同於猶太人摧毀耶路撒冷的哭牆，或穆斯林摧毀麥加的克爾白聖殿，令人無法想像。在那段動盪歲月之後，中共卻又虛偽地試圖向世界展示自己是孔子思想的繼承者，在全球各地開設孔子學院。我們必須看穿他們的政治偽裝，世人需要明白，中共並非孔子思想的傳承者，而是西方舶來的馬克思主義邪惡意識形態的繼承者。

基督教

毛澤東對基督教的敵意甚於對其他任何宗教的敵意。他深知基督教具有影響和組織信徒的能力，而且與西方和外部世界有著密切的聯繫。在他看來，基督教是西方帝國主義侵略中國的工具，也是對他政權最大的威脅。然而，毛澤東敵視基督教還有一個更深層的原因：基督教從根本上挑戰了共產主義的核心前提，即國家淩駕於個人之上，並有權決定何為真理、何為正義。中國共產黨認識到，基督教是對他們統治的致命威脅。本章將對此進行更詳細的討論。

中共一掌握政權，反基督教運動就在中國拉開了序幕。最終被稱為「三自愛國運動」的官方基督教組織，是在一九四九年共產黨在中國取得勝利後開始萌芽並逐漸成型的。隨著毛澤東和中共採取一系列措施，試圖從外國傳教士手中奪取教會的控制權，並將中國基督徒的政治忠誠轉向中共，這場運動逐漸發展壯大。

「三自」這一術語分別指的是「自治」（獨立於外國基督教團體的影響）、「自養」（不依賴外國政府和基督教團體的經濟支持）和「自傳」（在傳教和解經方面不依賴外國基督教團體）。[1]這意味著教會將只接受中共的指導，只聽從中共的指揮。簡而言之，三自運動的目的是切斷中國教會與外部基督教世界的聯繫，將其轉變為「本土化基督教教會」。這樣一來，教會就完全孤立並置於中共的控制之下。

中共很快就開始考驗教會領袖的忠誠度。一九五〇年，中共在北京組織了第一次批判大會。參加會議的教會領袖被要求揭露美國帝國主義者利用基督教對中國和中國人民犯下的「罪行」。被點名批判的傳教士包括美國傳教士畢范宇（Frank Wilson Price，一八九五－一九七四）、裨治文（Elijah Coleman Bridgman，一八〇一－一八六一）和英國傳教士馬禮遜（Robert Morrison，一七八二－一八三四）。這次會議被認為是一次成功的嘗試，並被推廣為全國類似會議的範本。[2]這種批判會議與文化大革命時期的批鬥會極為相似，唯一的區別是批判對象是已經去世或不在場的外國宣教士。

中共對中國教會的「清理」遠未結束。接下來，他們採取了三管齊下的策略：一，要求所有教會領袖透過政治學習參與中共的「教會」；二、在所有神學院中加入中共的政治課程；三、接管基督教出版物。[3]他們是認真的。中共的這些舉措極大地削弱了教會。到一九六六年文化大革命爆發時，大多數教會都已關閉，教堂建築被改造成倉庫、工廠、辦公室或會議廳。[4]

文化大革命期間，倖存的教會領袖和成員，包括那些放棄信仰參加三自運動的人士，甚至那些負責管理宗教事務的中共幹部，都遭到了迫害。許多人被抄家，並遭受批鬥。一些人被流放、毆打、折磨，甚至被殺害，還有不少人選擇了自殺。在廣州，紅衛兵強迫一位牧師喊「打倒上帝！」當他拒絕時，紅衛兵居然用一塊燒紅的鐵在他的頭頂上「烙了印」！[5]

關於中國的信仰與宗教，基督徒和共產黨人之間截然不同的觀點很有啟發性。雷震遠神父（Father de Jaegher）是一位天主教傳教士，他在一九四〇年代曾在中國共產黨的「解放區」生活。他回憶了一次與共產黨幹部張國健（Chang Kuo-Chien，此為音譯）關於道德問題的對話。張說：

「你是基督徒，你信仰十字架。我是共產黨員，我信仰錘子和鐮刀。據我所知，你們的耶穌基督來到人間，透過在十字架上犧牲來拯救全人類；你們傳教說他為每個人獻出了生命。其實，我們共產黨人的目標也是一樣的，只是有一點不同：基督徒談論天堂，而我們不談。共產黨人想要將工人從資本主義的壓迫中解放出來，把一個不好的社會變成一個幸福的社會。我們的方法與你們不同。基督徒失敗的地方，我們一定會成功。基督徒試圖透過內心的覺悟來說服人，但這是不可能成功的。共產黨人則利用政治、軍事和經濟手段來實現目標，我們不可能失敗。」[6]

這段對話生動地揭示了基督教和共產主義之間的本質區別：前者透過內心的改變贏得人心，而後者則試透過外部力量強制征服人們的思想和靈魂。

佛教和伊斯蘭教

在文化大革命期間，所有宗教團體都遭受了嚴重的迫害和破壞。這場針對人民和社會群體的其他所有攻擊一樣，這場運動是無情而殘酷的。作為當時最普及的信仰，佛教無疑成為了紅衛兵的主要打擊目標。他們拆毀寺廟，砸碎佛像，焚燒經文，並強迫僧尼還俗。此外，對僧尼進行批鬥會更是家常便飯。

一九六六年八月二十四日，紅衛兵在查抄了哈爾濱市的極樂寺後，對寺內的一群僧人舉行了批鬥會。幸運的是，當時恰好有一位攝影師在現場拍下了這一場景，讓我們得以一窺當時的瘋狂狀況。其中一張照片顯示，僧人們排成一列，被迫舉著一條橫幅，上面寫著：「什麼佛經？盡放狗屁！」背景中，寺廟的牆壁上貼滿了紅衛兵譴責佛教、頌揚毛澤東和中國共產黨的標語。[7]

中國穆斯林同樣未能倖免於難。許多清真寺被關閉或褻瀆，《古蘭經》被銷毀，各種宗教活動被禁止。在青海省，一些清真寺甚至被省黨委下令改造成養豬場。更有甚者，當局強制要求穆斯林每年每戶上繳兩頭豬作為稅收的一部分。然而，也有一個特殊的例外：寧夏回族自治區最大的清真寺倖免於難，原因是其正門上掛有一個標牌，表明該清真寺曾在一九三六年被紅軍徵用，因此被視為「革命聖地」。[8]

法輪功

中國共產黨不僅打擊有組織、制度化的宗教和信仰活動，他們將任何形式的精神修煉都視為需要鎮壓的威脅。文化大革命結束時，所有宗教都遭到了嚴重破壞。即使作為新興宗教的毛澤東思想也失去了信譽。留下的只是一片精神荒漠，不再孕育精神果實。正是在這樣的背景下，一九九〇年代初，一位名叫李洪志的精神領袖在中國崛起，他創立了後來被稱為法輪功的精神修煉方式，其中「法輪」意為「法的輪子」，「功」則與武術一詞含義相近。

根據法輪功官方網站的介紹，它是一種植根於佛家傳統的精神修煉方法，修煉者透過學習教義、進行溫和的練習和冥想來追求自我提升。[9]公眾對法輪功的反應十分熱烈。其追隨者的數量在全國迅速增長，影響力席捲整個中國。

起初，許多追隨者是為了獲得健康益處而修煉法輪功。然而，他們很快就接受了其真、善、忍的道德教導，這些價值觀與共產黨的教條直接對立。在法輪功最盛行的時期，信徒數以百萬計，其中甚至包括中共政治局常委的妻子們。[10]但這些都不足以保護法輪功免受迫害。中共不願容忍法輪功的存在，反而將其視為爭奪民心的強大對手。

從一九九九年開始，中共發起了可能是迄今為止最殘酷、最猛烈和最持久的鎮壓運動。無數法輪功修煉者被監禁、酷刑折磨甚至殺害。據報導，法輪功學員的器官被活摘的消息最終傳到了西方。[11]我個人認識一些曾被監禁的法輪功修煉者，他們的一些朋友「失蹤」了。他們堅信那些失蹤者是被強制摘取器官的受害者。

法輪功運動在中國境外也獲得了廣泛支持，其修煉者成為最堅定的反中共活動人士，集體形成了自一九四九年以來中共面臨的最強大的反抗力量。由法輪功支持的媒體《大紀元時報》最終成為反對中共的重要力量，也成為西方強而有力的保守派聲音，甚至引起了《紐約時報》的關注，招致這家強烈左傾的媒體的不滿；這通常表明作為一個保守派聲音，《大紀元時報》正在做正確的事。無論是在中國的中共，還是美國的進步派，都對《大紀元時報》深惡痛絕。這本身就說明了很多問題！以下是《紐約時報》一段相關描述：

> 多年來，《大紀元時報》一直是一份小型帶有反華傾向的低預算報紙，在紐約街頭免費發放。然而，在二〇一六年和二〇一七年，該報做出了兩項改變，使其轉變為美國最有影響力的數位出版商之一。這些改變也為該出版物鋪好了道路，使其成為一家傳播右翼虛假資訊的主要媒體。該出版物隸屬於神秘且相對鮮為人知的中國精神運動——法輪功。[12]

即使中共對法輪功進行了二十多年的嚴厲鎮壓，並成功將所有宗教組織置於其控制之下，中共仍未能根除法輪功。在中國境內，即使修煉者深知一旦被抓將面臨監禁和死亡的危險，他們仍然堅持信仰。在中國境外，這個運動仍在持續壯大。中共似乎終於遇到了一個難以應對的對手！

* * *

儘管世界上的宗教各不相同，但它們都教導和提倡仁慈和博愛，這構成了任何道德體系的基礎。然而，經過中國共產黨數十年的無情打壓，中國社會的道德基礎已經崩塌。以下事例讓我們得以一窺一個道德完全崩潰的社會。

二〇一一年十月十三日，廣東佛山發生了一起令人心碎的事件。一個名叫悅悅的兩歲女童被兩輛汽車先後碾壓。監控影片不僅記錄下了這起肇事逃逸事故，還拍攝到十八名路人見到小女孩躺在窄街中央，卻選擇視而不見。直到十分鐘後，一位清潔工人才注意到這個幼童並呼救。不幸的是，這個小女孩最終在醫院不治身亡。[13]

這起駭人聽聞的事件讓大多數美國人難以理解。他們會困惑地問：這怎麼可能發生在任何一個社會中？然而，現實是，這樣的悲劇並非個例。

為了解釋這種中共統治下的中國獨特社會現象，就必須提到二〇〇六年的一起臭名昭著的法庭案例。案件中，一位老婦人指控一名叫彭宇的年輕人撞到她，導致她摔倒。事發後，彭陪同老婦人去了醫院，還支付了部分醫療費。爭議的焦點在於誰應該為老婦人的摔倒和受傷負責，以及賠償問題。法官最終判老婦人勝訴，但這個裁決很大程度上並非基於證據，而是基於法官的推理：在正常情況下，一個陌生人不會如此慷慨地幫助他人，除非他有過錯。法官的邏輯是：「如果你沒有撞到她，為什麼要幫助她？」法官的這個問題在全國引起了軒然大波。[14]

這個案例在中國產生了深遠影響。案件的細節和裁決本身已不再重要，真正令人沮喪的是法官的推理邏輯。可悲的是，這種邏輯反映了社會道德的滑坡，而他的裁決則進一步證實了中國的道德早已喪失。在當今的中共統治下的中國，仁慈和對同胞的愛似乎已經沒有立足之地。

如今的中國，在公共場所主動幫助需要幫助的人已經成為罕見的現象。看到受傷的人或摔倒的老人躺在繁忙的街道中央卻無人施以援手，已不再是令人震驚的場面。這無疑是一個讓人感到悲哀的社會。經過中共七十多年的統治，中國人的宗教信仰、信念和操守已被摧毀，社會道德已蕩然無存。在這個失去同情心和憐憫心的中共世界裡，每個人都可能成為受害者。

習近平夢想將中國建設成為一個超級大國。然而問題是，一個建立在道德基礎廢墟之上的超級大國又該如何屹立不倒呢？

* * *

眾所周知，毛澤東想要消滅所有宗教。而美國的進步主義者關注的則只有一個具體的目標：他們想要摧毀基督教。為什麼呢？因為基督教是美利堅合眾國立國之本，也是美國憲法的重要主題，儘管進步主義者一再試圖否認這一點。正如約翰・亞當斯所說：「我們的先賢們實現獨立所依據的基本原則，就是基督教的基本原則。」[15]這裡的關鍵字是「原則」。

進步主義者決心否認基督教在美國建國過程中的關鍵作用，以削弱美國與基督教的關係。他們聲稱，許多開國元勳都是拒絕承認耶穌基督神性的自然神論者*，因此他們本意是將美國建成一個完全世俗化的國家。[16]

富比士雜誌的撰稿人比爾・弗拉克斯（Bill Flax）寫了一篇名為〈美國是以一個基督教國家建立的嗎？〉的文章，在文中，弗拉克斯反駁了左派關於開國元勳更傾向於自然神論而非基督教的觀點。他指出：「雖然開國元勳們在許多問題上存在分歧，但在遵循聖經的道德準則這一點上，他們幾乎達成了一致。」[17]

弗拉克斯進一步提供了一個更加細緻而平衡的看法：「美國並非建立為一個基督教國家，我們許多受人愛戴的開國元勳也確實不是基督徒，但美國的大多數人都是信徒。自由允許每個人根據自己的良心自由地敬拜，或選擇不敬拜。美國從未打算成為一個神權國家或宗教單一的國家，但不可否認的是，基督教一直是我們社會結構中不可或缺的一部分。即使是那些非信徒的開國元勳，也認為這是一種恩典。」18

基督教的核心指導原則之一是：我們都是上帝的創造，在上帝眼中人人平等，不分種族和文化背景。這就是為什麼來自不同宗教背景甚至無宗教信仰的人，能在美國不僅受到歡迎，還能在這裡追求自己的夢想並獲得成功。這體現了基督教平等博愛的獨特原則。相比之下，縱觀中國歷史，權利往往是由統治者賜予的。直到今天，「天賦權利」的概念對許多中國人來說仍然是陌生的。

那麼，進步主義者是如何試圖摧毀基督教的呢？讓我們逐條來看。

用毒品取代上帝

讓我們再次回顧六〇年代的反文化運動，這次我們將探討公開反對基督教的鬥爭是如何

---

* 相信上帝創造宇宙但不干預人間事務的人。

起步的。這不得不提到著名的致幻劑ＬＳＤ宣導者提摩西．李瑞。在他的回憶錄《閃回：一個時代的個人與文化史》（*Flashbacks: A Personal and Cultural History of an Era*）中，李瑞解釋了墨西哥迷幻蘑菇等致幻植物的力量：「它讓你看到超越生命地平線的景象，」李瑞寫道，「它能讓你在時間中自由遊歷，進入其他存在的維度。甚至，正如印第安人所說，認識上帝。」對李瑞來說，這證明了「毒品是宗教和哲學的源頭」。[19]

李瑞進一步闡述：「我們遇到了猶太教和基督教堅持的唯一的神、唯一的宗教、唯一的現實的信念，這種信念幾個世紀以來一直困擾著歐洲，自建國以來也困擾著美國。打開思維通向多重現實的毒品會引導人們形成多神論的宇宙觀。我們感覺到，基於智慧、善良的多元主義和科學的異教主義的新型人文宗教時代已經來臨。」[20]

這就是李瑞為反神與反基督教文化做出的貢獻。在這場運動中，毒品取代了基督信仰。因此，李瑞實際上將卡爾．馬克思的「名言」：「宗教是人民的鴉片」，更新為「鴉片是人民的宗教」！

用其他信仰取代基督教

我對流行音樂（搖滾，流行，鄉村等）知之甚少，但對披頭四樂隊這歷史上最受歡迎的搖滾樂隊略知一二。六〇年代末，他們曾前往印度尋求東方宗教的智慧。直到最近，我才意識到披頭四備受矚目的這次印度之行其實是反主流文化運動精心策畫的一部分，目的是為基督教尋找替代宗教。在一些知情觀察者看來，這不過是為了引導公眾對東方宗教的看法，而東方宗教與基督教有著本質的不同。正如羅傑・金博爾在其著作《長征》中所言：「最後，還有對東方宗教的虛假崇拜：念經、焚香、前往印度和西藏的朝聖、《易經》、《西藏度亡經》、各種印度教和佛教經文——這些不過是一鍋令人作嘔的偽靈性大雜燴。」[21]

基督教在很大程度上正被拋棄或澈底被拒絕。或許，最引人注目的一次背離基督教的舉動來自傳奇體育人物、世界拳王卡修斯・克萊（Cassius Clay），他放棄了浸信會的信仰而皈依伊斯蘭教，並將自己的名字改為穆罕默德・阿里（Muhammad Ali）。[22]

作為一名環球旅行者，我背包遊歷過許多國家，親身體驗了豐富多彩的宗教和文化。我熱愛觀察、體驗並記錄世界所呈現的多元文化。每次旅行都讓我更加確信：美國是獨一無二的——它是世界上唯一一個任何來自地球各個角落的人都可以合法移居並自稱為「美國人」

的國家。然而，令人遺憾的是，新移民所看到的二十一世紀美國，在許多方面已經迷失了方向，失去了曾經堅定的信仰基礎和基督教信念。共產主義那強有力的長臂已經深入美國社會，在動搖這個國家的基督教根基和道德準則方面取得了顯著的「成效」。

將耶穌稱為社會主義者

這一點值得反復強調：儘管馬克思主義者和共產主義者憎恨宗教，但他們深諳、接納並渴望宗教的力量。兩者都使用欺騙性的策略來吸引潛在的追隨者。

毛澤東曾經將佛教與共產主義進行比較。一九五五年三月八日，他在會見達賴喇嘛時說道：「佛教的創始人釋迦牟尼主張普渡眾生，是代表當時在印度受壓迫的人講話。為了免除眾生的痛苦，他不當王子，出家創立佛教。因此，信佛教的人和我們共產黨人合作，在為眾生即人民群眾解除壓迫的痛苦這一點上是共同的。」[23]然而事實上，佛教旨在幫助人們減輕痛苦，而共產主義卻製造痛苦。這一點在中共給中國人民帶來的空前苦難中可見一斑。

葛蘭西對此一針見血：「社會主義正是必須壓倒基督教的宗教。」[24]這就是為什麼進步派會引用聖經經文來欺騙毫無戒心的基督徒。彼得・德雷爾（Peter Dreier）是西方學院的一名教授，他在二〇一六年為極左翼媒體《哈芬登郵報》撰寫了一篇題為〈耶穌是社會主義者〉的文章，標題不言自明。以下是德雷爾的部分觀點：

當世界各地的人們慶祝耶誕節時，值得記住的是耶穌是個社會主義者。當然，他出生於十九世紀工業資本主義興起之前很久，但他的激進思想影響了許多反對資本主義的批評者，包括許多著名的社會主義者，甚至教皇方濟各……馬太福音6：24中，耶穌說：「一個人不能事奉兩個主；不是惡這個愛那個，就是重這個輕那個。你們不能又事奉神，又事奉金錢。」

在路加福音12：15中，耶穌說：「你們要謹慎自守，免去一切的貪心，因為人的生命不在乎家道豐富。」[25]

耶穌當然不是社會主義者。德雷爾的言論以及許多讀者的默許該要關注，但從某種意義上說也很諷刺：作為一個信奉社會主義的人，他引用基督教經文，這似乎有悖常理，因為許多左翼分子往往決心根除基督教及其聖經。然而，他們會熱衷於於引用聖經經文來抨擊基督徒，試圖證明自己的觀點。

歷史事實無可爭辯。社會主義並非關乎照顧窮人的需求，也不是關懷或與窮人分享。社會主義是政府透過強制手段從一個群體奪取財富，並將其重新分配給他人，直到資源耗盡。社會主義旨在征服民眾，使他們依賴政府。社會主義造就的是匱乏和貧困。我並非空口無憑——我在二十六年的成長經歷中親身體驗過這一切。現在，幾乎沒有什麼改變，只是這一切正在美國上演。

將DEI（多元性、公平性與包容性）作為信仰

宗教多樣性或宗教多元主義實際上只是一個幌子，其真正目標是將基督教排除在主流之外。透過宣稱基督教只是世界上眾多宗教之一——並沒有什麼特別之處——試圖說服他人應該拒絕其作為西方文明基礎的傳統地位。進步派的這種做法，類似於他們想要透過增加法官席位來稀釋保守派在最高法院的影響力。

歐巴馬總統是宗教多元主義的宣導者。在二〇〇九年首次就職演說中，他說：「我們（美國）被來自地球每個角落的每種語言和文化所塑造。」[26]

歐巴馬希望我們相信美國是透過多元文化主義和宗教多元主義的力量建立的。但事實並

非如此。他試圖讓我們忘記美國是完全建立在基督教原則和價值觀之上的。個人自由和自然權利植根於基督教，而非伊斯蘭教或佛教。這些理念並非來自其他宗教傳統，更不是源於儒家思想。

美國各地的許多公民聽到虛假的宗教思想或表達時能立即識別出來。這就是為什麼一些家長起訴加利福尼亞州，因為他們發現公立學校課程要求學生學習向阿茲特克神靈吟唱——這是真實發生的！這樣做的理由似乎是為了「宗教正義」，因為他們的課程聲稱基督徒對原住民部落犯下了「神祇滅絕罪」（即殺死神靈）。[27]

公立學校將基督教的上帝排除在外，卻引入了其他神靈。這是教育體系試圖引導孩子們背離基督教的一個典型例證。值得注意的是，阿茲特克人並非他們統治地區的原住民。相反，他們是殖民者，而且是相當殘暴的殖民者。阿茲特克信仰與其他中美洲宗教有許多共同之處，包括人祭的習俗。[28]自然而然，這個歷史事實在教學中被有意忽略了。

無論你如何深入研究阿茲特克宗教，你都不會發現其中有任何強調個人自由的內容！

基督徒成為了「壓迫者」

伊利亞·穆罕默德（Elijah Muhammad，一八九七—一九七五），伊斯蘭國的領袖，曾經主張「基督教是一種用來欺騙黑人的白人信仰，是一種宣揚順從的福音，教導人們接受卑賤的地位，並以來世的天堂作為承諾。白人，那些『藍眼睛的魔鬼』，永遠不值得信任。」[29]

近年來，將基督教描述為白人宗教和歐洲宗教的說法再次興起並日益強化。為什麼會這樣？因為這對試圖削弱基督教的馬克思主義者來說在政治上是有利的。然而，稍微了解一下歷史就能揭穿這個謊言。基督教起源於亞洲，它從現代以色列地區傳播到小亞細亞和地中海地區，包括北非。亞美尼亞和衣索比亞都聲稱自己是第一個基督教國家——而這兩個國家都不在歐洲。世界上第一座基督教修道院，聖安東尼修道院，就建立在埃及。

然而，這些事實似乎並不重要，對基督教的攻擊仍在繼續。其中一個例子更為奇特——甚至可以說是荒謬——二〇二二年八月，《大西洋月刊》上發表了一篇文章，稱天主教的玫瑰經是極端主義象徵，代表著美國的暴力右翼極端主義。[30]

我認為這是進步派的絕望表現。這讓我想起了文化大革命時期的紅衛兵，他們不僅攻擊宗教本身，甚至連一切宗教符號都不放過。

非基督教信仰者在加入左派的身分認同運動後，借助交織性理論將他們的宗教變化為一種身分標籤。在交織性評判的場域中，作為基督徒會增加一個人的「壓迫者指數」，而非基督徒則會因被視為「被壓迫者」而在身分認同的框架中獲得更多的「優勢」或「加分」。

並非每個人都能將自己的信仰變成一種身分象徵，即使那確實是他們所信奉的信仰。但琳達．薩蘇爾（Linda Sarsour）可以。薩蘇爾是巴勒斯坦移民後裔，也是一位激進的反以色列活動家。她承認自己佩戴頭巾只是為了讓人相信她是穆斯林，從而成為一個「邊緣化」群體的成員。否則，用她的話說，「我只是一個普通的白人女孩。」[31]薩蘇爾並不是唯一這樣做的人，她只是少數公開承認這一點的人之一。

還有一個例子是拉克爾．伊薇塔．薩拉斯瓦蒂（Raquel Evita Saraswati），她曾是美國友人服務委員會（一個社會正義組織）的首席平等、包容和文化官員。她似乎不僅呈現了「跨種族」的身分，甚至還展示了「跨宗教」的身分。透過佩戴頭巾，她把自己從一名白人女性轉變成了阿拉伯人和穆斯林。[32]

在身分馬克思主義的荒謬世界裡，一個非基督教宗教身分可以神奇地將「壓迫者」轉變為「被壓迫者」，這簡直就是魔法！

全面攻擊基督教

近年來，對基督教的攻擊變得越發直接和赤裸裸。這種攻擊已持續多年，其中一個典型目標便是耶誕節。進步主義者堅持認為，對他人說「聖誕快樂」是冒犯且不具包容性的，應該改用「節日快樂」。這種做法實際上是試圖透過抹殺耶誕節來消除基督教的影響。

華盛頓州布雷默頓的高中足球教練喬・甘迺迪（Joe Kennedy）的遭遇就是一個典型案例。他最大的「過錯」似乎只因為他是一名基督徒，敢於在比賽前後公開在足球場上祈禱，有時還有學生自願加入。學區要求他停止這種行為，並最終將他解雇。自由派指責甘迺迪的公開祈禱行為違反了憲法規定的政教分離原則。

甘迺迪隨後起訴了學區，案件最終上訴至美國最高法院。二〇二二年七月，最高法院做出了有利於甘迺迪的裁決。大法官尼爾・戈蘇奇（Neil Gorsuch）在多數意見書中寫道：「這些祈禱既沒有公開廣播，也沒有向不情願的觀眾宣讀。學生們並沒有被要求或期望參與其中。」[33]

這一裁決在自由派媒體中引起了軒然大波。曾經是體育新聞先驅，如今全面「覺醒」的《體育畫刊》（Sports Illustrated）雜誌將甘迺迪稱為「美國民主基石的威脅」。[34] Slate網站的作者馬克・約瑟夫・斯特恩（Mark Joseph Stern）在其文章〈最高法院允許公立學校強迫學生實踐基督教〉中呼應了大法官索尼婭・索托瑪約（Sonia Sotomayor）的觀點，認為學生可能感到被迫參與祈禱。[35]事實上，「政教分離」的初衷是透過限制政府干預宗教事務來保護宗教自由。而在甘迺迪的案例中，正是政府試圖阻止信徒踐行信仰，這與中國共產黨對宗教的打壓如出一轍。

在新冠疫情期間，政府的干預更加嚴重，強行關閉教堂。儘管酒類商店被政府視為「必需品」而獲准繼續營業，但禮拜場所卻被勒令關閉，一些牧師甚至因舉行週日禮拜而被逮捕。[36]

反基督教的激烈情緒在二〇二〇年美國的「抗議」活動中得到充分體現。根據美國天主教主教會議報告，自二〇二〇年五月以來，至少發生了一百六十八起針對教堂的縱火、破壞和其他毀壞事件。[37]二〇二〇年五月三十一日，位於華盛頓特區白宮後方的歷史悠久的聖約翰教堂在BLM抗議活動中被縱火焚燒。[38]

二〇二二年最高法院推翻羅訴韋德案，為自由派再次提供了一個抨擊基督教的完美契機。二〇二二年七月，洛杉磯的「支持墮胎權」活動人士，在好萊塢地區舉行了「為墮胎權利而戰」集會，這是他們連續第三個週末舉行類似的抗議活動，與全國其他類似抗議活動相呼應。他們高舉「阻止基督教氾濫」等標語[39]，這直白地揭示了自由派的目標——他們正竭盡全力阻止基督教的傳播。

對教會的滲透

正如我之前所提到的，共產主義思想已經深深滲透到美國社會的方方面面，教會當然也包括在其中。

自從二〇二〇年佛洛伊德事件以及隨後的抗議和騷亂發生以來，在教堂外看到懸掛支持BLM運動和其他所謂「覺醒」運動的標語或橫幅，已成為常見景象。這些標語的存在，無論是有意還是無意，是自願還是被迫，都在宣告這些教會認同批判性種族理論，並且他們是「覺醒」的。

然而，這種現象並非新鮮事。文化馬克思主義早在一九六〇年代就開始滲透到教會中，只是近年來這種趨勢越發明顯。二〇一八年，艾瑞克．梅森（Eric Mason）牧師在其著作《覺醒的教會：呼籲美國基督徒直面種族主義和不公正》中呼籲教會「覺醒」。二〇一九年，根據維基百科的資訊，作為世界上最大的浸信會教派、最大的新教教派，以及美國第二大基督教教派的美南浸信會透過「第九號決議」的提案，正式承認批判性種族理論和交織性理論是理解複雜社會動態的分析工具。[40]透過支持批判性種族理論，南方浸信會向基督教世界和更廣泛的社會傳遞了一個危險的信號。

遺憾的是，太多教會選擇明哲保身，保持中立以避免捲入這場鬥爭。他們聲稱不想涉及政治，也不想製造分裂。對於這些教會，保守派電臺主持人和三本傳記作者艾瑞克・梅塔克薩斯（Eric Metaxas）（其作品包括《潘霍華：牧師、殉道者、先知、間諜》）在他的新書《致美國教會的信》中發出了嚴肅的警告。梅塔克薩斯將當今美國教會的處境與納粹政權時期的德國教會的情形進行了類比。他總結道：如果美國教會選擇保持沉默，就像一九四〇年代的德國教會一樣，這將使美國走向滅亡。美國需要潘霍華（Dietrich Bonhoeffer）式的基督徒，他們不僅能夠洞察納粹主義的邪惡，還願意為反對這種邪惡獻出生命。

值得慶幸的是，教會內部對馬克思主義思想滲透的抵制力量正在不斷增強。其中一位傑出的鬥士是沃迪・鮑肯牧師（Pastor Voddie Baucham）。他曾是二〇二三年南方浸信會牧師會議主席候選人，目前在尚比亞路沙卡的非洲基督教大學擔任神學院院長。[41]鮑肯是批判性種族理論、ＢＬＭ運動和文化馬克思主義的直言不諱的批評者。在他二〇二一年出版的《斷層線：社會正義運動和福音派即將面臨的災難》一書中，鮑肯發出了警示：「我希望這本書能成為一聲警鐘。我想揭露批判理論、批判性種族理論和交織性理論的意識形態，希望那些已經接受這些理論的人能夠摘下蒙蔽雙眼的遮罩，那些在這些理論面前低頭的人能夠挺身而出，鼓起勇氣，『為曾經交付給聖徒的信仰而奮戰』。」[42]鮑肯牧師是一位出色的教育家。我從他在YouTube上的關於批判性種族理論和文化馬克思主義的講座中獲益良多。

* * *

我們現在應該已經認識到，共產主義並非反對宗教，而是想要取而代之。在美國，它的目標是取代基督教。

毛澤東思想在中國演變成了一種類似宗教的存在。對中國人來說，《毛主席語錄》就是聖經，毛澤東本人則被視為人間的神明。在中國，無論是被強迫的，還是被洗腦的，毛澤東有八億追隨者。那些拒絕追隨的人則被送進勞改營、監獄，或直接送進墳墓。

今天的「覺醒文化」已經發展成為一種獨特的宗教形式，擁有數百萬信徒。它試圖取代基督教，並且已經贏得了許多皈依者。哥倫比亞大學語言學教授約翰·麥克沃特（John McWhorter）是「批判性種族理論」的直言不諱的批評者。在最新出版的《覺醒種族主義：

一個新宗教如何背叛了黑人美國》一書中，麥克沃特稱覺醒種族主義實際上是一種新興宗教，而不僅僅是類似宗教的東西。他認為，這個新的覺醒宗教具有宗教的所有特徵，包括原罪——「白人特權」。任何對這個新宗教提出疑問或懷疑的人都會被視為異教徒，並被貼上種族主義者的標籤。

我完全同意這個觀點。在我看來，愈來愈明顯的是，「覺醒宗教」顯然是為了與基督教對立而生，目的是破壞基督教文化。左派常常歪曲解釋聖經來宣揚符合他們敘事的觀點。他們利用基督教的美德，如愛、善良、憐憫和慈善，要麼循循善誘，要麼以強制之勢，引導人們接受或遵從他們的新規範和新道德。他們利用人們的善良本性，利用人們對任何形式種族主義的厭惡，將其編織轉化為所謂的「白人罪惡感」。他們將人性中最美好的部分武器化，使邪惡變得可以接受。

隨著教會的影響力減弱和基督教被邊緣化，我們共同的傳統道德基礎正在逐漸喪失。基於猶太—基督教的道德正義正在逐步被完全缺乏道德的狀態所取代，或者被所謂的「道德相對主義」所取代。什麼是道德相對主義？根據倫理學啟蒙（Ethics Unwrapped）網站的定義：「道德相對主義是一種認為不存在普遍或絕對的道德原則的觀點。它提倡『各行其是』的道德觀，持這種觀點的人會說，『我算什麼，憑什麼去評判他人？』」[43]在缺乏宗教的情況下，真理變得主觀化。換句話說，它變成了我的真理與你的真理，這實際上意味著沒有絕對的真理，進而沒有對錯之分，也就模糊了善惡之間的界限。道德相對主義不過是進步主義者新覺醒宗教的另一種表現形式。

道德相對主義是如何實踐的呢？《哈芬登郵報》在其一篇名為〈四步簡單法則，找到屬於你的真理〉的文章中提供了一份「操作指南」，可以說明個人發現自己的「真理」。以下是《哈芬登郵報》提出通往道德相對主義樂園的四個簡單步驟：

1. 接納當下的自己。
2. 認識真實的自我。
3. 定義自己的真理。
4. 勇敢而自豪地活出自我（因為你的個人真理就是真理本身）。[44]

我們可以這樣理解：當我們自認為已經完美無缺，當我們可以自行定義「真理」，又何須上帝存在呢？

當真理變成由個人隨意定義之物，謊言便可以輕而易舉地成為他人的「真理」。在這種新宗教中，只要目的是推進所謂的進步主義事業，說謊、欺騙、違法，甚至殺戮都可以被認為是正當的。簡而言之：為達目的可以不擇手段。進步派毫不掩飾地宣稱他們的目標：從根本上改變美國，廢除資本主義制度。

在阻止川普重新掌權的問題上，「不擇手段」這一理念被發揮到了極致。暢銷書《信仰的終結》的作者山姆・哈里斯（Sam Harris）就持有這種觀點。在熱門播客節目Triggernometry的一期名為〈川普、宗教與覺醒文化〉的討論中，哈里斯明確表示推特封禁《紐約郵報》有關拜登筆記型電腦報導的帳號是完全正當的，他甚至表示，即便發現拜登「地下室裡藏有兒童屍體」，他也不會在意。[45]

令人沮喪的是，這正是進步派一直在做且將繼續做的事。在沒有道德羅盤的指引下，馬克思主義的「不擇手段」理念只會導致制度崩潰、法律失效、社會混亂，最終摧毀美國。

美國開國元勳約翰・亞當斯曾明確指出：「我們的憲法只適用於具有道德和宗教信仰的人民。它完全不適合治理其他任何群體。」[46]換句話說，只有那些具備道德和倫理素養，願意自覺遵守的人才會感到有義務去尊重憲法。當人民背棄基督教及其道德觀念時，人民與憲法之間的紐帶就被切斷了。憲法文本可能依然完好無損，但如果憲法所適用的人民不再具有道德和宗教信仰，那麼憲法就會自然失效。

進步派目前還未能改變和廢除憲法。然而，他們已經透過灌輸馬克思主義意識形態和削弱基督教的影響力，在重新塑造數百萬人的思想上取得了巨大進展。

這就是進步派的終極目標：透過摧毀基督教來瓦解人民的道德，從而毀滅美國，他們會為達目的而不擇手段！

第十章・塑造新人：思想改造

深夜時分，我不得不寫一封檢討信，第二天必須交給老師。這是我母親的命令。當時我不過是五年級的小學生，而這一切都是因為兩天前我在學校的不當行為。

一個同學向老師告狀，說我前一天蹺課，和另一個女生去看了一部阿爾巴尼亞電影，而且已經是第三次了。吸引我一再去看的並不是平淡無奇的電影情節：一位城市醫生克服自己的私心，決定去農村為窮人服務。相反，是電影中人物的時尚裝扮讓我著迷。那些女人們梳著華麗的髮型，穿著迷你裙。這一切對我來說是如此新奇而充滿吸引力。

第二天，我興奮地和班上其他女孩討論電影裡的髮型、裙子和妝容。就是因為這些，我惹上了麻煩。那天晚上，老師來家訪，還帶著那位「告密」的同學。「這是極其嚴重的事情。」老師警告我的母親，母親在一旁頻頻點頭，「不光是蹺課的行為，更重要的是她為什麼蹺課。」我這個平常表現素來良好的學生，正受到不良影響，必須立即糾正。我母親當即表態：「她會寫檢討書，今晚就寫。」

那時，透過我們學校無休止的政治學習會議，我已經熟悉了檢討書的套路：承認錯誤，剖析思想根源，並制定糾正問題的行動計畫。當然，思想根源被認為是我身上仍然存在的資產階級思想殘餘，這使我容易被資產階級生活方式所吸引。解決方法是更深入地學習毛澤東思想，從而堅持艱苦樸素的革命傳統。我接受了懲罰，真心地為自己感到羞愧，因為我讓父母、老師和黨失望了。我簡直是一個被成功洗腦的青年典範。

在毛澤東的時代，意識形態灌輸被稱為「思想改造」和「塑造新人」。用毛澤東親自挑選的接班人林彪的話來說，中國人民需要的是統一的思想、革命的思想、正確的思想——那就是毛澤東思想。一九六六年八月八日，林彪在中央文革小組會議上說道：「消滅資產階級思想，改造人的靈魂，很不簡單。沒收資本家的財產容易，改造人的思想、改造人的靈魂是不容易的，需要經過大震動，像這次是氫彈、原子彈，震動人心。」然而，毛澤東對中國人民發動的這場「核武器」般的意識形態戰爭並非始於一九六六年，而是在一九四九年中共掌權之初就已經開始了。

要論思想改造在中國共產主義制度下的運作機制，恐怕沒有比溥儀更典型的例子了。溥儀是中國最後一位皇帝，三歲即登基，後來被中共定為罪犯，被判十年監禁，並經歷了多年的思想改造，最終蛻變為一名真正的共產主義信徒，以及共產主義「征服世界」使命的堅定宣導者。

你可能聽說過他：一九八七年的經典電影《末代皇帝》正是以溥儀的生平為藍本拍攝的。

溥儀坐在中國皇位上的時間僅有三年，辛亥革命就推翻了中國持續兩千年的封建帝制。一九三二年，溥儀在日本占領的滿洲國（一九三二—一九四五，位於中國東北地區）被扶植為傀儡皇帝。日本戰敗後，蘇聯紅軍俘虜了溥儀，將他囚禁到一九四九年中共掌權，隨後他被遣返回中國。[1]

中共立即宣布溥儀為戰犯，判處他十年監禁，在獄中他得強制接受思想改造教育，旨在將他從「人民的敵人」改造為「公民」——也就是成為「新人」。

溥儀在其回憶錄《我的前半生》中，詳細描述了他成為「新人」的歷程，這本書堪稱是中共如何進行思想改造項目極具代表性的例證之一。

一本名為《知識分子思想改造的關鍵：立場問題》的中共思想改造指南，詳細列出了具體的操作步驟。該指南指出，思想改造最重要的目標之一是根除資產階級個人主義，並以「集體主義」取而代之。以下是一個六步流程，旨在將個人（即使是被視為國家敵人的人）轉變為「新人」：

- 第一步：學習馬克思列寧主義思想。
- 第二步：進行體力勞動，同時放下身段（追求謙遜），與工人農民同吃同住同勞動，以更好地理解和體會勞動人民的感受。
- 第三步：參與實際的階級鬥爭。
- 第四步：無條件服從中國共產黨並接受其領導。
- 第五步：開展批評與自我批評。這意味著毫無保留地進行自我批評，毫無抵觸地接受他人的批評，並毫不猶豫地批評他人的錯誤。
- 第六步：將思想改造作為終身承諾，並持續革命。[2]

這種中共制定的思想改造方法，正是溥儀在其自傳中所描述的內容，詳細講述了他如何成功完成了再教育。他被灌輸的理念是，共產主義的理想是「改造世界；即改造社會和人類」。[3]為了改造自己，溥儀必須學習共產主義理論，尋找並承認自身問題的根源：階級出身。作為皇帝，他是地主階級的最高代表。溥儀透過切斷與自己的階級出身和全部過往的聯繫，成功取悅了中共，最終按照規定的六步流程，擁抱了社會主義新人的生活。

溥儀於一九五九年獲得中共特赦。在其自傳結尾，溥儀寫道：「在我欺騙他們的時候，在我用各種可恥的方法進行對抗的時候，在我完全暴露出自己的無知、無能、愚蠢的時候，在我對自己都已感到絕望到極點、不能活下去的時候，他們，這些共產黨人，始終堅定地相信我可以改造，耐心地引導我重新做人。」[4]

這就是中共式思想改造的威力！我們永遠無法知道溥儀的內心是否真正得到了改造。但可以確定的是，他的書為中共贏得了一場極具說服力的宣傳勝利。溥儀所經歷的洗腦過程是所有中國人都必須經歷的，上至前皇帝，下至鄉村農民。

這個過程被稱為「脫胎換骨」。「脫胎換骨」不是一次性事件，而是一個持續的過程，因為要澈底根除舊文化的任何殘餘影響，並抵抗其永不休止的侵蝕，需要耗費一生的時間。

在這本書中，我已經詳細討論了紅衛兵造成的破壞和混亂。現在，是時候談談他們的思想是如何被塑造，並逐步引導至對毛澤東的絕對忠誠的了。我想引用非裔美國廢奴主義者弗雷德里克．道格拉斯的一句名言：「培養堅強的孩子比修復破碎的成年人容易得多。」[5]反之亦然：塑造一個軟弱的孩子，比擊垮一個意志堅強的成年人要容易得多。

在毛澤東時代的中國，政治灌輸無處不在，尤其是在學校、媒體和娛樂領域。對於兒童來說，課堂教育是思想灌輸的主要目標，這並不令人意外。禁絕傳統舊觀念，並將其順利替換為毫無阻力的馬克思主義思想，是塑造年輕人思想的捷徑。

經過公立學校長達十七年（一九四九—一九六六）的教育灌輸，紅衛兵的革命思維成功地塑造了年輕一代的思想。他們已整裝待發，隨時響應毛澤東的戰鬥號召。請看一位前紅衛兵的回憶：「在我們的思想中，世界由『壓迫者』和『被壓迫者』組成，前者是我們的敵人，後者是我們的兄弟姐妹和朋友。我們的理想和歷史使命，就是在中國乃至全世界範圍內，徹底消除一切壓迫、剝削和奴役的現象。也許這聽起來像一個烏托邦式的理想和追求，但我們是完全深信不疑，絕對無比真誠。」6

要想掌控學生的思想，首先需要控制教師的思想。這正是中國共產黨在所謂的「思想陣地」上採取的策略，以獲得對學校的全面控制。中國共產黨有步驟地實現這一目標，首先在他們控制下的「解放區」內開發並完善了一整套思想改造體系，然後在一九四九年後將其推廣到全國。

中國共產黨優先對小學和中學教師實施其精心設計的思想改造計畫。透過控制和灌輸教師，中國共產黨可以輕鬆地將教育系統轉變為黨控制的公立學校。他們重新調整了教師的教學理念，從傳統的概念和視角轉向馬克思主義意識形態。如果教師和員工不遵從，他們很快就會被點名、開除，並被視為「不可改造」。與此同時，中國共產黨從教師隊伍種挑選出理想的積極分子，透過培訓將他們培養為領導者和管理者。其他所有人都被迫接受強制性培訓，包括日常政治學習、集中訓練營、暑期培訓專案、小組學習和自學，並結合小組會議分享學習成果。這些培訓非常嚴肅，受訓者的學習筆記會被隨機檢查，必要時還會舉行抽查考試，以確保沒有人敷衍了事。政治學習逐漸被制度化，這種做法一直延續到今天。[7]

順便提及一件令人深感不安的事：最近兩份來自極右翼組織真相調查專案（Project Veritas）的報告顯示，美國學校裡的「清除」保守派行動正在發生，而且已經持續了好幾年。[8]

一九五二年，中國共產黨發布了一份報告，稱「今年秋季開學以前，全國百分之九十左右的高等學校教職員工和百分之七十左右的中等學校教職員工，已經完成了思想改造和組織清理工作」。[9]這對中國共產黨和共產主義來說是個好消息，但對那些仍然堅持獨立思考的教育界人士來說無疑是個壞消息。值得注意的是，中國共產黨僅用了兩年時間就達到了教師思想改造的目標。

這一計畫卓有成效，基礎已經奠定。那些經過澈底改造的教師開始執行中國共產黨的思想灌輸計畫。七十年後的今天，這個計畫不僅仍在運行，而且在現任領導人習近平的獨裁統治下得到了進一步強化。

自一九五二年以來，中共公立學校最值得關注的一點就是其教材。一項針對一九五七年至一九六四年間使用的小學教科書的研究，揭示了政治和行為價值觀是如何公開而普遍地被納入課堂教育的，成為對年輕一代進行大規模思想灌輸的一部分。課堂教學的主題包括擁護新社會、感恩新社會、頌揚毛澤東、國民黨統治下的萬惡舊中國，以及社會與個人責任、成就感與利他主義行為的培養。理想的社會主義者應對其共產主義領導人和社會主義國家懷有毫無疑問的信念，並隨時準備為其獻身。[10]

愛德華·亨特（Edward Hunter）在一九五〇年代初期撰寫的《紅色中國的洗腦術：對人類心智的蓄意摧毀》中，他如此評價中共批准的教材中經過修訂後的敘述：「在所有新政權出版的教科書中，歷史教科書是最令人印象深刻的。相比之下，其他學科，如文學和科學，則顯得草率。鑑於歷史教學在對新一代——戰鬥的一代——進行思想灌輸中可能起著決定性作用，因此有必要進行更廣泛的研究。」[11]

我在毛澤東時代的公立學校裡學到的歷史是虛假的歷史。三千多年的中國歷史被簡化為壓迫者（地主）和被壓迫者（農民）之間的階級鬥爭史。所有農民起義都失敗了，直到由馬列主義思想武裝的中國共產黨，領導農民取得了永久性的勝利。我們被這樣教導，是中國共產黨將中國人民從帝國主義、封建主義和官僚資本主義的壓迫中解放出來，最終使中國人民獲得了自由。

我們再次引用喬治・歐威爾的名言，他提供了一個歷久不衰事實：「誰控制了過去，誰就掌握了未來。誰控制了現在，誰就控制了過去。」[12]

為了塑造毛澤東的「新人」，需要一個全新的榜樣形象。雷鋒被塑造成理想的「新人」，並在一九六三年發起了一場「向雷鋒同志學習」的運動。從我記事起，雷鋒就是我應該仰望的標誌性人物和我應該效仿的榜樣。

雷鋒是中國人民解放軍的一名戰士。據說他和他的家人在舊中國飽受地主階級的壓迫。這正是雷鋒對毛澤東和中國共產黨懷有無限熱愛，對階級敵人懷有刻骨仇恨的原因。雷鋒被描繪成一個無私奉獻的人，他以全心全意為人民服務為樂。在他短暫的二十二年生命中，據說他做了無數的好事。歌曲、電影和書籍被創作出來讚美他，並鼓勵群眾效仿雷鋒的榜樣，成為共產主義新人。

然而事實上，毛澤東和中共最希望所有中國人（包括我在內）效仿的是雷鋒那種盲目的忠誠。不難看出雷鋒精神如何使紅衛兵的誕生成為可能。在鼓勵青年們以雷鋒精神為指導，為國家做「好事」的同時，他們實際上正被塑造和調教成為毛澤東和共產黨的「忠誠工具人」。「向雷鋒同志學習」的運動對紅衛兵一代政治文化的形成至關重要。為了成為「新人」，中國人民被號召對毛澤東獻上無條件的熱愛，同時對毛澤東定義的「階級敵人」懷有無條件的仇恨。這正是紅衛兵的核心本質和最終目的。

正如你現在所知，毛澤東發動文化大革命的原因之一，是要從他認為不再受他直接控制的中共體制中奪回權力，其中包括教育領域。在毛澤東看來，當時的中共教育體系還不夠激進。他認為學校實際上被反動的「資產階級學術權威」以及占據領導地位的未改造的資產階級知識分子所掌控。這些人專注於學術教學，而沒有把政治放在首位。毛澤東想要把整個教育體系激進化。在一九六六年的五七指示中，毛澤東指出：「教育要革命，資產階級知識分子統治我們學校的現象不能再繼續下去了。」

文化大革命爆發後不久，全國的學校紛紛停課。這導致我失去了兩年的受教育機會。在中國的某些地方，學校關閉的時間甚至更長。一九六八年當我們正式重返校園復課時，課程內容十分有限。在一年多的時間裡，我們只有一本教材，那就是《毛主席語錄》，又稱《小紅書》。

令人難以置信的是，在當時中國總人口僅八億的時候，《毛主席語錄》的印刷量竟然高達五十多億冊！[13] 許多家庭都收到了很多本。我家就有好幾本。我和我這一代的許多人一樣，無論在家裡還是在學校，我們除了這本書外，沒有其它讀物可讀。文化大革命期間，幾乎所有你能想到的東西都短缺，唯獨一樣東西例外——毛澤東的小紅書！

我們的教育不再局限於課堂，而是要在現實生活中學習。換句話說，我們的教育必須完全遵循思想改造的指導方針進行，其中包括體力勞動。體力勞動被視為思想改造的必要組成部分，因為共產主義信奉「勞動使人自由」。每個學期，我們都要花一個月的時間在田間或工廠勞動，或者接受軍事訓練，目的是向工人、農民和士兵學習。透過生產勞動，被認為是學習和理解毛澤東思想的最佳方式。在我看來，這更像是一種漸進式的學生激進主義項目。

這是毛澤東激進化和破壞教育系統所留下的遺患。根據中共一九八二年的人口普查資料，中國有超過二點三億的文盲和半文盲，占全國總人口的近四分之一[14]，這一狀況幾乎抹去了文化大革命前多年在教育方面取得的大部分成就。放棄學術教育和科學研究使中國倒退到了近乎石器時代，而這一令人悲哀的現實，直到中國向西方開放後，大多數中國人才逐漸意識到。

文化大革命的領導者禁止了當時所有現存的教科書，批評它們充斥著資產階級思想，缺乏對毛澤東思想的重視。雖然已經過去五十多年了，但我仍然記得一些文化大革命前教科書中的內容。比如閱讀課本中有這樣一句話：「小河流水，嘩啦啦。」這句對大自然及其聲音的描述，我依然記得它，是因為它簡潔美麗，且富有生動的畫面感。

然而，當他們的目標是試圖激進化學生時，這種內容顯然不是他們想要教授的。巴西馬克思主義教育家保羅．弗萊雷（Paulo Freire），《被壓迫者教育學》（*Pedagogy of the Oppressed*）一書的作者，與毛澤東的觀點一致。他認為，教授學生文字和語言的唯一目的應該是提升他們的批判覺悟，包括革命覺悟和階級覺悟。弗萊雷寫道：「無論你把這種正確的思維稱為『革命覺悟』還是『階級覺悟』，它都是革命不可或缺的先決條件。」[15]

當文化大革命時期的新教材和新課程進入學校時，稍加翻閱就能看出學校新教育主題的核心：毛澤東思想。這一思想被全面融入學校的各門課程，無論是語文、數學、科學還是外語等。政治思想全面主導了教育體系的方方面面。

在撰寫這一章節時，我在網上發現了一些那個年代數學課本的掃描頁面。其中有一道目是這樣的：「解放前，貧農劉大叔從地主那裡租了4畝地。每年每畝必須上繳12斗糧食的地租。問：地主每年從劉大叔那裡剝削了多少斗糧食？」頁面上還配有一幅插圖，描繪的是劉大叔向一群年輕人進行「憶苦思甜」的教育。頁面正中是毛主席的畫像，上方是毛主席語錄：「千萬不要忘記階級鬥爭。」

另一個文化大革命時期的數學題例子是這樣的：「懷著對毛主席的無限崇敬之情，國際水手們參觀了『毛主席是我們心中最紅最紅的紅太陽』展覽。8天內共有1184名水手參觀。請問每天平均有多少名水手參觀？」

我的英語教科書與其說是教材，不如說是一本政治口號集錦，比如「毛主席萬歲」、「無產階級專政萬歲！」等等。顯然，這樣的教材根本無法提供任何實用的日常英語知識。

早在西元六百年左右，古代中國就建立了一個相對公平的科舉制度。不論家庭背景如何，許多有才能的學生都可以透過科舉考試進入朝廷做官。這種透過標準化考試讓任何家庭出身的孩子都有機會成功的理念，成為中國人的一種長期信念。這便是中國古老的人才選拔制度。英國政府在一八五五年也採用了類似的考試制度來選拔全國的公務員，美國則在一八八三年之後效仿。[16]然而，這種中國傳統的人才選拔方式在文化大革命中被視為「四舊」之一，必須被摧毀。

澈底改造中國教育制度，還意味著要實施毛澤東式的「平權行動」——優先錄取政策。一九六六年文化大革命爆發時，大學招生被暫停。一九七〇年恢復招生時，入學考試被取消，取而代之的是配額制和「推薦制」，在這種制度下，工人、農民和士兵的子女享有優先錄取權。錄取資格由黨的領導人根據候選人的政治覺悟和工作經驗來評定，而不考慮此前的教育水準和學術能力。根據北京大學的招生資料，一九七〇年錄取的兩千六百六十五名學生中，一百七十一人來自高中，兩千一百四十二人來自初中，七十九人甚至只有小學學歷。[17]

有趣的是，習近平就是那個時期的工農兵大學生之一。

這些工農兵大學生上大學不僅僅是為了學習。他們還肩負著「進入大學、掌控大學、用毛澤東思想改造大學」的使命。

毛澤東的目標是培養「紅色知識分子」，或者用他的話說，是培養「又紅又專」的人才。他希望這個新的「專家」階層首先要對黨和共產主義事業保持忠誠，其次才是專業能力。然而，毛澤東的這個實驗最終失敗了。「工農兵大學生」成為一個貶義詞，他們的學位在文化大革命結束後也不被認可。

儘管十年的正常學術教育的失落，使中國在科學技術領域遠遠落後於西方，但這場運動確實在某種程度上成功地培養了更多忠誠的毛澤東追隨者，也就是所謂的社會主義「新人」。

* * *

讓我們把目光轉向美國。要理解美國教育體系所發生的變化，我們必須先了解傳統教育和進步教育（progressive education）之間的區別。

根據古典拉丁學校協會主任和《古典教師》雜誌編輯馬丁・高卓靈（Martin Cothran）的

觀點，傳統主義者認為學校是純粹的學術機構，其目的也完全是學術性的。他指出，這一目的是培養學生的心智慧力，更廣泛地說，是將西方文化遺產傳承給下一代。同時，它還旨在培養全面發展的公民，使其能夠批判性地思考，追求智慧，了解人性，使生活變得充實和有意義。相比之下，進步主義者將學校視為社會服務機構，其目的是為學生適應現代生活的社會、政治和經濟現實做準備。這包括職業技能培訓、某些形式的社會觀念灌輸，甚至包括一些心理調適。[18]

美國的古典教育和進步教育之間的差異，與中國傳統的儒家教育和中共教育之間的差異有著驚人的相似之處。前者視教育的目的為塑造品格，讓每個人都努力成為孔子所說的「君子」，即一個高尚的人。後者則將教育武器化，旨在為其共產主義事業培養接班人。作為年輕的學生，我們被教導，我們都將成為社會主義機器上的一顆小小的閃亮螺絲釘，無論黨把我們安排在哪裡，我們都會快樂地發光發熱。

科特蘭還指出，傳統主義者通常是家長和年長的教師，而進步主義者主要由受過進步教師學院培訓的教育專業人士組成。[19]這些專業人士就是我們現在所稱的「專家階層」，他們之所以被稱為專家，可能是因為進步教育者認為只有他們才有能力決定什麼對學校、課程和學生是正確的。你想知道全國教育協會的「專家們」最近提出了什麼建議嗎？他們主張教育工作者應該使用「生育家長」而不是「母親」這個詞，[20]並且應該向我們的孩子教授批判性種族理論。[21]

總結這種差異很簡單：教育傳統主義者致力於培養未來全面發展的公民，而進步主義者則致力於培養未來的社會活動家和革命者。有一個不可否認的事實是：所有公立學校和愈來愈多的私立學校都被進步主義者控制。原因很簡單。這些進步主義者來自進步教師學院的人才輸送管道——自一九四〇年代以來一直在運作的思想灌輸工廠。

約翰・杜威（John Dewey，一八五九—一九五二）是一位著名的教育家，曾在哥倫比亞大學教師學院任教（一九〇四—一九三〇年）。他是推動美國公立學校向進步主義教育管理的公立學校轉變的關鍵人物。杜威還使哥倫比亞大學成為法蘭克福學派馬克思主義者的聚集地，並幫助其在美國扎下文化馬克思主義根基。[22]他被稱為進步主義教育之父。他對美國教育宗旨的總結是：「我相信教育是實現社會進步和改革的根本途徑。」[23]

《公共利益中的教育研究：社會正義、行動和政策》的作者格洛麗亞・拉德森・比林斯（Gloria Ladson-Billings）和威廉・泰特（William F. Tate）在此書中這樣評價杜威：「杜威的實用主義是一項旨在透過消除過去傳統來重塑兒童的宏偉計畫，其目標是構建一個現代化的自我——一個思維方式和參與模式有意面向未來行動的自我。」[24]

那麼，拉德森・比林斯和泰特所說的過去傳統是什麼？它們指的是西方文明和基督教。毛澤東也想消除過去的傳統，這些傳統曾經塑造並引領了中國數百年的文明。而杜威和毛澤東都找到了一種可用來取代傳統的東西，那就是馬克思主義！無論是中共還是進步主義者，他們在各自的教育體系中灌輸思想的目的，都是為了創造和塑造未來的「新人」。

在中國共產黨大張旗鼓的宣傳中，雷鋒被樹立為毛澤東時代「新人」的典範。而在美國和西方的青年中，當代「新人」的偶像則是切・格瓦拉。切・格瓦拉是一位阿根廷馬克思主義革命家，同時也是醫生、作家和游擊隊領袖。他與卡斯楚一起領導了古巴革命，還曾北京接受毛的召見、學習毛的游擊戰術。即使在今天，他仍然是美國馬克思主義體系裡的浪漫化象徵和烈士。然而，對許多美國人來說，關於切・格瓦拉的真實故事——其中並非總是光榮或英勇，例如他在南美洲各國掀起的暴力革命，有大量無辜平民被殺害——已經漸漸被遺忘。留存下來的只是那些聲稱他放棄特權的優渥生活、為被壓迫者而戰直至犧牲的英雄形象。

《六〇年代解密》（*The Sixties Unplugged*）的作者傑拉德・德格魯特（Gerard J. DeGroot）這樣評價切・格瓦拉：「由於切主張領導者必須來自受過教育的階層，這也解釋了他為何能吸引已發展國家的中產階級學生。他的觀點暗示，只需要極少數堅定的激進分子就能改變世界，這種觀點讓各地的激進派興奮不已。」[25]

進步主義教育者們也有他們自己的英雄，同樣來自拉丁美洲：保羅·弗萊雷。這位激進的巴西教育家的著作《被壓迫者教育學》影響深遠。弗萊雷認為，「不存在中立的教育。教育要麼是為了培養順從，要麼是為了爭取自由。」

在弗萊雷的理念中，「順從」指的是基督教的西方傳統，而「自由」則意味著發起改變世界的革命。他的核心信念是教育的功能應該是培養革命者。在《被壓迫者教育學》的前言中，理查·肖爾（Richard Shaull）將弗萊雷的教育哲學描述為一種激勵人們追求「自由的實踐」的教育理念。這種實踐能讓人們以批判性和創造性的方式應對現實，並探索如何參與改造世界的進程。肖爾寫道：「發展促進這一進程的教育方法，必然會在我們的社會中引起矛盾和衝突。但它也可能有助於新人的形成，並開啟西方歷史的新時代。」[26]

批判性種族理論和馬克思主義意識形態的主要批評者詹姆斯·林賽博士聲稱，美國的學校實際上已經成為保羅·弗萊雷式的學校。林賽認為，弗萊雷式學校的目標是提高學生對階級、種族或身分的意識，培養他們成為未來的革命者。[27]

極右翼組織真相調查專案（Project Veritas）已經揭露了左翼勢力想要隱藏的許多不當行為。該組織的一個獨家爆料顯示，加利福尼亞州一位名叫加布列爾·吉普（Gabriel Gipe）的高中教師，在他的教室裡張貼著毛澤東的肖像和安提法的旗幟等物品，並在鏡頭前吹噓可以在一百八十天內將學生變成「革命者」。[28]

透過接管和改造美國課堂的教育，進步主義者成功地將原本的基督教文化轉變為馬克思主義文化。接下來，讓我們來看看他們是如何實現這一轉變的。

以「政教分離」的名義

進步派人士在試圖實施他們自己版本的「政教分離」時，透過從課堂中移除任何與上帝相關的內容，並由此引入了一種被稱為馬克思主義的新「宗教」。

《赤裸的共產主義》（*The Naked Communist*）一書的作者克萊恩・斯庫森（W. Cleon Skousen）對此有如下看法：「作為教師，我們不應該教授特定的信仰。但家長們有權堅持要求課堂不被那些試圖摧毀信仰的少數教師所利用。」[29]

如今在美國公立學校，基督教已被馬克思主義這一新「宗教」所取代。這個新「宗教」的教義包括多元文化主義、身分認同意識形態、交織性、社會正義、DEI，以及綠色政治等。總而言之，這是一種「覺醒」意識形態的宗教。

教師思想改造

這讓我們回想起約翰・杜威，二十世紀初，他曾是在哥倫比亞大學教育學院的傑出哲學家和教育學家。這所師範學院逐漸成為培養未來馬克思主義教育工作者的中心。到一九五〇年，據估計，三分之一大型學區的校長和學區主管都曾在那裡接受過培訓。許多人從學院畢業時，已經接受了關於現實、政府、社會、家庭和經濟的新觀念，這些觀念都是從杜威和法蘭克福學派傳承下來的。[30]

需要注意的是，這個關於校長和學區主管的統計資料是在七十多年前得出的。顯然，從那時起發生了巨大的變化，我們可以有把握地說，現在持進步主義觀點的學者比例遠遠超過三分之一。對於那些在高等學院接受了大量馬克思主義思想教育的教師來說，也是一樣的。那些設法在這種教育中保持思想清晰和客觀的教師，後來又會透過學校董事會要求的深入「覺醒意識」（wokeness）培訓，獲得加入進步主義者陣營的第二次機會。這似乎是無法避免的，就像中國共產黨一樣，激進左派必須透過「覺醒意識」培訓來重新教育教師，以確保每個人都為後續的教育改革做好準備。

這種情況在我所在的維吉尼亞州也不例外。據《華盛頓觀察家報》（*Washington Examiner*）

二〇二一年十一月報導：「維吉尼亞州的教師培訓材料提供了將批判性種族理論納入課堂的指導，該州教育部網站還特別推薦了宣傳這一理論框架的書籍。」[31]

有很多外部資源和諮詢服務用於對教師進行洗腦培訓，從而幫助他們向學生進行洗腦。全景教育（Panorama Education）就是這樣一種提供支援的服務，專門教授受馬克思主義啟發的批判性種族理論和社會情感學習（SEL）。該服務已經與美國一百個最大的學區中的五十多個簽訂了合約。你知道誰是這家公司的共同創始人嗎？是美國總檢察長梅瑞克・賈蘭德（Merrick Garland）的女婿，贊・坦納（Xan Tanner）。[32]

教育孩子們憎恨美國

為了創造一種新的文化，必須讓孩子們否定自己的歷史和傳統。這正是進步主義者的目標。他們的方法是教學生們仇視美國，而進步主義者正是透過編寫和教授虛假的歷史來實現這一目的。例如，妮可・漢娜瓊斯的《一六一九計畫：一個新起源故事》，這本書於二〇二一年出版，不出所料，由左翼媒體的代表《紐約時報》推出。這個項目幾乎脫離了客觀歷史研究的範疇，但卻仍然榮獲了二〇二〇年普立茲評論獎。《一六一九計畫》重新書寫了美國歷史，聲稱美國歷史的真正的開端不是一七七六年獨立戰爭，而是當第一批非洲奴隸被帶到北美大陸時的一六一九年。現在，《一六一九計畫》已經進入美國的課堂。如果這就是當今學生所學習的「歷史」課程內容，那麼學生憎恨美國並想加入摧毀它的陣營，也就無可厚非了。

在《一六一九計畫》之前，還有一本影響深遠的書——霍華德．津恩（Howard Zinn）在一九八〇年出版的《美國人民史》。就像中國共產黨對中國歷史的敘述一樣，津恩將美國歷史簡化為壓迫者與被壓迫者之間的鬥爭。津恩的出版商The New Press在網上這樣介紹這本書的立意：「霍華德．津恩的《美國人民史》顛覆了整整一代讀者對歷史的認知，從普通人的視角講述美國的故事——那些書寫了自己的歷史，卻往往在正式的歷史記錄中被忽略的群體，包括奴隸、工人、移民、女性和美洲原住民。」[33]

有人曾告訴我，書名中凡是以「人民」開頭的，通常意味著該作者可能有馬克思主義傾向。這個觀察確實很準確！「人民」這個詞是我在共產主義中國長大時經常聽到的。中共統治下的中國被稱為「中華人民共和國」（而臺灣的正式名稱是「中華民國」），軍隊被稱為「人民解放軍」，立法機構是「全國人民代表大會」，法院是「人民法院」，警察是「人民警察」，中國的貨幣是「人民幣」。我年少時成都唯一的公園也叫「人民公園」。共產義者和馬克思主義者似乎特別「熱愛」人民，因為在他們的理念中，他們擁有人民。如果這種趨勢繼續下去，我們是否很快就會生活在「美利堅人民共和國」之中了？

歷史對中共和這些所謂的進步主義者都極為重要，這就是為什麼他們想方設法阻止學生了解真實的歷史。二〇二三年二月，維吉尼亞州的民主黨人否決了一項要求學校教授共產主義歷史的法案。他們給出的理由令人費解：這可能會助長反亞裔情緒！[34]同年四月，北卡羅來納大學的六百七十三名教授聯名簽署了一封公開信反對一項法案，該法案要求大學生學習美國政府和建國檔案，他們則聲稱這侵犯了「學術自由」！[35]

我和數百萬中國學生曾經被洗腦，相信中共編造的歷史謊言，因為我們能接觸到的唯一歷史書籍都是由中共編寫，審查和批准的。令人擔憂的是，某些美國的進步主義者似乎正在採用類似的策略，試圖達到相同的目的——控制歷史敘事，塑造年輕一代的思想。

實施馬克思主義綱領

早在批判性種族理論被家長和公眾揭露之前，它就已經透過弗萊雷的教學法在公立學校中被教授和實踐（雖然並非作為一門課程）。感謝記者及CRT評論家克里斯多夫·魯福的努力，以及疫情給家長們提供了一個難得的機會，讓他們能夠透過線上課堂親眼目睹孩子們所學的內容，CRT逐漸成為一個因負面原因而家喻戶曉的術語。CRT在公立學校中如此普遍，以至於它已經悄然滲入到了數學教材中，這與毛澤東思想侵入中國數學教材的方式如出一轍，只不過在中國，這種做法並不那麼隱蔽。

有一個州意識到了問題，那就是佛羅里達州。二〇二二年初，該州公民拒絕採用有百分之四十一在宣傳馬克思主義意識形態的新數學教科書。以下是一頁被拒絕的數學教材的例子：

> 什麼？我是種族主義者？超過兩百萬人透過一個線上版本的隱性聯想測試檢測自己的種族偏見狀況。大多數群體的平均分介於「輕微」和「中等」偏見之間，但不同年齡和政治傾向群體之間的差異卻頗為有趣。在本節的習題集（第103和104題）中，你將使用測量偏見的模型進行練習……[36]

我完全看不出毛澤東時代和覺醒意識形態推行者在數學教材洗腦方式上有任何不同，你能看出差別嗎？

社會情感學習SEL正悄然進入各地的學校課程。根據維吉尼亞州教育部的定義，SEL是「一個過程，透過這個過程，年輕人和成年人可以獲取並應用知識、技能和態度，以培養健康的身分認同，管理情緒並實現個人和集體目標，感受並表現對他人的同理心，建立並維護支持性關係，做出負責任和關懷他人的決策。」[37]

就像左派推動的所有其它議程一樣，這聽起來是不是很有吸引力？或者至少是無害的。我很幸運認識了麗莎．洛根（Lisa Logan），一位三個孩子的年輕母親，也是一位同為活動家的朋友。當她的孩子學校準備教授SEL時，她開始研究這一概念，並深入了解SEL的真正含義，最終成為這方面的專家，進而展開行動以阻止這個概念進入學校的課程。她向我解釋說：「儘管SEL教授的許多品質——比如同理心、換位思考、社會意識等，聽起來很棒，但這些實際上被用作煙幕彈和跳板，用以向學生引入相關社會問題，並與他們討論批判理論相關的話題，從而讓學生接受一種批判意識。像『批判性種族理論』或『跨性別主義』這樣的主題很容易被嵌入SEL課程中，這些課程使用類似洗腦的手段，利用學生天生的同情心，將他們轉變為所謂的社會正義的宣導者。」[38]她繼續說：「SEL課程中的教學內容設計是為了讓學生質疑他們家庭中培養的世界觀，並接受一種全新的觀點，這種觀點認為種族、階級和性別是社會構建的概念——或者說是社會為了壓迫特定群體而創造的概念。」二〇二三年三月九日，麗莎受邀在聯合國婦女地位委員會CSW67會議上就SEL發表了演講。

毫無疑問，馬克思主義教育內容正在被不遺餘力地推向我們的學齡兒童。

以多元化、公平和包容之名屏棄能力至上主義

在這裡，我們再次看到「進步主義者」追隨毛澤東的腳步摧毀「能力至上主義」。任人唯賢是美國偉大的原因之一，因為它鼓勵個人追求卓越。這種制度不分膚色和身分，根據個人的努力和才能給予回報。能力至上主義是美國夢的精髓，這一點已經被一代又一代的人們反覆證明，包括像我這樣的移民。

任人唯賢與自由相契合，與專制主義形成鮮明對比。正因如此，進步主義教育者才致力於摧毀任人唯賢，用多元化、公平和包容取而代之。這一點在哈佛等常春藤盟校，和維吉尼亞州湯瑪斯·傑弗遜高中等菁英高中實施的種族意識招生政策中體現得最為明顯。進步主義教育者一直試圖廢除標準化考試，認為這些考試存在種族歧視和偏見，轉而支持配額制度。他們的論點是少數族裔的平均分通常遠低於全國平均水準。然而，這一論點很容易被反駁，因為亞裔美國人的平均分數遠高於全國平均水準，包括高於白人群體。

亞裔的優異表現成了進步主義DEI敘事的一個難題。為了克服這個困境，進步主義者便將亞裔歸類為具有白人特權的「類白人」。這種做法的險惡結果是，亞裔因其學業上的成功而被單獨列為歧視的目標和懲罰對象。DEI實際上與我們珍視的美國夢背道而馳。

來自中國移民家庭的肯尼・徐（Kenny Xu）一直是捍衛能力至上主義的勇敢鬥士。他極具影響力的著作《尷尬的少數群體：亞裔卓越與公平競爭的保衛戰》有力地駁斥了進步主義者的馬克思主義和種族主義議程。這種議程不僅摧毀了任人唯賢的制度，也摧毀了我們的自由。

降低教育標準：教育的平庸化之路

在《爭奪美國思想》一書中，皮特・赫格塞斯（Pete Hegseth，現任美國國防部長）引用了路易斯（C. S. Lewis）的一句話：「教育本質上是為自由人準備的，而職業培訓是為奴隸準備的。」赫格塞斯引用這句話來說明約翰・杜威如何致力於終結基督教的全面教育，將學校降格為單純的職業培訓場所。[39]然而，今天的學校甚至不能勝任作為職業學校的角色。這種失敗表現在，許多從公立學校畢業的學生連最基本的技能——「三會」（讀、寫、算術）——都沒有掌握，無法獨立生活。如果連十年級水準的閱讀能力或基本數學運算都無法掌握，他們就會淪為無助的附庸，完全依賴於國家；而這恰恰是進步主義者所期望的。

進步主義者試圖讓我們相信，降低教育標準是實現教育公平的另一種方式。但我們不禁要問：這種所謂的公平與毛澤東時代的平均主義有何區別？毫無區別，兩者的目標都是降低兒童的認知水準，讓他們變得愚鈍，以便更好地服從，成為進步主義者推動馬克思主義革命的工具。

這種趨勢已經在美國出現，並有蔓延之勢。從二〇二〇年開始，華盛頓州甚至取消了高中學生必須透過標準化考試才能畢業的要求。40

這些馬克思主義教育者一直在推動的所謂公平敘事，實際上不過是毛澤東在中國實施的災難性實驗的翻版。如果任其發展，結果將是相同的：徹底摧毀國家最寶貴的資源——人力資源，使美國變成一個年輕人難以閱讀、寫作或進行基本數學運算的國家，從而讓他們更容易被掌控。

* * *

如前所述，紅衛兵是中國文化大革命時期「新人」的理想藍本。毛澤東用了十七年時間（一九四九—一九六六）來塑造他心目中的「新人」，而美國的馬克思主義者則花了幾十年的時間。如今，他們的努力終於結出了果實，我們現在也有了自己的「美國版紅衛兵」。

正如我在第五章中詳細闡述的那樣，這些「美國版紅衛兵」是在尋找使命的激進分子，同時也是在尋找身分認同的「受害者」。他們是四處尋求反抗目標的革命者，無論目標是什麼——只要能反抗就行。

保守派指責公立學校教導學生「該思考什麼」而不是「如何思考」。然而，現實情況比這更糟糕。被灌輸思想的年輕人已經失去了獨立思考的能力，他們只是對刺激做出條件反射式的反應。我們的年輕人已經被「馴化」到了一個地步，只需聽到「川普」、「MAGA」、「反墮胎」、「反跨性別」或「警察射殺手無寸鐵的黑人」等詞語就會被「觸發」，做出他們被訓練好的本能反應。他們會舉著拳頭走上街頭，高喊「嘿，嘿，呵，呵，某某必須下臺」之類的口號。動員他們就像發送一條推文一樣簡單。

美國開國元勳詹姆斯．麥迪遜曾寫道，我們的憲法要求「人民具備足夠的美德來實現自治。每一代人都需要擁有自由社會賴以生存的基本美德，例如：基本的誠實、正直、自製、關心他人並尊重他們的尊嚴和權利、公民意識等等。」[41]

那麼，新一代應從哪裡學習這些美德呢？答案本應該和過去一樣，但遺憾的是現實已不再如此。這些美德本應該在家庭、教會和學校的傳統中得到傳承。這些機構是塑造未來幾代人思想的重要場所。

然而，正如前幾章所述，進步主義者已經成功地攻擊和破壞了家庭、教會和學校這三大機構，除非有頭腦清醒的公民和公職人員站出來制止他們，否則他們將繼續肆無忌憚地繼續進行破壞。

進步主義者的目標很明確：將美國打造成一個由他們理想中的「新人」組成的國家。這些「新人」擁護「覺醒意識形態」，屏棄基督教原則和美國的傳統價值觀，最終將國家意志置於個人權利之上。

如果我們想要恢復和維護我們的共和國，我們需要的是好公民，而不是激進分子。我們需要約翰・亞當斯所說的「有道德和宗教信仰的」公民。

但希望並未完全破滅，美國的進步教育從一九三〇年代開始逐漸占據主導地位。歷經近一個世紀，進步主義者才達到今天的影響力，然而他們並沒有成功地洗腦我們所有人。約翰・大衛・萊斯—卡梅倫（John David Rice-Cameron）的故事就是一個令人鼓舞的例子。他是著名進步派人物蘇珊・萊斯（Susan Rice）的兒子，蘇珊・萊斯在柯林頓和歐巴馬時期曾任美國駐聯合國大使、助理國務卿及國家安全顧問，以及拜登政府國內政策委員會的主任。出乎意料的是，萊斯—卡梅倫卻成為了一名保守派。二〇一八年十月十五日的《華盛頓郵報》文章這樣描述他：「萊斯—卡梅倫不僅是一名保守派，還是史丹福大學共和黨學生組織的領袖，也是川普總統的堅定支持者。他的抱負是『讓史丹福再次偉大』。」[42] 萊斯—卡梅倫的例子向我們證明，進步主義的洗腦並非不可戰勝。

另一個成功「解編」洗腦的故事同樣振奮人心。安娜貝拉．羅克韋爾（Annabella Rockwell）曾就讀於麻塞諸塞州的菁英學府霍利奧克山學院，經過四年的進步主義灌輸，「她被『洗腦』，相信自己長期以來一直是父權制壓迫的受害者，有責任為其他受害者——女性、有色人種和LGBTQ群體——而戰。」然而，正是她母親的決心和不懈努力，最終將女兒從這種思想中拯救出來。現在，安娜貝拉在保守派宣導組織普拉格大學（PragerU，一個保守派線上教育平臺）擔任籌款人，透過這個平臺分享她發人深省的經歷。[43]

思想灌輸不僅僅是將錯誤思想和謊言灌輸給毫無戒備的人，還包括壓制和妖魔化正確的理念。我們需要將這些正確的理念重新帶回學校和公共領域，我們需要重建那些被進步主義者試圖摧毀的事物：美國的核心價值觀、真實的歷史，以及全國範圍內對憲法的擁護和尊重。

後記：一則警告

透過與現場和網上聽眾的互動，我經常聽到這樣的問題：「毛澤東的文化大革命只是過去的一個不幸事件嗎？」「中國現在不是變得更好、更自由了嗎？」以及「中國現在不是已經成為一個資本主義國家了嗎？」

這些都是重要的問題，值得我們詳細探討。為此，我們需要回到毛澤東去世後的那些年。

毛澤東的文化大革命將中國推到了澈底崩潰的邊緣。在他一九七六年去世時，這個國家不僅經濟破產，意識形態上也陷入了困境。人們對毛澤東主義和他的社會主義理念完全失去了信心。這對中國共產黨的統治權威構成了前所未有的巨大威脅。

正是在這樣的背景下，鄧小平於一九七七年重新崛起並掌握了中國的最高權力。鄧小平一直是中共內部理性和務實主義的代表。正因如此，他曾三次作為右派「走資派」而被毛澤東黨內清洗，因為他主張集中精力改善中國的經濟，這與毛澤東的階級鬥爭路線相悖。作為新的領導人，鄧小平拋棄了毛澤東的階級鬥爭理論，代之以他著名的新理論：「不管黑貓白貓，抓到老鼠就是好貓。」這意味著重點應該放在透過引入資本主義或採取「任何必要手段」來改善中國的經濟。作為一位資深的「走資派」，鄧小平深知資本主義是暫時挽救中共的希望。

鄧小平的經濟改革開啟了中國的新經濟時代，使中國向世界敞開大門，吸引西方資本和投資。他擁有西方企業夢寐以求的東西：廉價勞動力，幾乎不受人權和政府法規的約束。在過去二十年裡，我們見證了中國前所未有的經濟增長。如今，中國已成為世界第二大經濟體。

鄧小平被譽為中共最偉大的「改革者」。然而，需要記住的是，他只想推動經濟改革，而非政治改革。這一點他始終堅持！他堅持主張馬克思列寧主義和毛澤東思想應該繼續作為中共的指導原則。一九八九年，正是鄧小平下令血腥鎮壓了天安門廣場的學生民主運動。他對任何挑戰中共權力的行為都絕不容忍！

西方選擇性地忽視了這一事實。他們一廂情願地相信資本主義和自由市場會給中國帶來更多自由。前美國總統柯林頓顯然對此深信不疑。正是柯林頓將中國帶入了世界貿易組織。在他二〇〇〇年三月九日關於《對華貿易法案》的演講中，柯林頓說：「透過加入世貿組織，中國不僅同意進口更多我們的產品，更是同意引進民主最珍視的價值觀之一：經濟自由。中國愈是開放其經濟，就愈能充分釋放其人民的潛力——他們的創新精神、想像力和非凡的企業精神。當個人不僅有夢想，而且有能力實現夢想時，他們必然會要求擁有更大的話語權。」[1]

柯林頓的觀點並非完全錯誤。中國向世界開放確實帶來了自由和民主的理念。中國人民希望在國家治理事務決策中擁有更大的發言權，並希望政府能更加負責任。然而，可悲的現實是，這兩點他們都未能如願。

中國在前共產黨總書記和國家主席江澤民領導下取得了前所未有的經濟增長，但這不可避免地也帶來了空前的腐敗問題。那些掌權者以犧牲普通民眾利益為代價來謀取私利，中飽私囊。人們蔑視這些腐敗的中共官僚，稱他們為「老虎」和「蒼蠅」。「老虎」指的是中央和省級政府的高層官員，「蒼蠅」則指地方政府官員。

中共從上到下都腐敗透頂——毫不誇張。這些統治者在老百姓眼裡被視為資本主義的剝削者和壓迫者，正是中共意識形態奠基人卡爾．馬克思所描繪的那類人。中共的執政合法性再次受到極大威脅。許多中國人公開表達了他們對毛澤東這樣的強人領導的渴望，希望他能帶來「社會正義」。二〇一三年，他們的願望似乎得到了回應，這個回應者就是習近平。他被視為新時代的共產主義救世主，承諾透過拯救中共來拯救中國。

習近平發起了聲勢浩大的反腐運動，誓言要消滅「老虎」和「蒼蠅」。他鄭重宣布：「我們要堅持老虎蒼蠅一起打，既要堅決查處領導幹部違紀違法案件，也要切實解決發生在人民群眾身邊的不正之風和腐敗問題。」

習近平確實兌現了他的承諾，他的反腐運動在群眾的廣泛支持下取得了重大的勝利。然而，人們很快意識到，那些被他打倒的「老虎」（高級腐敗官員）和「蒼蠅」（基層腐敗分子）實際上是他的政治對手。習近平巧妙地清除政治敵人和挑戰者，牢牢掌控了權力，這也正是毛澤東文化大革命的主要目的。[2]

遵循毛澤東文化大革命的模式，習近平開始轉向意識形態領域，以「習近平思想」為核心，重新塑造中國的「話語主導權」。他正在打造自己的社會主義模式：「新時代中國特色社會主義」。這可以被視為中國版的文化大革命2.0。

二〇一八年一月五日，習近平在一次面向新選拔的中共官員的政治會議上發表講話，強調了信仰的重要性：

「對馬克思主義的信仰，對社會主義和共產主義的信念，是共產黨人的政治靈魂，是共產黨人經受任何考驗的精神支柱。我們常說，基礎不牢，地動山搖。信念不牢也是要地動山搖的。蘇聯解體、蘇共垮臺、東歐劇變不就是這個邏輯嗎？蘇共擁有二十萬黨員時奪取了政權，擁有兩百萬黨員時打敗了希特勒，而擁有近兩千萬黨員時卻失去了政權。我說過，在那場動盪中，竟無一人是男兒，沒什麼人出來抗爭。什麼原因？就是理想信念已經蕩然無存了。」[3]

習近平將重振和強化共產主義作為自己的使命，他試圖透過批判西方式民主思想和價值觀（可以理解為新的「四舊」），並譴責當今中國的新興富豪階層（可以視為新的「黑五類」）來實現這一目標。同時，習近平還致力於透過「人類命運共同體」理念，取代美國的全球領導地位，這實際上是在推廣中共式的全球主義。

經過數十年與中共的互動，我們發現西方式民主在中國還未成熟就已夭折，而中國式威權主義卻已輸出並在西方獲得了立足之地。新冠疫情使這一事實更加走進美國人的生活。當中國變得愈來愈不像西方時，西方卻在某些方面愈來愈接近中國的模式。

在中國，習近平重新喚起了毛澤東時代文化大革命的某些元素。與此同時，在美國，進步派則發起了反主流文化運動的新階段。中國和美國的馬克思主義者似乎有著相似的目標、立場、策略，甚至用語。他們都在努力挑戰現有的資本主義體系，這也意味著摧毀我們所享有的自由。

鑑於此，我認為是時候正視和評估共產主義的影響，揭示其真實面貌了。

幾乎沒有人會為奴隸制、納粹主義或法西斯主義辯護。任何公開支援這些邪惡制度和意識形態的人都會受到嚴厲譴責。事實上，人們對那些曾參與納粹罪行的人零容忍，即使只是擔任過死亡集中營的秘書也不例外。二〇二二年十二月，一位九十七歲的前納粹死亡集中營女秘書就被德國法院定罪，[4]這無疑是正確的判決。

然而，對於社會主義和共產主義，人們的態度卻截然不同，儘管這些意識形態所犯下的反人類罪行或許更駭人聽聞。美國參議員伯尼・桑德斯公開宣稱自己是社會主義者，眾議員亞歷山卓・歐加修—寇蒂茲和她的進步派同僚們也是如此，儘管他們為社會主義前加上了一個動聽的形容詞：民主社會主義。

美國共產黨（Communist Party USA，CPUSA）成立於一九一九年，比一九一七年的布爾什維克革命晚兩年，比中國共產黨成立早兩年。一個多世紀過去了，CPUSA不僅仍在運作，而且還在不斷發展。二〇二一年十二月，參議員理察・布魯蒙索（Richard Blumenthal）甚至出席了在康乃狄克州舉行的美國共產黨成立一〇二週年慶祝活動，並為其致賀頒獎！儘管他事後對此表示了遺憾，但這件事已成為事實。[5]

為什麼社會主義和共產主義在美國和西方沒有像納粹主義那樣受到同等程度的譴責？納粹主義和法西斯主義之所以成為邪惡的代名詞，是因為它們的罪行和意識形態在國際法庭上受到了審判和譴責。我們需要對人類歷史上最大的劊子手——列寧、史達林、毛澤東和波布——進行類似紐倫堡審判的國際公審。我們需要對共產主義意識形態進行公開審判。正是這種意識形態導致了超過一億人的死亡！[6]這種意識形態確實會造成殺戮！

這項工作其實已經開始。二〇二二年五月，佛羅里達州州長羅恩・德桑蒂斯（Ron DeSantis）簽署了一項法案，將十一月七日定為「共產主義受害者紀念日」。根據該法案，每年在紀念日當天，學校需安排至少四十五分鐘的課程，向學生講授共產主義的邪惡本質和潛在危險。[7]我們不僅需要教育學生，還要讓整個社會認識到共產主義對美國構成的威脅和危害。

這一切都是關於權力的遊戲。首先，透過文化顛覆和動盪來破壞社會穩定以獲得權力，就像毛澤東文化大革命所展示的那樣，而這種模式現在在美國以「覺醒文化」革命的形式再次上演。其次，透過鞏固馬克思主義的統治思想來維持權力，從而對人民實現全面控制，習近平治下的當代中國正是這一模式的現實寫照。

換句話說，美國當前的這場所謂「覺醒文化」革命，正是菁英階層通向其最終目標的途徑——所謂的「中國模式」。這是一個以極權主義為核心，依靠監控和人工智慧（ＡＩ）技術實現對個人全天候全面掌控的政權。一旦絕對權力得以建立，這些菁英階層將會重新定義我們必須遵循的道德標準和社會規範。可以肯定的是，這些新標準與他們今天推行的「覺醒」意識形態毫無關係，這種意識形態只是他們達成目標的手段之一。我同樣可以確信，無論你是左派還是右派，所有人的自由都將被剝奪，我們終將被置於政府的完全控制之下。

親愛的讀者，這就是我想要發出的警告。我的目的是喚醒那些尚未意識到危險的人。此刻，命運仍掌握在我們手中，但時間不多了。現在，為了捍衛我們的自由，也為了捍衛未來每一代人的自由，是時候行動了。

參考資料

第一章

1 Brown, Lee. "Mom Who Survived Mao's China Calls Critical Race Theory America's Cultural Revolution." *New York Post*. June 10, 2021. https://nypost.com/2021/06/10/mom-who-survived-maos-china-blasts-critical-race-theory/.

2 Ruiz, Michael. "Virginia Parents, Teachers Group Accused of 'Racketeering,' Intimidating Conservative Parents." *Fox News*. March 17, 2021. https://www.foxnews.com/us/virginia-parents-teachers-group-accused-of-racketeering-intimidating-conservative-parents.

3 Ruiz, Michael. "Virginia Mom Who Survived Maoist China Eviscerates School Board's Critical Race Theory Push." Fox News. May 18, 2021. https://www.foxnews.com/us/virginia-xi-van-fleet-critical-race-theory-china-cultural-revolution-loudoun.

第四章

1 Ding, Li and Yu Mo. "Chronology and Photo Gallery of the Chinese Cultural Revolution." *Voice of America*. May 17, 2016. https://www.voachinese.com/a/china-cultural-revolution-timeline-20160516/3333434.html.

2 Culver, John. "The Unfinished Chinese Civil War." The Lowy Institute. September 30, 2020. https://www.lowyinstitute.org/the-interpreter/unfinished-chinese-civil-war.

3 Kraus, Richard Curt. *The Cultural Revolution: A Very Short Introduction*. (Oxford: Oxford University Press, 2013), 8.

4 "Circular of the Central Committee of the Communist Party of China on the Great Proletarian Cultural Revolution." *Marxists Internet Archive*. May 16, 1966. https://www.marxists.org/subject/china/documents/cpc/cc_gpcr.htm.

5 Cavendish, Richard. "Stalin Denounced by Nikita Khrushchev." *History Today* 56, no. 2. (February 2006). https://www.historytoday.com/archive/months-past/stalin-denounced-nikita-khrushchev.

6 Heywood, Andrew *Political Ideologies: An Introduction*, 7th ed. (New York: Red Globe Press, 2021), 4.

7 Cole, Nicki Lisa. "The Frankfurt School of Critical Theory: An Overview of People and Theory." *ThoughtCo*. Updated October 15, 2019. https://www.thoughtco.com/frankfurt-school-3026079.

8 Cole, "The Frankfurt School."

9 George, Janel. "A Lesson on Critical Race Theory." *American Bar Association*. January 11, 2021. https://www.americanbar.org/groups/crsj/publications/human_rights_magazine_home/civil-rights-reimagining-policing/a-lesson-on-critical-race-theory/.

10 RT. "Elon Musk Reveals Biggest Threat to Modern Civilization." *Global Village Space*. December 22, 2021. https://www.globalvillagespace.com/elon-musk-reveals-biggest-threat-to-modern-civilization/.

11 Harrington, Bobby. "The Long March through the Institutions of Society." *Renew.org*. Accessed May 26, 2022.

https://renew.org/the-long-march-through-the-institutions-of-society/.

12 Kimball, Roger. *The Long March: How the Cultural Revolution of the 1960s Changed America*. (San Francisco: Encounter Books, 2000), 173.

13 Kimball, *The Long March*, 199.

14 Steinbuch, Yaron. "Black Lives Matter Co-Founder Describes Herself as 'Trained Marxist.'" *New York Post*. June 25, 2020. https://nypost.com/2020/06/25/blm-co-founder-describes-herself-as-trained-marxist/.

15 "(1964) Malcolm X'S Speech at the Founding Rally of the Organization of Afro-American Unity." *BlackPast*. October 15, 2007. https://www.blackpast.org/african-american-history/speeches-african-american-history/1964-malcolm-x-s-speech-founding-rally-organization-afro-american-unity/.

16 Williams, Alexandria S. "From W.E.B. Du Bois to the Panthers: A History of Black Americans in China." *RADII*. February 27, 2019. https://radiichina.com/from-w-e-b-du-bois-to-huey-newton-a-history-of-black-americans-in-the-early-prc/.

17 Gao, Yunxiang. "W.E.B. and Shirley Graham Du Bois in Maoist China." *Du Bois Review: Social Science Research on Race* 10, no. 1. (2013): 59–85.

18 King, Martin Luther Jr. "Communism's Challenge to Christianity." *Martin Luther King Jr. Research and Education Institute*. August 9, 1953. https://kinginstitute.stanford.edu/king-papers/documents/communisms-challenge-christianity.

19 Thorkelson, Nick. "Angela Davis on Protest, 1968, and Her Old Teacher, Herbert Marcuse." *Literary Hub*. April 3, 2019.

https://lithub.com/angela-davis-on-protest-1968-and-her-old-teacher-herbert-marcuse/.

20 Davis, Angela. *Angela Davis: Autobiography*, (New York: International Publishing, 1988), 214.

21 "Angela Davis & BLM Co-Founder Alicia Garza in Conversation across Generations." *Democracy Now*. https://www.youtube.com/watch?v=_gqGVni8Oec. Accessed April 29, 2023.

22 "Angela Y. Davis." *UC Santa Cruz*. Accessed May 2, 2022. https://humanities.ucsc.edu/academics/faculty/index.php?uid=aydavis.

23 Kimball, *The Long March*, 129.

24 Maher, Bill. "If You're Part of Today's Woke Revolution, You Need to Study the Part of Revolutions Where They Spin out of Control." Twitter, February 4, 2023, 12:23 a.m. https://twitter.com/billmaher/status/1621741159201800192.

第五章

1 Colton, Emma. "Loudoun County Mom Says 6-Year-Old Asked Her If She Was 'Born Evil' Because She's White." *Fox News*. October 31, 2021. https://www.foxnews.com/us/loudoun-county-mom-6-year-old-born-evil-because-white.

2 Song, Yongyi. *Reassessing Mao's Land Reform: Critical Perspectives on Communist China's First Wave of Political Campaigns* Vol. 1. (Hong Kong: Tianyuan Shuwu, 2019), 454.

3 Dikötter, Frank. *The Tragedy of Liberation: A History of the Chinese Revolution 1945–1957*, 1st ed. (New York: Bloomsbury Press, 2013), 67.

4 Song, *Reassessing Mao's Land Reform*, 54.

5 Snow, Edgar. *Red Star over China: The Classic Account of the Birth of Chinese Communism*. (New York: Grove Press, 1968), 114.

6 Swain, Carol M. and Christopher J. Schorr. *Black Eye for America: How Critical Race Theory Is Burning Down the House*. (Nashville: Be the People, 2021), 9.

7 DiAngelo, Robin. *White Fragility: Why It's So Hard for White People to Talk About Racism*. (Boston: Beacon Press, 2018), 27.

8 Downey, Caroline. "MSNBC Guest on Winsome Sears: 'There Is a Black Mouth Moving but a White Idea Running on the Runway of the Tongue.'" *Yahoo News*. November 5, 2021.
https://www.yahoo.com/now/msnbc-guest-winsome-sears-black-131046950.html.

9 Carras, Christi. "White Celebrities Partner with NAACP to 'Take Responsibility' for Racism." *Los Angeles Times*. June 11, 2020.
https://www.latimes.com/entertainment-arts/story/2020-06-11/i-take-responsibility-video-white-celebrities-naac.

10 Sanders, Bernie. "At the end of the day, the 1 percent may have enormous wealth and power. But they are just the 1 percent. When the 99 percent stand together, we can transform society." Twitter, August 11, 2019, 3:02 p.m.
https://twitter.com/berniesanders/status/1160627442102333440.

11 Higgins, Charlotte. "The Age of Patriarchy: How an Unfashionable Idea Became a Rallying Cry for Feminism Today." *The Guardian*. June 22, 2018.
https://www.theguardian.com/news/2018/jun/22/the-age-of-patriarchy-how-an-unfashionable-idea-became-a-rallying-cry-

for-feminism-today.
12 Zambon, Veronica. "What Are Some Different Types of Gender Identity?" *Medical News Today*. Updated January 3, 2023. https://www.medicalnewstoday.com/articles/types-of-gender-identity#fa-qs.
13 Rajkumar, Shruti. "Disabled Community Calls Out Ableism in Coverage of John Fetterman Following Stroke." *Yahoo News*. October 13, 2022. https://www.yahoo.com/now/disabled-community-calls-ableism-coverage-230326084.html.
14 Ortiz, Andi. "'The View' Hosts Slam 'Ageist' Backlash to Biden Gaffe over Dead Congresswoman." *The Wrap*. September 29, 2022. https://www.thewrap.com/the-view-biden-jackie-walorski-gaffe-ageist-response-clip/.
15 Parks, Kristine. "Don Lemon: Republicans Must Be Treated as Danger to Society by Media, Cannot Be 'Coddled.'" *Fox News*. July 14, 2022. https://www.foxnews.com/media/don-lemon-republicans-must-treated-danger-society-media-cannot-coddled.
16 Shaw, Adam. "Flashback: Kamala Harris Compared ICE to KKK in Senate hearing." *Fox News*. August 11, 2020. https://www.foxnews.com/politics/kamala-harris-ice-kkk-senate-hearing.
17 "Remarks by President Biden on Fighting the COVID-19 Pandemic." *The White House*. September 9, 2021. https://www.whitehouse.gov/briefing-room/speeches-remarks/2021/09/09/remarks-by-president-biden-on-fighting-the-covid-19-pandemic-3/.
18 "Kimberlé Crenshaw on Intersectionality, More Than Two Decades Later." *Columbia Law School*. June 8, 2017. https://www.law.columbia.edu/news/archive/kimberle-crenshaw-intersectionality-more-two-decades-later.

19 Blistein, Jon. "Jane Fonda on Ending White Privilege: 'We Have to Try to Change within Ourselves.'" *Rolling Stone*. June 1, 2020. https://www.rollingstone.com/culture/culture-news/jane-fonda-white-privilege-george-floyd-protests-black-panthers-1008299/.

20 Agard, Chancellor. "Kathy Griffin Bloody Trump Pic Defended by Photographer." *Entertainment Weekly*. May 30, 2017. https://ew.com/news/2017/05/30/kathy-griffin-trump-head-photo-tyler-shields/.

21 "Remarks by President Biden on the Continued Battle for the Soul of the Nation." *The White House*. September 1, 2022. https://www.whitehouse.gov/briefing-room/speeches-remarks/2022/09/01/remarks-by-president-biden-on-the-continued-battle-for-the-soul-of-the-nation/.

22 Botelho, Greg. "Ex-NAACP Leader Rachel Dolezal: 'I Identify as Black.'" *CNN*. Updated June 17, 2015. https://www.cnn.com/2015/06/16/us/washington-rachel-dolezal-naacp/index.html.

23 Jamerson, Joshua. "Elizabeth Warren Apologizes for DNA Test, Identifying as Native American." *Wall Street Journal*. Updated August 19, 2019. https://www.wsj.com/articles/elizabeth-warren-again-apologizes-after-release-of-native-american-ancestry-link-11566241904.

第六章

1 "The Nation's First Big-Character Poster of Marxism-Leninism." *CPC Central Committee Party History and Literature Research Institute*. January 4, 2013. https://www.dswxyjy.org.cn/n/2013/0104/c244520-20082625.html.

2 Wang, Shenghui. "Review of 'Red Guards' Research since 1992." *Modern China Studies* 3. 2004. https://www.modernchinastudies.org/cn/issues/past-issues/85-mcs-2004-issue-3/876-1992.html.

3 Mao, Zedong. "A Letter to the Red Guards of Tsinghua University Middle School." *Marxists Internet Archive*. August 1, 1966. https://www.marxists.org/reference/archive/mao/selected-works/volume-9/mswv9_60.htm.

4 "Chairman Mao Met with the Red Guards Eight Times." *Mzdbl.cn*. Accessed May 24, 2022. http://www.mzdbl.cn/gushi/gushi5/hongweibing.html.

5 Tushou, Chen. "Remembering Red Guards Big-Linkup in Beijing." *Aisixiang*. January 6, 2014. https://www.aisixiang.com/data/71196.html.

6 "Chairman Mao Met with the Red Guards Eight Times."

7 Rittenberg, Sidney. *The Man Who Stayed Behind*. (Durham: Duke University Press, 2000), 362–363.

8 Rittenberg, *The Man Who Stayed Behind*, 363–364.

9 Li, Shu. "Bloodline Theory and Class Pedigree Theory." *Voice of America*. April 20, 2007. https://www.voachinese.com/a/a-21-w2007-04-06-voa42-63065397/1046364.html.

10 "Yu Luoke." *Baike.com*. Accessed May 23, 2022. https://www.baike.com/wiki/遇罗克?view_id=3ltzfavb7ko000.

11 Yu, Luoke. "Class Pedigree Theory." *Marxists Internet Archive*. January 18, 1967. https://www.marxists.org/chinese/reference-books/minjian-1966-1976/05.htm.

12 Hu, Ping. "Commemorating the 50th Anniversary of Yu Luoke's Martyrdom." *Aboluowang.com*. March 9, 2020. https://www.aboluowang.com/2020/0309/1419820.html.

13 "The CCP Central Committee Agrees with the Ministry of Public Security's Regulations on Strictly Prohibiting the Use of

Police to Suppress Revolutionary Student Movements." *WikiSource*. August 22, 1966. https://zh.m.wikisource.org/zh-hans/中共中央同意公安部关于严禁出动警察镇压革命学生运动的规定.
14 "Why Destroy the Public Security Law?" *Coin Dollar Pay*. Accessed May 12, 2022. https://coindollarpay.com/why-mao-destroyed-judicial-system/.
15 Rittenberg, *The Man Who Stayed Behind*, 321.
16 "Letter to Jiang Qing" Z_mdbl.cn_. July 8, 1966. http://www.mzdbl.cn/maoxuan/huibian/geijiangqingdexin.html.
17 Ding, Shu. "Fifty Years of Wrongful Death Investigation in Mainland China." *Creaders.net*. September 3, 2015. https://blog.creaders.net/u/9588/201509/232967.html.
18 "On the Death of Bian Zhongyun Again." *Radio of Free Asia*. September 10, 2008. https://www.rfa.org/mandarin/zhuanlan/xinlingzhilyu/wengebeiwanglu/wegen-09102008144407.html.
19 "On the Death of Bian Zhongyun Again."
20 "Xi Jinping's Two Bitter Weeps." *New Tang Dynasty Television*. May 25, 2016. https://www.ntdtv.com/gb/2016/05/25/a1268155.html.
21 "Retribution for Li Jingquan." *Aboluowang.com*. October 24, 2016. https://www.aboluowang.com/2016/1024/824092.html.
22 "The Sleepless Night When the Red Guards Stormed Zhongnanhai during the Cultural Revolution." *M.hnbllw.com*. Accessed May 5, 2022.
23 Lemire, Jonathan and Zeke Miller. "Trump Took Shelter in White House Bunker as Protests Raged." *AP News*. May 31, 2020. https://apnews.com/article/donald-trump-ap-top-news-george-floyd-politics-a2326518da6b25b4509bef1ec85f5d7f.

24 Li, Shu. "Violence—The Civil War Directed by Mao Zedong." *Voice of America*. July 7, 2006. https://www.voachinese.com/a/a-21-w2006-07-07-voa50-58446607/1088033.html.

25 "Red Guard Violence and Destruction." *Facts and Details*. Updated August 2021. https://factsanddetails.com/china/cat2/sub6/entry-7458.html.

26 Yang, Guobin. *The Red Guard Generation and Political Activism in China*. (New York: Columbia University Press, 2016), 192.

27 "Interview: 'Dear Chairman Mao, Please Think about What You Are Doing.'" *Radio Free Asia*. May 16, 2016. https://www.rfa.org/english/news/china/china-cultrev-05162016173649.html

28 Li, "Violence—The Civil War."

29 Rubin, Jerry. *Do It! Scenarios of the Revolution*. (New York: Simon & Schuster, 1970), 215.

30 Farber, Samuel. "The Berkeley Free Speech Movement, 56 Years Later." *Jacobin*. September 3, 2020. https://jacobin.com/2020/09/berkeley-free-speech-movement-hal-draper.

31 Park, Madison. "Ben Shapiro Spoke at Berkeley as Protesters Gathered Outside." *CNN*. Updated September 15, 2017. https://www.cnn.com/2017/09/14/us/berkeley-ben-shapiro-speech/index.html.

32 Kifner, John. "Columbia's Radicals of 1968 Hold a Bittersweet Reunion." *New York Times*. April 28, 2008. https://www.nytimes.com/2008/04/28/nyregion/28columbia.html?scp=1&sq=columbia+1968&st=nyt.

33 Kimball, *The Long March*, 112–113.

34 Kimball, *The Long March*, 112–113.

35 Sowell, Thomas. "The Day Cornell Died." *Hoover Digest*. October 30, 1999. https://www.hoover.org/research/day-cornell-

died.

36 Kilpatrick, Amina. "Cornell Commemorates Willard Straight Hall Takeover with Permanent Plaque during Homecoming Weekend." *Cornell Daily Sun*. October 6, 2019. https://cornellsun.com/2019/10/06/cornell-commemorates-willard-straight-hall-takeover-with-permanent-plaque-during-homecoming-weekend/.

37 Kaufman, Elliot. "Another Professor, Another Mob." *National Review*. May 26, 2017. https://www.nationalreview.com/2017/05/evergreen-state-pc-mob-accosts-liberal-professor/.

38 Blankley, Bethany. "Campus Speech: Survey Finds 66% of Students Support Shouting Down Campus Speakers." *Center Square*. September 27, 2021. https://www.thecentersquare.com/national/campus-speech-survey-finds-66-of-students-support-shouting-down-campus-speakers/article_3e8d6236-1fa7-11ec-94d4-539d0724c0ef.html.

39 Feldman Barrett, Lisa. "When Is Speech Violence?" *New York Times*. July 14, 2017. https://www.nytimes.com/2017/07/14/opinion/sunday/when-is-speech-violence.html.

40 "About." *Black Lives Matter*. https://blacklivesmatter.com/about/.

41 H., Kat. "Trained Marxist Patrisse Cullors, Black Lives Matters BLM." YouTube. June 20, 2020. https://www.youtube.com/watch?v=1noLh25FbKI.

42 Cullors, Patrisse. "Am I A Marist?" YouTube. December 14, 2020. https://www.youtube.com/watch?v=rEp1kxg58kE.

43 King, Martin Luther Jr. *A Gift of Love Sermons from Strength to Love and Other Preachings*. (Boston: Beacon Press, 2012), 144.

44 King, Martin Luther Jr. "I've Been to the Mountaintop." *American Rhetoric*. April 3, 1968. https://www.americanrhetoric.com/speeches/mlkivebeentothemountaintop.htm.

45 Hua Yang. "Hypocrisy of American Civil Rights." *People's Daily Online*. December 14, 2023. http://world.people.com.cn/n1/2020/1214/c1002-31965801.html.

46 Gonzalez, Mike. "Yes, a Pro-China Group in America Supports a Black Lives Matter Founder." *Daily Signal*. October 20, 2020. https://www.dailysignal.com/2020/10/20/yes-a-pro-china-group-in-america-supports-a-black-lives-matter-founder/.

47 Arora, Rav. "These Black Lives Didn't Seem to Matter in 2020." *New York Post*. February 6, 2021. https://nypost.com/2021/02/06/these-black-lives-didnt-seem-to-matter-in-2020/.

48 Pullmann, Joy. "Study: Up to 95 Percent of 2020 U.S. Riots Are Linked to Black Lives Matter." *The Federalist*. September 16, 2020. https://thefederalist.com/2020/09/16/study-up-to-95-percent-of-2020-u-s-riots-are-linked-to-black-lives-matter/.

49 Manskar, Noah. "Riots Following George Floyd's Death May Cost Insurance Companies Up to $2B." *New York Post*. September 16, 2020. https://nypost.com/2020/09/16/riots-following-george-floyds-death-could-cost-up-to-2b/.

50 "Propaganda Slogans during the Cultural Revolution." *Aisixiang*. October 11, 2004. http://www.aisixiang.com/data/4306.html.

51 Escobar, Natalie. "One Author's Controversial View: 'In Defense of Looting.'" *NPR*. August 27, 2020. https://www.npr.org/sections/codeswitch/2020/08/27/906642178/one-authors-argument-in-defense-of-looting.

52 Shaw, Adam. "Biden Says Antifa Is an 'Idea,' Days after WH Moved to Label It a Terror Group." *Fox News*. September 30, 2020. https://www.foxnews.com/politics/biden-antifa-idea-what-we-know.

53 Nelson, Steven. "Jim Jordan Tells Jerry Nadler to Stop 'Minimizing' Antifa Violence, Calls for Hearing." *New York Post*. September 8, 2020. https://nypost.com/2020/09/08/jim-jordan-tells-jerry-nadler-to-stop-minimizing-antifa-violence.

54 "Antifa (United States)." *Wikipedia*. https://en.wikipedia.org/wiki/Antifa_(United_States).

55 Ngo, Andy. *Unmasked: Inside Antifa's Radical Plan to Destroy Democracy*. (New York: Center Street, 2021), 82.

56 "Antifa: Trump Says Group Will Be Designated 'Terrorist Organisation.'" *BBC*. May 31, 2020. https://www.bbc.com/news/world-us-canada-52868295.

57 Ngo, *Unmasked*, 127.

58 Ngo, *Unmasked*, 201.

59 McDonald, Mark. "Police Exodus 'Crisis': Officers Are Ditching the Job at a Rate 'Never Seen Before.'" Fraternal Order of Police. https://fop.net/2022/08/police-exodus-crisis-fox-news/. Accessed on April 29, 2023.

60 Miller, Joshua Rhett. "Bail Fund Backed by Kamala Harris Freed Minneapolis Man Charged with Murder." *New York Post*. September 8, 2021. https://nypost.com/2021/09/08/bail-fund-backed-by-kamala-harris-freed-man-charged-with-murder/.

61 Ibrahim, Nur. "Did Kamala Harris Tell Jacob Blake She Was 'Proud of Him'?" *Snopes*. September 16, 2020. https://www.snopes.com/fact-check/kamala-harris-jacob-blake-proud/.

62 Fuzzy Slippers. "NYC Drops Charges against Hundreds of BLM/Antifa Rioters, Looters." *Legal Insurrection*. June 19, 2021. https://legalinsurrection.com/2021/06/nyc-drops-charges-against-hundreds-of-blm-antifa-rioters-looters/.

63 Ngo, *Unmasked*, 199.

64 Carlson, Tucker. "Tucker Carlson: Antifa Is the Armed Militia of the Democratic Party and Is Back in Force." *Fox News*. January 23, 2023. https://www.foxnews.com/opinion/tucker-carlson-antifa-armed-militia-democratic-party-back-in-force.

65 Brown, Tim. "List of 269 Companies Supporting ANTIFA, Black Lives Matter." *Conservative Firing Line*. June 9, 2020. https://conservativefiringline.com/list-of-269-companies-supporting-antifa-black-lives-matter/.

66 Rufo, Christopher. "The State of CHAZ." June 16, 2020. https://christopherrufo.com/.

67 Emory, Julie. "One Year Later: The Capitol Hill Autonomous Zone." *The Daily*. September 13, 2021. https://www.dailyuw.com/news/community/one-year-later-the-capitol-hill-autonomous-zone/article_4eb11000-1457-11ec-afe4-f7038defb158.html.

68 Rufo, Christopher F. "The End of Chaz." *City Journal*. July 1, 2020. https://www.city-journal.org/end-of-chaz.

69 Buchanan, Larry. "Black Lives Matter May Be the Largest Movement in U.S. History." *New York Times*. July 3, 2020. https://www.nytimes.com/interactive/2020/07/03/us/george-floyd-protests-crowd-size.html.

70 "Secret $6 Million Home Has Allies and Critics Skeptical of BLM Foundation's Finances." *NPR*. April 7, 2022. https://www.npr.org/2022/04/07/1091487910/blm-leaders-face-questions-after-allegedly-buying-a-mansion-with-donation-money.

71 Loh, Matthew. "A Black Lives Matter Cofounder Used $840,000 of the Group's Funds to Pay Her Brother for 'Security Services.'" *Yahoo News*. May 19, 2022. https://news.yahoo.com/black-lives-matter-cofounder-used-075136722.htmlCH5-78.

72 Downey, Caroline. "BLM Chapters Sue Organization Head over Alleged $10 Million Theft." *National Review*. September 3, 2022. https://www.nationalreview.com/news/blm-chapters-sue-organization-head-over-alleged-10-million-theft/.

73 Catenacci, Thomas. "John Fetterman Wipes BLM Section from Campaign Site." *New York Post*. September 28, 2022. https://nypost.com/2022/09/28/john-fetterman-wipes-black-lives-matter-section-from-campaign-site/.

第七章

1 "The Committee's Choice & People's Choice Word of the Year 2019." *Macquarie Dictionary*. December 9, 2019. https://www.macquariedictionary.com.au/resources/view/word/of/the/year/2019.

2 Mao, Zedong. "On New Democracy." *Marxists Internet Archive*. January 1940. https://www.marxists.org/reference/archive/mao/selected-works/volume-2/mswv2_26.htm.

3 "Great Job!" *People's Daily*. August 25, 1966. https://zh.m.wikisource.org/wiki/好得很！.

4 Mann, Jim. "Hospital Renamed to Show Chinese Tolerance." *Los Angeles Times*. June 8, 1985. https://www.latimes.com/archives/la-xpm-1985-06-08-mn-7211-story.html.

5 Lin, Hui. "Beijing's Time-Honored 'Quanjude Roast Duck Restaurant' Suffered a Catastrophe during the Cultural Revolution." *Epoch Times*. July 25, 2014. https://www.epochtimes.com/gb/14/7/25/n4208731.htm.

6 Ding, Shu. "Brief Notes on 'Destroying the Four Olds' in 1966." *Aisixiang*. Updated August 23, 2004. https://m.aisixiang.com/data/3904-2.html.

7 Bo, Weihua. *Destroying the Old World—The Upheaval and Catastrophe of the Cultural Revolution; The History of the People's Republic of China* Vol. 6 (1966-1968). (Hong Kong: The Chinese University of Hong Kong Press, 2008), 243.

8 Jaffe, Gabrielle. "China's Enthusiastic Re-Embrace of Confucius." *The Atlantic*. October 7, 2013. https://www.theatlantic.com/china/archive/2013/10/chinas-enthusiastic-re-embrace-of-confucius/280326/.

9 Bo, *Destroying the Old World*, 237.

10 Lin, Hui. "The Royal Garden of the Summer Palace." *Botan Network*. July 31, 2020. https://botanwang.com/articles/202007/皇家园林颐和园之殇.html.

11 Woeser, Tsering; Robert Barnett; and Susan Chen. "Lhasa in the Cultural Revolution." *Modern Chinese Literature and Culture Resource Center*. November 13, 2020. https://u.osu.edu/mclc/2020/11/14/lhasa-in-the-cultural-revolution/.

12 Bo, *Destroying the Old World*, 232.

13 Ding, Dahua. "The World's Rare Exhibition of the Results of the Red Guards Raiding the House." *The Essence of Literature and History*, no. 1. (2008). http://www.520yuwen.com/book/wsjh/wsjh20080104.html.

14 Ding, "The World's Rare Exhibition."

15 "100 Examples for Destroying the Four Olds." *Cultural Revolution and Contemporary History Research Network's Archiver*. January 22, 2010. https://difangwenge.org/archiver/?tid-742.html.

16 Creitz, Charles. "Biden Appears to Quote Mao Zedong in Coast Guard Commencement Address: 'Women Hold Up Half the World.'" *Fox News*. May 19, 2021. https://www.foxnews.com/media/biden-appears-to-quote-mao-zedong-in-coast-guard-commencement-address-women-hold-up-half-the-world.

17 "During the Cultural Revolution, the Red Guards Burned Books When They Saw Them, and It Was Enough to Keep Only the Xinhua Dictionary." *Phoenix TV*. July 11, 2012. http://phtv.ifeng.com/program/tfzg/detail_2012_07/11/15940084_0.shtml.

18 Yang, Jisheng. *The World Turned Upside Down: A History of the Chinese Cultural Revolution*. (New York: Farrar, Straus, and Giroux, 2021), 122.

19 Kaufman, Davis. "The Unintentional Racism Found in Traffic Signals." *Level*. July 7, 2020. https://www.levelman.com/the-unintentional-racism-found-in-traffic-signals-b2899c34fefb/.

20 Wang, Yiwei. "Criticism of 'Poisonous Weed' Films During the Cultural Revolution." *Medium*. May 28, 2016. https://medium.com/birthday-paper/文革－毒草－电影大批判－钱钢老师课上的生日报㊶-c80fb24f3d8.

21 "Yang Mo's Life Breakout." *China Youth Daily*. July 5, 2011. https://www.chinanews.com.cn/cul/2011/07-05/3156469.shtml.

22 Xu, Zhongyua. "Mao Zedong's Enlightenment from Reading 'Communist Manifesto.'" *Chinese Communist Party News Network*. November 4, 2015. http://theory.people.com.cn/n/2015/1104/c352498-27776751.html.

23 *Mao Zedong Always Kept a Copy of "Zi Zhi Tong Jian" by His Bedside*. (毛泽东床头总放着一部《资治通鉴》). CPCNews.cn. March 19, 2009. https://www.chinanews.com.cn/cul/news/2009/03-19/1609653.shtml.

24 Murray, Douglas. *The War on the West*. (New York: Broadside Books, 2022), 1.

25 Gesualdi-Gilmore, Laura. "'Deeply Insulting': African American Museum Accused of 'Racism' over Whiteness Chart Linking Hard Work and Nuclear Family to White Culture." *The Sun*. July 16, 2020. https://www.thesun.co.uk/news/12142926/african-american-museum-whiteness-chart-protestant-values/.

26 Applebaum, Barbara. "Critical Whiteness Studies" in G. Noblit, ed., *Oxford Research Encyclopedia of Education*. (Oxford: Oxford University Press, 2016), 1–23. https://oxfordre.com/education/view/10.1093/acrefore/9780190264093.001.0001/acrefore-9780190264093-e-5.

27 Miller, Andrew Mark. "University of Kansas Offers 'Angry White Male Studies' Class." *Fox News*. August 6, 2022. https://www.foxnews.com/us/university-kansas-offers-angry-white-male-studies-class.

28 Cason, Caroline. "UChicago Announces 'The Problem with Whiteness' Course." *Campus Reform*. December 2, 2022. https://www.campusreform.org/article?id=20707.

29 DiAngelo, *White Fragility*, 149.

30 Schuessler, Jennifer. "Historians Question Trump's Comments on Confederate Monuments." *New York Times*. August 15, 2017. https://www.nytimes.com/2017/08/15/arts/design/trump-robert-e-lee-george-washington-thomas-jefferson.html.

31 "List of Monuments and Memorials Removed during the George Floyd Protests." *Wikipedia*. Accessed July 15,

2022. https://en.wikipedia.org/wiki/List_of_monuments_and_memorials_removed_during_the_George_Floyd_protests.

32 "Path and Process." *Reimagining Monument Avenue*. https://web.archive.org/web/20220126203432/https://reimaginingmonumentavenue.org/path-and-process/.

33 Treisman, Rachel. "An Actor Has Been Charged with Vandalizing a New York City Statue of George Floyd." *NPR*. October 28, 2021. https://www.npr.org/2021/10/28/1050030939/george-floyd-statue-vandalism-actor-arrested-new-york.

34 DeVoe, Jo. "Falls Church School Board Renames Schools That Previously Honored Thomas Jefferson, George Mason." *Tysons Reporter*. April 29, 2021. https://www.tysonsreporter.com/2021/04/29/falls-church-school-board-renames-schools-that-previously-honored-thomas-jefferson-george-mason/.

35 Creitz, Charles. "Ben Carson Reacts to Name Being Removed from Detroit High School: Ideology Trumping Purpose of Institutions." *Fox News*. December 13, 2022. https://www.foxnews.com/media/ben-carson-name-removed-detroit-high-school-ideology-trumping-purpose-institutions.

36 Barnes, Sophia and Justin Finch. "DC Ceremonially Names Street to White House after Black Lives Matter; Emblazons Name on Road." *NBC Washington*. June 5, 2020. https://www.nbcwashington.com/news/local/dc-paints-black-lives-matter-on-street-near-lafayette-square-street-renamed-black-lives-matter-way/2323647/.

37 Twitty, Michael. "Aunt Jemima and Uncle Ben Deserve Retirement. They're Racist Myths of Happy Black Servitude." *Think*. June 21, 2020. https://www.nbcnews.com/think/opinion/aunt-jemima-uncle-ben-deserve-retirement-they-re-racist-myths-ncna1231623.

38 Paul, Pritha. "Stacy Langton: Virginia Mom Banned from Library After 'Lawn Boy' Porn Controversy." *MEAWW*. November 9, 2021. https://meaww.com/stacy-langton-virginia-mom-banned-from-school-library-after-speech-about-porn-

books.

39 Maas, Megan K. "Gender-Neutral Toys Aren't Enough to Beat Toxic Masculinity—But They're a Start." *Quartz*. December 9, 2019. https://qz.com/1764372/why-gender-neutral-toys-do-and-dont-help-fight-sexism-2/.

40 Frater, Patrick. "China Wants 'Sissy Idols' and 'Effeminate Men' Scrubbed from Entertainment Industry." *Variety*. September 3, 2021. https://variety.com/2021/global/asia/china-cissy-idols-effeminate-men-entertainment-industry-1235055304/.

41 Frater, Patrick. "China Wants 'Sissy Idols' and 'Effeminate Men' Scrubbed from Entertainment Industry." *Variety*. September 3, 2021. https://variety.com/2021/global/asia/china-cissy-idols-effeminate-men-entertainment-industry-1235055304/.

42 Brown, Jon. "Fairfax Public Schools Consider Rule Suspending Students for 'Malicious Misgendering.'" *Fox News*. May 16, 2022. https://www.foxnews.com/us/fairfax-schools-rules-suspend-students-malicious-misgendering.

43 Lee, Michael. "Wisconsin Middle Schoolers Accused of Sexual Harassment for Using Wrong Gender Pronouns." *Fox News*. May 15, 2022. https://www.foxnews.com/us/middle-schoolers-sexual-harassment-gender-pronouns.

44 Lee, Michael. "Wisconsin Middle Schoolers Accused of Sexual Harassment for Using Wrong Gender Pronouns." *Fox News*. May 15, 2022. https://www.foxnews.com/us/middle-schoolers-sexual-harassment-gender-pronouns.

45 Lee, Michael. "Wisconsin Middle Schoolers Accused of Sexual Harassment for Using Wrong Gender Pronouns." *Fox News*. May 15, 2022. https://www.foxnews.com/us/middle-schoolers-sexual-harassment-gender-pronouns.

46 Lee, Michael. "Wisconsin Middle Schoolers Accused of Sexual Harassment for Using Wrong Gender Pronouns." *Fox News*. May 15, 2022. https://www.foxnews.com/us/middle-schoolers-sexual-harassment-gender-pronouns.

47 Abad-Santos, Alex. "How Ellen DeGeneres's Facade of Kindness Crumbled." *Vox*. August 7, 2020. https://www.vox.com/21357113/ellen-degeneres-canceled-mean-backlash-toxic-workplace.

48 Abad-Santos, Alex. "How Ellen DeGeneres's Facade of Kindness Crumbled." *Vox*. August 7, 2020. https://www.vox.com/21357113/ellen-degeneres-canceled-mean-backlash-toxic-workplace.

49 Soave, Robby. "Michigan Students Accuse Celebrated Music Professor of Racism for Screening *Othello*." *Reason*. October 8, 2021. https://reason.com/2021/10/08/bright-sheng-university-of-michigan-othello-racism/.

50 Soave, Robby. "Michigan Students Accuse Celebrated Music Professor of Racism for Screening *Othello*." *Reason*. October 8, 2021. https://reason.com/2021/10/08/bright-sheng-university-of-michigan-othello-racism/.

51 "Glenn C. Loury." *Manhattan Institute*. Accessed June 1, 2022. https://www.manhattan-institute.org/expert/glenn-c-loury.

52 Riley, Alexander. "Man of the West: An Interview with Glenn Loury." Chronicles. April 26, 2022. https://chroniclesmagazine.org/web/man-of-the-west-an-interview-with-glenn-loury/

第八章

1 Silverstein, Sophie. "Family Abolition Isn't about Ending Love and Care. It's about Extending It to Everyone." *openDemocracy*. April 24, 2020. https://www.opendemocracy.net/en/oureconomy/family-abolition-isnt-about-ending-love-and-care-its-about-extending-it-to-everyone/.

2 Xie, Wenting. "Son Still Haunted after Sending Mother to Execution during Cultural Revolution." *Global Times*. March 18, 2016. https://www.globaltimes.cn/content/974530.shtml.

3 He, Shu. "Family Relations in the Cultural Revolution Worth Studying." *Secret China*. February 28, 2010. https://www.

secretchina.com/news/gb/2010/02/28/336928.html.

4 Chu, Bailiang and Di Yufei. "Xi Jinping, Who Emerged from the Catastrophe of the Cultural Revolution." *New York Times: China*. September 24, 2015. https://cn.nytimes.com/china/20150924/c24revolution/.

5 Chu, Bailiang and Di Yufei. "Xi Jinping, Who Emerged from the Catastrophe of the Cultural Revolution." *New York Times: China*. September 24, 2015. https://cn.nytimes.com/china/20150924/c24revolution/.

6 "The Climax: The Short-Lived 'Happy Life.'" *Yxjedu.com*. Updated April 27, 2022. http://www.yxjedu.com/piaoyi_film20/li_shi/li_shi_2/china_60/rmgs_cys3.html.

7 "From Agricultural Production Cooperatives to People's Communes." *Red Flag* 8. 1958. https://www.bilibili.com/read/cv12656216.

8 Zhou, Jingwen. *Ten Years of Storm: The True Story of the Communist Regime in China*. (Hong Kong: Times Critic Society, 1959).

9 Cheng, Yinghong. *Creating the New Man: From Enlightenment Ideals to Socialist Realities*. (Honolulu: University of Hawaii Press, 2009), 82.

10 "National Single Parent Day: March 21, 2023." *United States Census Bureau*. March 21, 2023. https://www.census.gov/newsroom/stories/single-parent-day.html#:~:text="Almost a quarter of U.S.,who do so (7%25) ⋯.

11 Marx, Karl and Friedrich Engels. "Manifesto of the Communist Party" in *Marx/Engels Selected Works*, Vol. 1. (Moscow: Progress Publishers, 1848/1969), 98–137.

12 Yenor, Scott. "The True Origin of Society: The Founders on the Family." *Heritage Foundation*. October 16, 2013. https://www.heritage.org/political-process/report/the-true-origin-society-the-founders-the-family/#_ftn4.

13 Rampton, Martha. "Four Waves of Feminism." *Pacific*. 2008. https://www.pacificu.edu/magazine/four-waves-feminism.

14 Rampton, "Four Waves of Feminism."

15 Echols, Alice. *Daring to Be Bad: Radical Feminism in America*. (Minneapolis: University of Minnesota Press, 1989), 159.

16 Ames, Mollie S. and Elyse D. Pham. "A Radical Weapon." *The Crimson*. October 31, 2019. https://www.thecrimson.com/article/2019/10/31/kathie-sarachild/.

17 Sarachild quoted in Sheila Cronan, "Marriage," in Anne Koedt, Anita Rapone and Ellen Levine, eds., *Notes from the Third Year: Women's Liberation*. (New York: Radical Feminists, 1971), 146.

18 Echols, *Daring to Be Bad*, xi.

19 Winter, Ella. *Red Virtue: Human Relationships in the New Russia*. (London: Victor Gollancz, 1933), 146.

20 Winter, *Red Virtue*, 137.

21 Collins, Lois M. "Are Fatherlessness and Societal Breakdown to Blame for Mass Shootings?" *Deseret News*. June 5, 2022. https://www.deseret.com/2022/6/5/23148521/mike-lee-school-mass-shooting-uvalde-fatherlessness-family-structure-gun-violence-dickey-amendment.

22 "Denzel Washington Blames Black Crime on Lack of Father Figures." *Regal Mag*. Accessed July 13, 2022. https://www.regalmag.com/archives/additional-archives/denzel-washington-blames-black-crime-on-lack-of-father-figures/.

23 Michas, Frédéric. "Percentage of Births to Unmarried Women in the United States from 1980 to 2021." *Statista*. March 23, 2023. https://www.statista.com/statistics/276025/us-percentage-of-births-to-unmarried-women/.

24 Pietsch, Bryan. "Son Tipped Off F.B.I. about His Father, Who Is Charged in Capitol Riot." *New York Times*. January 24, 2021. https://www.nytimes.com/2021/01/24/us/politics/jackson-reffitt-father-capitol-riot.html.

25 Slisco, Aila. “Massachusetts Mom Loses Job after Daughter Outs Her as Capitol Rioter: ‘This You?’” *Newsweek*. January 13, 2021. https://www.newsweek.com/massachusetts-mom-loses-job-after-daughter-outs-her-capitol-rioter-this-you-1561384.

26 Lustig, Hanna. “Teens on TikTok Are Exposing a Generational Rift between Parents and Kids over How They Treat Black Lives Matter Protests.” *Insider*. June 3, 2020. https://www.insider.com/tiktok-george-floyd-black-lives-matter-teens-parents-racist-views-2020-6.

27 Zilber, Ariel. “Elon Musk Blames ‘Neo-Marxists’ at Universities for Poor Relationship with His Daughter.” *New York Post*. October 7, 2022. https://nypost.com/2022/10/07/elon-musk-blames-neo-marxists-at-universities-for-his-daughter-not-speaking-to-him/?utm_campaign=iphone_nyp&utm_source=mail_appChapter 7.

28 “Transgender Reveal in Kindergarten Class Leaves Parents Feeling ‘Betrayed.’” CBS News. August 22, 2017. https://www.cbsnews.com/news/transgender-reveal-kindergarten-class-rocklin-academy-parents-upset/.

29 Melley, Brian. “Mother: Teachers Manipulated Child to Change Gender Identity.” *Associated Press*. January 21, 2022. https://apnews.com/article/business-california-gender-identity-cdb790cc3059e71e22d86b8e7b445361#:~:text=Jessica Konen said two middle,the idea she was transgender.

30 Farberov, Snejana. “Texas Dad Fears Ex-Wife Plans to ‘Chemically Castrate’ 9-Year-Old Son.” *New York Post*. January 6, 2023. https://nypost.com/2023/01/06/texas-dad-fears-ex-wife-plans-to-chemically-castrate-9-year-old-son/.

第九章

1 Huang, Xiaobei. “The Underground Church: The Battle between Faith and Political Power: An Analysis of the History of

the Origin of China's Underground Church." *Pu Shi Institute for Social Science*. November 12, 2011. http://www.pacilution.com/showarticle.asp?articleid=3180.

2 Zhou, Tuan'en. *History of the Development of Christianity in Contemporary China: 1947–1997*. (Taipei: Chinese Gospel Publishing, 1997), 34.

3 Zhou, *History of the Development*, 49.

4 Zhou, *History of the Development*, 188.

5 Zhou, *History of the Development*, 194.

6 De Jaegher, R.J. *The Enemy Within: An Eyewitness Account of the Communist Conquest of China*. (Homebush, Australia: Daughters of St. Paul, 1967), 194.

7 "Daily Life in the Years of the Cultural Revolution." *Hk.aboluowang.com*. June 29, 2016. https://hk.aboluowang.com/2016/0629/762327.html.

8 "During the Cultural Revolution, the Mosque Became a Pig Farm." *Talkcc.com*, May 19, 2018. https://www.talkcc.com/article/4337475.

9 "Home." *FalunDafa.org*. https://en.falundafa.org/.

10 Liao, Ran. "Disagreement at Top-Level CCP over the Falun Gong Issue." *Falun Dafa Minghui*. March 27, 2010. https://www.minghui.org/mmh/articles/2010/3/27/220486.html.

11 Elks, Sonia. "China Is Harvesting Organs from Falun Gong Members, Finds Expert Panel." *Reuters*. June 17, 2019. https://www.reuters.com/article/us-britain-china-rights/china-is-harvesting-organs-from-falun-gong-members-finds-expert-panel-idUSKCN1TI236.

12 Roose, Kevin. "How The Epoch Times Created a Giant Influence Machine." *New York Times*. October 24, 2020. https://www.nytimes.com/2020/10/24/technology/epoch-times-influence-falun-gong.html.

13 FlorCruz, Jaime. "China Soul-Searching after Toddler's Death." *CNN*. Updated October 22, 2011. https://www.cnn.com/2011/10/22/world/asia/china-toddler-reaction/index.html.

14 Huang, Haifeng. "What a Tragic Traffic Incident Says about Chinese Social Ethics." *Sixth Tone*. June 16, 2017. https://www.sixthtone.com/news/1000343/what-a-tragic-traffic-incident-says-about-chinese-social-ethics.

15 "John Adams to Thomas Jefferson, 28 June 1813." *National Archives*. June 28, 1813. https://founders.archives.gov/documents/Jefferson/03-06-02-0208.

16 Morris, Steven. "America's Unchristian Beginnings: Founding Fathers: Most, Despite Preachings of Our Pious Right, Were Deists Who Rejected the Divinity of Jesus." *Los Angeles Times*. August 3, 1995. https://www.latimes.com/archives/la-xpm-1995-08-03-me-30974-story.html.

17 Flax, Bill. "Was America Founded as a Christian Nation?" *Forbes*. September 25, 2012. https://www.forbes.com/sites/billflax/2012/09/25/was-america-founded-as-a-christian-nation/?sh=31844b854e7b.

18 Flax, "Was America Founded as a Christian Nation?"

19 Leary, Timothy. *Flashbacks: A Personal and Cultural History of an Era*. (New York: G.P. Putnam's Sons, 1990), 92.

20 Leary, *Flashbacks*, 109.

21 Kimball, *The Long March*, 201.

22 "Muhammad Ali." *Britannica*. Updated January 25, 2023. https://www.britannica.com/biography/Muhammad-Ali-boxer.

23 Kang, Zhijie. "Mao Zedong's Interpretation and Research on the Three World Religions." *Fo.ifeng.com*. July 23,

2013. https://fo.ifeng.com/guanchajia/detail_2013_07/23/27793729_0.shtml.

24 Kiska, Roger. "Antonio Gramsci's Long March through History." *Acton Institute*. December 12, 2019. https://www.acton.org/religion-liberty/volume-29-number-3/antonio-gramscis-long-march-through-history#:~:text=In Gramsci's own words%2C he,transforming the consciousness of society.".

25 Dreier, Peter. "Jesus Was a Socialist." *HuffPost*. December 25, 2016. https://www.huffpost.com/entry/jesus-was-a-socialist_b_13854296.

26 Phillips, Macon. "President Barack Obama's Inaugural Address." *The White House*. January 21, 2009. https://obamawhitehouse.archives.gov/blog/2009/01/21/president-Barack-obamas-inaugural-address.

27 Blankley, Bethany. "Parents Sue California over Public School Curriculum That Includes Chants to Aztec Gods." *Center Square*. September 8, 2021. https://www.thecentersquare.com/california/parents-sue-california-over-public-school-curriculum-that-includes-chants-to-aztec-gods/article_cde773f4-10c0-11ec-b1b1-4bc18ccf6253.html.

28 "Aztecs." *History*. Updated September 9, 2020. https://www.history.com/topics/ancient-americas/aztecs.

29 De Groot, Gerard J. *The Sixties Unplugged: A Kaleidoscopic History of a Disorderly Decade*. (Cambridge, MA: Harvard University Press, 2008), 117.

30 Panneton, D. "How Extremist Gun Culture Is Trying to Co-Opt the Rosary." *The Atlantic*. August 14, 2022. https://www.theatlantic.com/ideas/archive/2022/08/radical-traditionalist-catholic-christian-rosary-weapon/671122/.

31 Sheva, Arutz. "Before Wearing a Hijab, I Was Just an Ordinary White Girl." *Israel National News*. September 7, 2017. https://www.israelnationalnews.com/news/235179.

32 Oliver, David. "Raquel Evita Saraswati, Rachel Dolezal and the Scandal of Pretending to Be Another Race." *USA Today*.

March 2, 2023. https://eu.usatoday.com/story/life/health-wellness/2023/03/02/rachel-dolezal-raquel-evita-saraswati-pretending-race/11323159002/.

33 VanTryon, Matthew. “Supreme Court Sided with Praying Football Coach. What Now for Coaches and Players?” *Indy Star*. July 5, 2022. https://www.indystar.com/story/sports/high-school/2022/07/05/the-supreme-court-prayer-joseph-kennedy-football-coach/7773084001.

34 Burack, Bobby. “SI Says Praying Football Coach Is Destroying America.” *OutKick*. June 13, 2022. https://www.outkick.com/sports-illustrated-joe-kennedy/.

35 “Supreme Court Lets Public Schools Coerce Students into Praticing Christianity.” *Slate*. June 27, 2022. https://slate.com/news-and-politics/2022/06/coach-kennedy-bremerton-prayer-football-public-school.html#:~:text=The Supreme Court has long,religious “coercion” of students.

36 Tiako, Max Jordan Nguemeni and Kelsey C. Priest. “Yes, Liquor Stores Are Essential Businesses.” *Scientific American*. April 7, 2020. https://blogs.scientificamerican.com/observations/yes-liquor-stores-are-essential-businesses/#:~:text=In the midst of the,measures mandated by government officials.

37 “Arson, Vandalism, and Other Destruction at Catholic Churches in the United States.” *United States Conference of Catholic Bishops*. Accessed August 2, 2022. https://www.usccb.org/committees/religious-liberty/Backgrounder-Attacks-on-Catholic-Churches-in-US.

38 Barnes, Sophia. “Historic Church Near White House Damaged amid Unrest; Leaders Pray for Healing.” *NBC Washington*. Updated June 2, 2020. https://www.nbcwashington.com/news/local/historic-church-near-white-house-damaged-amid-unrest-leaders-pray-for-healing/2318673/.

39 Rondeau, Olivia. "Hollywood Pro-Abortion Activists Demand End to Christianity and 'Fascist' Supreme Court." *Post Millenial*. July 12, 2022. https://thepostmillennial.com/hollywood-pro-abortion-activists-demand-end-to-christianity-and-fascist-supreme-court.

40 "On Critical Race Theory and Intersectionality." *Southern Baptist Convention*. June 1, 2019. https://www.sbc.net/resource-library/resolutions/on-critical-race-theory-and-intersectionality/.

41 Chandler, Diana. "Voddie Baucham to Be 2023 SBC Pastors' Conference Presidential Nominee." *Baptist Press*. March 22, 2022. https://www.baptistpress.com/resource-library/news/voddie-baucham-to-be-2023-sbc-pastors-conference-presidential-nominee/.

42 Baucham, Voddie T. Jr. *Fault Lines: The Social Justice Movement and Evangelicalism's Looming Catastrophe*. (Irving, TX: Salem Books, 2021), 230.

43 "Moral Relativism." *Ethics Unwrapped*. https://ethicsunwrapped.utexas.edu/glossary/moral-relativism#:~:text=Moral relativism is the idea,Who am I to judge%3F".

44 Mckown, Rebecca. "Step into Your Truth with These 4 Simple Steps." *HuffPost*. July 8, 2014. https://www.huffpost.com/entry/step-into-your-truth-with_b_5564066.

45 Brown, Lee. "Sam Harris: Censoring the Post's Hunter Biden Exposés 'Warranted' to Beat Trump." *New York Post*. August 19, 2022. https://nypost.com/2022/08/19/sam-harris-defends-silencing-the-post-on-hunter-biden/.

46 Adams, John. "From John Adams to Massachusetts Militia, 11 October 1798." *National Archives*. Accessed April 29, 2023. https://founders.archives.gov/documents/Adams/99-02-02-3102.

第十章

1 "Puyi." *Britannica*. Updated Feb 3, 2023. https://www.britannica.com/biography/Puyi.

2 *The Key to Intellectuals' Thought Reform: The Issue of Standpoint* (Jilin, China: Jilin People's Publishing House, 1958).

3 Pu Yi, Henry. *The Last Manchu: The Autobiography of Henry Pu Yi*. (New York: Skyhorse, 2010), 317.

4 Pu Yi, *The Last Manchu*, 432.

5 Blow, Charles M. "Fathers' Sons and Brothers' Keepers." *New York Times*. Febuary 28, 2014. https://www.nytimes.com/2014/03/01/opinion/blow-fathers-sons-and-brothers-keepers.html.

6 Yang, *The Red Guard Generation*, 65.

7 Hu, Qingning. ""On Ideological Study Activities among Primary and Middle School Teachers in the Early Post-Liberation Ages—With a Special Focus on the Cases in Jiangsu Province." *Journal of Nanjing University: Philosophy and Social Sciences Edition*, 4. (October 1, 2009).

8 Schemmel, Alec. "NY School Board Launches Probe after Administrator's Remarks about Not Hiring Conservatives." ABC15News. March 9, 2023. https://wpde.com/news/nation-world/ny-school-board-initiates-probe-into-assistant-superintendent-after-remarks-about-not-hiring-conservatives-east-meadow-union-long-island-new-york-david-casamento.

9 Tang, Wen. "The CCP's Thought Remolding of Intellectuals." *Epoch Times*. May 17, 2017. https://www.epochtimes.com/gb/17/5/9/n9124299.htm.

10 Yang, *The Red Guard Generation*, 63.

11 Hunter, Edward. *Brain-Washing in Red China: The Calculated Destruction of Men's Minds*. (New York: Vanguard Press, 1951), 262.

12 Orwell, George. *1984*. Free eBooks at Planet eBook.com. 313.

13 "Little Red Book." *Encyclopedia.com*. Accessed October 12, 2022. https://www.encyclopedia.com/social-sciences/applied-and-social-sciences-magazines/little-red-book.

14 "Ten Years of Civil Unrest in the 'Cultural Revolution.'" www.gov.cn. Accessed April 29, 2023. http://www.gov.cn/18da/content_2247076.htm.

15 Freire, Paulo. *Pedagogy of the Oppressed*. 30th ann. ed. (New York: Continuum, 2000), 149.

16 "Imperial Examination." *Wikipedia*. Accessed August 13, 2022. https://en.wikipedia.org/wiki/Imperial_examination.

17 "Looking Back on the Cultural Revolution (22): The Maoist Educational Revolution." *Voice of America*. April 21, 2007. https://www.voachinese.com/a/a-21-w2007-04-21-voa2-58422912/1084320.html.

18 Cothran, Martin. "Traditional vs. Progressive Education." *Memoria Press*. June 13, 2016. https://www.memoriapress.com/articles/traditional-vs-progressive-education/.

19 Cothran, "Traditional vs. Progressive Education."

20 Grossman, Hannah. "National Education Association Teachers Union Proposes Resolution to Change 'Mother' to 'Birthing Parent.'" *Fox News*. July 6, 2022. https://www.foxnews.com/media/national-education-association-teachers-union-proposes-resolution-change-mother-birthing-parent.

21 Rufo, Christopher F. "Going All In." *City Journal*. July 15, 2021. https://www.city-journal.org/nea-to-promote-critical-race-theory-in-schools.

22 Newman, Alex. "Frankfurt School Weaponized US Education against Civilization." *Epoch Times*. March 10, 2020. https://www.theepochtimes.com/frankfurt-school-weaponized-u-s-education-against-civilization_3137064.html.

23 Gibbon, Peter. "John Dewey: Portrait of a Progressive Thinker." *Humanities* 40, no. 2. Spring 2019. https://www.neh.gov/article/john-dewey-portrait-progressive-thinker.

24 Ladson-Billings, Gloria and William F. Tate. *Education Research in the Public Interest: Social Justice, Action, and Policy*. (New York: Teachers College Press, 2006), 127.

25 DeGroot, Gerard J. *The Sixties Unplugged: A Kaleidoscopic History of a Disorderly Decade*. (Cambridge, MA: Harvard University Press, 2008), 123.

26 Shaull, Richard in Freire, *Pedagogy of the Oppressed*, 34.

27 Lindsay, James. "Paulo Freire's Schools." *New Discourses Bullets* ep. 7. May 19, 2022. https://newdiscourses.com/2022/05/paulo-freires-schools-new-discourses-bullets-ep-7/.

28 Campbell, Neil. "Speaking on Hidden Camera, California High School Teacher Admits Using Classroom to Turn Students into 'Revolutionaries.'" *Vision Times*. September 1, 2021. https://www.visiontimes.com/2021/09/01/sacramento-antifa-high-school-teacher-revolutionaries.html.

29 Skousen, W. Cleon. *The Naked Communist*, 11th ed. (Salt Lake City: The Ensign Publishing Company, 1962), 279.

30 Newman, "Frankfurt School Weaponized."

31 Poff, Jeremiah. "Critical Race Theory Pervasive in Virginia Teacher Training Materials, Contrary to Democratic Claims." *Washington Examiner*. November 9, 2021. https://www.washingtonexaminer.com/policy/critical-race-theory-pervasive-in-virginia-teacher-training-materials-contrary-to-democratic-claims.

32 Patteson, Callie. "AG Garland's Son-in-Law's Education Company Supports Critical Race Theory." *New York Post*. October 13, 2021. https://nypost.com/2021/10/13/critical-race-theory-firm-linked-to-ag-garlands-kin-serves-schoolscompany-co-

founded-by-ag-garlands-son-in-law-serves-over-20k-schools/.
33 "*A People's History of the United States*: Abridged Teaching Edition." *The New Press*. Accessed on January 27, 2023. https://thenewpress.com/books/peoples-history-of-united-states-1#:~:text=Howard Zinn's A People's History,voices are typically omitted from.
34 Betz, Bradford. "Virginia Dems Reject New Communism Curriculum after Teachers Union Said It Could Offend Asians." *Fox News*. February 22, 2023. https://www.foxnews.com/politics/virginia-dems-rejects-new-communism-curriculum-teachers-union-said-could-offend-asians.
35 Hagstrom, Anders. "673 University Professors Sign Letter Opposing Courses on America's Founding, Constitution." *Fox News*. April 26, 2023. https://www.foxnews.com/politics/673-university-professors-sign-letter-opposing-courses-americas-founding-constitution.
36 Clancy, Maggie. "Here Are 4 Examples of Math Problems in Textbooks Banned in Florida." *Scary Mommy*. April 23, 2022. https://www.scarymommy.com/parenting/florida-rejected-math-textbooks-critical-race-theory-examples.
37 "Virginia's Definition of Social Emotional Learning." *Virginia Department of Education*. Accessed on March 2, 2023. https://www.doe.virginia.gov/programs-services/student-services/integrated-student-supports/social-emotional-learning-sel.
38 Personal communication.
39 Hegseth, Pete. *Battle for the American Mind: Uprooting a Century of Miseducation* (New York: Broadside Books, 2022), 80.
40 Morton, Neal. "Washington Was One of the Last States to Require High School-Exit Exams. Now Seniors Can Apply for a

Waiver to Graduate on Time," *Seattle Times*. June 3, 2019. https://www.seattletimes.com/education-lab/washington-was-one-of-the-last-states-to-require-high-school-exit-exams-now-seniors-can-apply-for-a-waiver-to-graduate-on-time/.

41 "Preserving a Constitution Designed for a Moral and Religious People." *Center for Christian Thought Action*. August 3, 2020. https://ccta.regent.edu/2020/08/03/preserving-a-constitution-designed-for-a-moral-and-religious-people/.

42 Stanley-Becker, Isaac. "Susan E. Rice's Son Is a Trump-Loving Republican. He Says a Stanford Classmate Assaulted Him at Pro-Kavanaugh Event." *Washington Post*. October 15, 2018. https://www.washingtonpost.com/news/morning-mix/wp/2018/10/15/susan-rices-son-is-a-trump-loving-republican-he-says-a-stanford-classmate-assaulted-him-at-pro-kavanaugh-event/.

43 Kennedy, Dana. "Mount Holyoke Grad Deprogrammed from Women-Only Woke Culture." *New York Post*. November 26, 2022. https://nypost.com/2022/11/26/mount-holyoke-grad-deprogrammed-from-women-only-woke-culture/.

結語

1 "Full Text of Clinton's Speech on China Trade Bill." *Institute for Agriculture and Trade Policy*. March 9, 2000. https://www.iatp.org/sites/default/files/Full_Text_of_Clintons_Speech_on_China_Trade_Bi.htm.

2 Branigan, Tania. "Xi Jinping Vows to Fight 'Tigers' and 'Flies' in Anti-Corruption Drive." *The Guardian*. January 22, 2013. https://www.theguardian.com/world/2013/jan/22/xi-jinping-tigers-flies-corruption.

3 "革命理想高于天，习近平总书记谈理想信念。" 共产党员网. October 9, 2021. https://www.12371.cn/2021/06/04/ARTI1622785981513272.shtml.

4 Eckardt, Andy and Marie Brockling. "97-Year-Old Former Secretary at a Nazi Death Camp Is Convicted by German

Court." *NBC News*. December 20, 2022. https://www.nbcnews.com/news/world/97-year-old-secretary-nazi-stutthof-camp-convicted-german-court-rcna62519.

5 Nerozzi, Timothy. "Sen. Blumenthal Expresses Regret for Attending Communist Awards Show." *Fox News*. December 18, 2021. https://www.foxnews.com/politics/sen-blumenthal-expresses-regret-attending-communist-awards-show.

6 "Communism Killed over 100 Million." Victims of Communism Memorial Foundation. Accessed April 29, 2023. https://victimsofcommunism.org/.

7 Ocasio, Bianca Padró. "DeSantis Signs Bill Mandating School Lesson on Communism." *Miami Herald*. May 9, 2022. https://www.miamiherald.com/news/politics-government/article261246872.html#:~:text=DeSantis signs bill mandating communism,as GOP leans on education&text=Public school teachers in Florida,people suffered under those regimes.

毛氏美國：親歷文革的華裔母親發出沉痛警告！

作　　者｜程西

一卷文化
社長暨總編輯｜馮季眉
封 面 設 計｜兒日設計
內 頁 排 版｜宸遠彩藝

出　　　版｜遠足文化事業股份有限公司 一卷文化
發　　　行｜遠足文化事業股份有限公司（讀書共和國出版集團）
地　　　址｜231新北市新店區民權路108-2號9樓
電　　　話｜(02)2218-1417
客 服 信 箱｜service@bookrep.com.tw

法 律 顧 問｜華洋法律事務所 蘇文生律師
印　　　製｜中原造像股份有限公司

出 版 日 期｜2025年7月　初版一刷
定　　　價｜紙本450元
書　　　號｜2TWD0005
I　S　B　N｜9786267686089（平裝）
9786267686096（EPUB）　9786267686102（PDF）

國家圖書館出版品預行編目 (CIP) 資料

毛氏美國 : 親歷文革的華裔母親發出沉痛警告 ! = Mao's America : a survivor's warning/ 程西 (Xi Van Fleet) 著 . -- 初版 . -- 新北市 : 遠足文化事業股份有限公司一卷文化出版 : 遠足文化事業股份有限公司發行 , 2025.07
　面 ;　公分
ISBN 978-626-7686-08-9(平裝)

1. 程西　2. 文化大革命　3. 回憶錄

785.28　　114007768